普通高等学校应急管理系列教材

危 机 管 理

主　　编　　张小兵
副 主 编　　崔海恩　唐彦东
编写人员　　黄麒然　高　宇　王心灵
　　　　　　张明玉　贾启松
审　　稿　　陈　安　唐云明

应急管理出版社

·北京·

内 容 提 要

本书围绕危机管理，系统介绍了危机监测、危机预防、危机准备、危机处理、危机沟通、危机决策、危机团队与指挥系统、危机恢复各阶段的策略原则、工作方法和程序步骤，内容编排上遵循危机管理逻辑顺序。每章结尾附有案例分析、本章重点和本章习题。

本书适合于普通高等学校应急管理、应急技术与管理等专业的本科教学，亦可供相关专业研究生、企事业单位应急管理人员参考使用。

出版说明

2003年"非典"疫情以后，党和国家高度重视应急管理工作，应急管理事业快速发展，我国部分高校在行政管理、公共管理、公共事业管理等专业中开展应急管理的高等教育。2018年应急管理部组建后，坚持以习近平新时代中国特色社会主义思想为指导，深入贯彻落实习近平总书记关于应急管理重要论述和党中央国务院决策部署，我国应急管理事业取得令人瞩目的成效，全社会对应急管理高度关注。在高等教育领域，全国数十家高校陆续成立应急管理学院或特设应急管理、应急技术与管理等专业，致力于教育和培养适应社会需求的应急管理人才，为推进应急管理体系和能力现代化提供人才保障。

当前，对大多数高校来说，开展应急管理教育仍是一个新课题、新任务、新挑战，暂时还没有权威的教学标准可执行，也没有太多成熟的经验可参考。各高校对应急管理学科建设、专业设置、培养目标、课程体系、教授内容等的认识也存在一些分歧，特别是在课程设置和教材使用上各有侧重、差别较大。为适应新时代应急管理事业发展，服务应急管理部中心工作和高校应急管理教育工作，发挥部属出版社应急科技文化传播作用，满足应急管理教育教学、人才培养对教材的迫切需求，针对市场上应急管理教材比较稀缺、内容相对陈旧的状况，我们同中共中央党校（国家行政学院）、中国矿业大学（北京）、华北科技学院、防灾科技学院、河南理工大学、太原理工大学、西安科技大学、中国人民警察大学等高校充分沟通交流，决定共同编写出版一套适应新形势新要求的普通高等学校应急管理教材，为教学提供支撑。

为保证教材编写质量，力争将教材打造为"适合本科教学、体现时代特色、内容科学共通、兼顾社会需求"的引领性精品教材，我们成立了教材编审工作组，确定了"汇聚众智，取长补短，联编共用"的原则，筛选和确定了教材目录和主编学校，遴选了主编和编写人员，审定了编写提纲，拟定了编写要求、编写出版进度安排等。在教材编审过程中，我们严格贯彻落实教育部相关文件精神，实行主编负责制，由具有副高及以上职称的教师担任教材主编；按照"逢编必审"的要求，邀请业内专家对教材提纲和初稿进行评审；按照出版规范，认真对书稿进行编辑把关。

这套教材陆续出版发行。总的来说，教材的内容科学严谨、成熟可靠，框架结构完整全面、层次清晰，编排符合认知规律，深度广度适中，理论与实践（案例）相结合，文字精练流畅、通俗易懂，适合普通高等学校应急管理、应急技术与管理等专业的本科教学，亦可供高职高专学校应急管理专业学生、企事业单位从事应急管理等人员参考使用。

应急管理是一门新兴交叉学科，其内涵十分丰富，当前，在业界对其认识尚未完全达成一致的情况下编写出版一套反映新时代应急管理理论研究和实践成果的教材是一件不容易的事。尽管如此，我们和编者仍然知难而上，以"摸着石头过河"的态度先行先试，积累经验。希望越来越多的高校和教师加入到我们的队伍中来，为编写出版工作献计献策、提出建议。我们也将根据应急管理事业的发展和人们对应急管理认识的深化，与时俱进地对教材进行补充、调整和完善。

应急管理出版社
二〇二一年二月

前　言

在全球化发展背景下，由于人类实践所导致的全球性风险占据主导地位，各类危机事件频频出现，一些看似不经意的苗头征兆却极可能引发严重的事故灾害。危机出现时，有些组织应对自如、游刃有余，但危机事件或多或少地对组织和公众产生了负面影响。而多数情况下，组织的危机应对却存在着这样或那样的问题，如缺失相关危机应对计划、处理危机时没有充分准备等。

随着我国经济社会不断发展，不少行业领域和区域存在着风险隐患，防范处置不当极可能产生危机。危机具有突发性、不确定性及威胁性等特征，因而组织在面对危机时常常会遇到意想不到的困难，若一味坐等或遇事而决，不仅贻误战机，还可能造成更严重的危害，进而增大危机处理难度甚至产生长期负面影响。实践表明，当危机呈现复杂性、多样性时，从单一方面考虑不能很好地处理危机，这就要求人们从危机管理的角度对危机进行系统性研究及对策分析。那么，组织能否有效监测危机，如何做好事前防范准备，从何种维度综合考量提出应对计划，以及采取何种手段与措施来有效干预和消除危机呢？这些问题的研究廓清和系统性解决，便是本书的主要内容与核心价值。

本书在借鉴国内外最新研究成果的基础上编写而成，由张小兵任主编、崔海恩、唐彦东任副主编，编写人员分工如下：张小兵编写第1章、第2章，崔海恩编写第3章、第4章、第5章，黄麒然、高宇编写第6章，唐彦东、高宇编写第7章、第8章，王心灵、张明玉、贾启松编写第9章、第10章。研究生郭雨欣、韩宜村、蔡九灵、蒋巧红参与了书稿校对，张明玉、韩宜村、陈哲参与了相关图样清绘与图表制作。

感谢河南省特色骨干学科建设学科（群）"安全与应急管理学科群"、河南省高等学校人文社科重点研究基地"安全与应急管理研究中心"对本书出版予以的支持。中国科学院科技战略咨询研究院陈安研究员和海峡两岸应急管理学会唐云明副理事长对本书的初稿做了详细审阅，提出许多宝贵的指导意见和建议，在此深表谢忱。在编著本书的过程中，借鉴和参考了大量文献资料，大都已在文献中列出，但不能排除遗漏，在此深表歉意；并感谢本书引用参考文献的所有作者们。

由于作者水平有限，书中的疏漏和缺陷在所难免，恳请同仁批评指正。

编 者

2021 年 5 月

目 录

1 绪论 ... 1
1.1 危机管理的起源与发展 ... 2
1.2 危机管理的意义 ... 3
1.3 危机管理的研究对象和内容 ... 3
1.4 危机管理的研究方法 ... 4
1.5 危机管理的发展趋势 ... 5
【阅读材料】古巴导弹危机 ... 5

2 相关概念与基本理论 ... 7
2.1 危机的形成 ... 7
  2.1.1 危机的定义 ... 7
  2.1.2 危机的特性 ... 8
  2.1.3 危机管理基本环节 ... 9
2.2 危机的类型 ... 11
  2.2.1 危机分类论 ... 11
  2.2.2 危机的坐标分类法 ... 13
  2.2.3 危机的层面分类法 ... 14
2.3 危机的影响 ... 15
  2.3.1 危机的负面冲击 ... 15
  2.3.2 危机的间接获益 ... 16
  2.3.3 危机管理常见问题与错误 ... 16
2.4 危机管理认识论 ... 17
  2.4.1 危机管理三阶段论 ... 17
  2.4.2 危机管理四阶段论 ... 18

2.4.3 危机管理五阶段论 ... 18
2.4.4 危机管理六阶段论 ... 19
2.5 危机管理方法论 ... 20
2.5.1 危机管理范畴 ... 20
2.5.2 危机管理守则 ... 21
2.5.3 危机管理人员的职责 ... 22
2.5.4 危机领导人的职责 ... 23
【阅读材料】美国"9·11"恐怖袭击事件 ... 23
【本章重点】 ... 24
【本章习题】 ... 25

3 危机监测 ... 26
3.1 危机征兆与监测 ... 26
3.1.1 危机征兆 ... 26
3.1.2 危机预警 ... 27
3.1.3 危机监测的步骤 ... 28
3.2 危机监测工具 ... 30
3.2.1 访谈法 ... 30
3.2.2 检核表分析法 ... 32
3.2.3 情景假设法 ... 32
3.2.4 情境剧本法 ... 33
3.2.5 逻辑树分析法 ... 34
3.2.6 比较分析法 ... 37
3.2.7 因果法 ... 40
3.3 危机弱点分析 ... 43
3.3.1 弱点交叉分析法 ... 43
3.3.2 危机坐标法 ... 45
3.3.3 脆弱性分析法 ... 46
【阅读材料】珍珠港事件 ... 49
【本章重点】 ... 49
【本章习题】 ... 50

4 危机预防 ... 52
4.1 危机预防理论 ... 52
4.1.1 墨菲定律 ... 52
4.1.2 多米诺骨牌理论 ... 53
4.1.3 错误链理论 ... 54

4.1.4　奶酪理论 ··· 55
　　4.1.5　圆盘漏洞理论 ·· 56
　　4.1.6　预防接种理论 ·· 57
　　4.1.7　煮蛙效应 ··· 57
　　4.1.8　破窗效应 ··· 58
4.2　危机预防机制 ·· 58
　　4.2.1　危机预防逻辑 ·· 58
　　4.2.2　组织能力检视 ·· 59
　　4.2.3　危机预防机制建立 ··· 60
4.3　危机预防策略 ·· 60
　　4.3.1　拒绝危机 ··· 61
　　4.3.2　避免危机 ··· 61
　　4.3.3　延后危机 ··· 62
　　4.3.4　分散危机 ··· 62
　　4.3.5　补偿危机 ··· 63
　　4.3.6　增加危机 ··· 63
　　4.3.7　转移危机 ··· 64
　　4.3.8　降低危机 ··· 64
4.4　危机预防方法与途径 ·· 65
　　4.4.1　危机减缓工程的改良 ·· 67
　　4.4.2　危机减缓措施强化 ··· 69
　　4.4.3　危机减缓作业流程优化 ··· 70
　　4.4.4　危机减缓的危险暴露限制 ·· 71
　　4.4.5　危机预防人员选拔 ··· 72
　　4.4.6　危机预防教育与训练 ·· 73
　　4.4.7　危机预防警示与标识 ·· 75
　　4.4.8　危机预防的多渠道激励 ··· 75
　　4.4.9　危机预防能力保护 ··· 77
　　4.4.10　危机预防能力恢复 ·· 78
4.5　危机预防常见问题 ·· 79
　　4.5.1　危机预防的借口 ··· 79
　　4.5.2　危机预防的陷阱 ··· 81
【阅读材料】日本福岛核事故 ·· 81
【本章重点】 ··· 82
【本章习题】 ··· 83

5　危机准备 ·· 84

5.1 危机准备的内容 ································· 84
　　5.1.1 危机准备的层次 ···························· 84
　　5.1.2 危机准备的工作 ···························· 85
5.2 危机管理计划的制订 ······························ 86
　　5.2.1 危机管理计划的主要构成 ······················ 86
　　5.2.2 危机管理计划的组成要素 ······················ 87
　　5.2.3 危机管理组织架构与小组设置 ··················· 89
　　5.2.4 危机管理工作规范 ·························· 90
5.3 危机预防计划与准备 ······························ 90
　　5.3.1 危机预防计划的组成 ························· 90
　　5.3.2 危机预防计划编制 ·························· 91
　　5.3.3 危机管理常设机构 ·························· 92
　　5.3.4 危机管理发言人 ···························· 93
5.4 危机紧急应对准备 ································ 95
　　5.4.1 应急管理手册编制 ·························· 95
　　5.4.2 危机应对教育培训 ·························· 97
　　5.4.3 危机应对模拟演练 ·························· 99
【阅读材料】印度洋海啸 ······························· 101
【本章重点】 ······································· 102
【本章习题】 ······································· 103

6 危机处理 ····································· 104

6.1 危机爆发 ······································ 104
　　6.1.1 危机判断依据 ····························· 105
　　6.1.2 危机处理的目标 ···························· 105
6.2 危机处理的原则 ································· 106
　　6.2.1 行动原则 ································ 106
　　6.2.2 传播原则 ································ 107
6.3 危机处理的程序与关键点 ··························· 107
　　6.3.1 危机处理程序 ····························· 107
　　6.3.2 危机处理的关键 ···························· 109
　　6.3.3 危机处理对外发言的观念 ······················ 110
　　6.3.4 危机处理发言关键时点 ······················· 110
　　6.3.5 危机处理5W1H分析 ························· 112
6.4 危机处理行动策略 ································ 114
　　6.4.1 移除危机 ································ 114
　　6.4.2 隔离危机 ································ 115

        6.4.3 稀释危机 ·· 115
        6.4.4 转移危机 ·· 116
        6.4.5 迂回策略 ·· 116
        6.4.6 危机中寻求支援 ·· 117
        6.4.7 危机中的妥协策略 ··· 117
        6.4.8 危机中的补偿策略 ··· 117
        6.4.9 危机中的变革创新 ··· 118
    6.5 危机处理常见问题与形象修复 ·· 118
        6.5.1 危机影响分析 ·· 118
        6.5.2 化"危"为"机"的关键要素 ··· 119
        6.5.3 危机处理常见问题与错误 ··· 119
        6.5.4 危机对外发言及形象修复策略 ·· 120
    【阅读材料】丰田汽车暴冲事件 ··· 122
    【本章重点】 ··· 122
    【本章习题】 ··· 123

7 危机沟通 ·· 125

    7.1 危机沟通概述 ··· 125
        7.1.1 危机沟通重要性 ·· 125
        7.1.2 危机沟通的准备 ·· 127
        7.1.3 危机沟通的指导 ·· 127
    7.2 危机沟通规划 ··· 128
        7.2.1 危机沟通团队工作 ··· 128
        7.2.2 危机沟通关键任务 ··· 129
        7.2.3 危机沟通媒体政策与程序 ··· 131
    7.3 组织内部危机沟通 ··· 132
        7.3.1 危机中与员工沟通的价值 ··· 132
        7.3.2 危机中与员工沟通的方式 ··· 133
        7.3.3 危机沟通寻求员工协助 ·· 135
    7.4 组织与外部危机沟通 ·· 136
        7.4.1 危机中与对手沟通和谈判 ··· 136
        7.4.2 危机中与客户的沟通 ··· 136
        7.4.3 危机中与相关群体的沟通 ··· 138
    7.5 媒体沟通 ·· 139
        7.5.1 大众传媒概述 ·· 139
        7.5.2 危机中面对媒体 ·· 140
        7.5.3 危机中的发言人 ·· 142

7.5.4　危机发言模式选择 ……………………………………………… 145
　　7.5.5　危机沟通常见问题与错误 ……………………………………… 147
【阅读材料】壳牌公司布伦特储油平台事件 ……………………………… 147
【本章重点】………………………………………………………………… 148
【本章习题】………………………………………………………………… 149

8　危机决策 …………………………………………………………………… 150

8.1　危机决策概述 ……………………………………………………… 150
　　8.1.1　危机决策的重要性 ………………………………………………… 151
　　8.1.2　危机决策依据 ……………………………………………………… 152
　　8.1.3　危机阶段性与应对策略 …………………………………………… 153

8.2　危机应对策略 ……………………………………………………… 153
　　8.2.1　危机策略的形态 …………………………………………………… 153
　　8.2.2　危机判断的有效步骤 ……………………………………………… 154
　　8.2.3　危机策略的关键影响因素 ………………………………………… 156

8.3　危机决策过程 ……………………………………………………… 156
　　8.3.1　个人决策与集体决策 ……………………………………………… 156
　　8.3.2　危机决策模式匹配 ………………………………………………… 158
　　8.3.3　危机决策的步骤 …………………………………………………… 160
　　8.3.4　基于危机阶段的决策 ……………………………………………… 160
　　8.3.5　危机决策常见问题 ………………………………………………… 161

8.4　危机管理整合 ……………………………………………………… 162
　　8.4.1　危机管理整合的价值 ……………………………………………… 162
　　8.4.2　危机管理的极端情况 ……………………………………………… 163
　　8.4.3　危机管理整合与优化 ……………………………………………… 164

8.5　危机决策模式与示例 ……………………………………………… 166
　　8.5.1　危机决策成功模式 ………………………………………………… 166
　　8.5.2　危机决策失败模式 ………………………………………………… 168

【阅读材料】泰坦尼克号沉船事故 ………………………………………… 169
【本章重点】………………………………………………………………… 170
【本章习题】………………………………………………………………… 171

9　危机团队与指挥系统 …………………………………………………… 173

9.1　危机团队 …………………………………………………………… 173
　　9.1.1　危机团队的功能 …………………………………………………… 173
　　9.1.2　危机团队的典型特质 ……………………………………………… 174

9.2　危机与组织 ………………………………………………………… 175

9.2.1　危机对个体的影响 ··· 175
　　9.2.2　危机对组织的影响 ··· 175
　　9.2.3　危机管理组织体系 ··· 176
　　9.2.4　危机管理指挥机构 ··· 177
　9.3　突发事件指挥系统（ICS） ·· 178
　　9.3.1　ICS的目标与原则 ·· 180
　　9.3.2　ICS主要架构与功能 ··· 181
　　9.3.3　ICS的建立要素 ··· 184
　　9.3.4　ICS的应用与特色 ·· 185
　【阅读材料】智利圣何塞铜矿坍塌事故 ·································· 186
　【本章重点】 ··· 187
　【本章习题】 ··· 188

10　危机恢复 ·· 189

　10.1　后危机时期 ·· 189
　　10.1.1　危机过程回顾 ·· 190
　　10.1.2　危机评估与监控 ··· 191
　10.2　危机善后 ·· 192
　　10.2.1　事后沟通 ·· 192
　　10.2.2　善后工作 ·· 193
　10.3　危机恢复计划与执行 ·· 193
　　10.3.1　危机恢复计划 ·· 194
　　10.3.2　危机恢复计划的重点与功能 ··································· 195
　　10.3.3　危机恢复计划的执行 ··· 195
　10.4　危机后的学习 ··· 196
　　10.4.1　危机后的学习反思 ·· 196
　　10.4.2　危机管理计划的持续改进 ····································· 197
　　10.4.3　危机管理文化 ·· 198
　【阅读材料】史上最惨烈空难事件：特内里费空难 ··················· 198
　【本章重点】 ··· 199
　【本章习题】 ··· 200

附表 ·· 202
参考文献 ·· 222

1 绪　论

　　灾难发生时，如果组织没有应急系统，单是撰写新闻稿就可能需要几小时。如果有一套早已拟好的应对方案，则只需在相关工作表单上填写时间、地点、大致过程、伤亡人数等情况，其余事项如信息公开内容等早已做好准备，这便是危机管理中一次有效响应。一般而言，一定规模的组织都应有相关应急响应程序，在发生紧急状况时各部门有明确的分工机制。例如，制定应急小组成员名单、准备联系方式、协调机制、沟通机制等，也包括明确新闻发言人是谁、如何联系发言人、新闻发言稿生成等，以上种种工作，只需依计划执行便可大致掌握总体情况。由此可见，危机管理理念方法可以协助组织有效应对难以预料的意外，使其即使面对最糟糕的状况也能够从容应对。大量事实表明，危机恶化的主要原因是组织准备不足，而好的准备能够让组织化解每一次危机。

　　危机通常蕴含两方面含义：表面是危险，内部是转机。危机管理和危机处理是有区别的："管理"是较为宏观的概念，涉及事前防范、事发处置以及事后恢复与提升；"处理"是较为具体的概念，是指针对不同情况而选择相应策略、方法并执行。许多组织（政府机构、企事业单位和社会团体）因内部个人或管理失误导致危机事件时有发生，甚至影响公共安全、人身健康和生命财产安全。如果组织在平时没有建立起危机应对机制，突发事件发生时就很难迅速妥善地解除危机，很可能带来隐患并影响组织声誉。由此可见，事前建立危机管理机制，对一个组织来说是十分必要的。

　　一般而言，组织遇到突发事件时总是尽可能地遮遮掩掩、躲躲闪闪，或能拖即拖、能避就避，并将"以不变应万变""沉默是金"的遇事态度视作"最优"解决法则。然而，在网络媒体和信息传播高度发达的现代社会，任何信息都极易通过各种媒介迅速扩散出去。公众想要了解真相却又无从着手时，便会产生许多与实际不符的猜测、曲解和误会，这将对组织及其领导者的形象和公信力造成负面影响。与此同时，这种情况还会随着媒体的广泛关注而进一步恶化。

　　危机发生后，在事先建立起的危机管理机制中，无论是应对危机的常设机构，还是临时组织起来的危机处理小组，都应迅速反应、各司其职并及时将危机进展的相关信息告知公众。例如，举行新闻发布会或记者招待会，告知公众真相以及目前正在采取的补救措施；做好与新闻媒体的互动交流，及时准确报道情况以满足公众信息需求并引导舆论，特别是要引导消极负面舆论转向积极正确的方向，进而消除公众疑虑。

1.1　危机管理的起源与发展

危机管理思维起源于20世纪60年代的美国政界。美国多届总统任期内都出现过一些重大危机，如1962年10月约翰·肯尼迪（John F. Kennedy）总统任期内的"古巴导弹危机"、1972年6月尼克松（Richard M. Nixon）总统任期内的"水门事件"。基于此类紧急状态应对要求，政界人士构造出能在最短时间内处理突发性问题的基本模式。20世纪70年代工业迅速发展，伴随出现了很多工业意外事故，如1979年美国三里岛核泄漏事件。由此，美国政府开始将危机处理模式应用于其他领域。相比于风险管理，危机管理在企业界及学术界的发展应用要晚得多，大约在20世纪80年代才逐渐成形。1984年12月至1986年4月期间，国际上陆续发生了印度博帕尔毒气泄漏、美国挑战者号航天飞机爆炸、乌克兰切尔诺贝利核泄漏等一系列重大事故灾难，这使得危机管理研究成为热潮。至20世纪80年代，美国多数大型组织已有专人负责危机管理计划的制订工作，当代西方国家特别是美国、加拿大及英国等已形成了系统性的危机管理学科和应用体系。我国现代危机管理的理论研究起步较晚，有些领域尚属空白。但从危机管理有关思想和论述来看，我国古代早已有之，较为著名的有"不战而屈人之兵，善之善者也""上兵伐谋，其次伐交，其次伐兵，其下攻城""化干戈为玉帛"等。这些精辟的论述，言简意赅，一语道破危机管理的实质。

21世纪以来，接连发生的美国"9·11事件"、席卷全球的"非典疫情"以及仍在肆虐的"新冠肺炎疫情"等，使得危机管理再次成为热门话题。起初，危机管理只是人们的一种思维认识，是个人或组织遭遇危机后对危机的一种再认识，也是对危机应对的一种总结学习。遭遇大量危机及应对实践后，一些组织和人员便有意识地对危机过程进行记录与总结，长此以往，"危机管理"一词便逐渐进入人们的视野。后来，危机管理成了相关研究领域的专业术语，并随之产生了相关的论著与典籍，越来越多的人也意识到危机管理在组织运行中的重要性。虽然危机随时可能发生，但通过科学的方法与手段加以干预处置，是可以降低危机损害甚至消除危机的。显然，组织领导者更应率先了解和学习危机管理知识，以便获得先机并转"危"为"机"。

危机管理范畴小至个人利益大到国家安全，除了被广泛运用于社会经济活动各领域外，其军事用途更加受到重视。例如，1990年美国对伊拉克发动代号为"沙漠风暴"的军事突袭行动，美国白宫首席安全顾问约翰·史勒辛格（John Schlesinger）紧急联系危机管理专家，共同研究拟定美国发动突袭可能产生的危机。相关危机处理小组历经4个月时间研究拟定出多种可能情况并提出应对措施，使这场惊动全球的突袭行动完全在美国的掌握之中。美军在7天之内迅速击溃伊拉克，而自己付出的代价极少。据悉，在危机处理小组制订方案时也出现了一项艰难的决策问题，即如果伊拉克也同样开展了战争危机管理怎么办，很明显的结果便是美国不可能在短期之内赢得战争。由此可见，危机管理对国家安全影响深远。

事实上，危机管理是组织维持战斗力的重要因素之一。就危机预防而言，组织应考虑各种危险因素及其导致失败或损失的可能性与严重性，并慎重决定哪些危险因素需要加以重点分析及过程控制，并及时进行跟踪监督以促进安全、稳定、高效运作。危机管理为领导者与个人提供了一项系统性机制，其可针对各种情形遴选出最佳行动方案以降低或抵消危机的损害。这就要求危机管理充分整合规划及执行作业中的诸多要素，即在规划与执行所有计划时须遵循危机管理程序。同时，危机爆发时组织上下应协调一致而不是相互推诿，不论单位主管还是基层人员都应按照危机处理模式迅速展开行动，以使单位及个人风险降至最低。此外，组织应有危机意识与危机管理的理念，持续运用组织力量来发现组织内部潜在的不易消除的危机因子，做到防患于未然。

传统策略模式已经不能适应风险社会和瞬息万变的信息时代的需要，而许多新模式恰恰又可以弥补传统模式的不足，这也正是学习危机管理的根本动力和目标方向。

1.2 危机管理的意义

危机是不可预测事件，处置不当将给组织或相关人员带来负面影响。危机管理旨在克服危机产生的不利后果，因而组织必须持续完善危机管理的策略、方法来维持组织的良性运转。有效的危机管理可以缩减组织在整个危机应对中所耗费的时间和经济成本，并且能够保障生命安全、人身健康和生态环境安全，以及避免或降低危机对组织声誉的损害，防止其发展成为公共政策议题等。同时，危机管理也可以促使领导者在沉着应对中进一步将"危机"化为"机遇"并从中受益。

危机管理是一个持续不断的过程，它并非只是危机应对计划。有效的危机管理必须整合于组织常态运作中，它应被视为组织内多数人的工作惯例而非临时性活动，工作中人们应当把努力避免危机发生并思考危机应对策略作为常态习惯。

危机管理是一种崭新且全面性的思维模式。作为一种组织视角的思维模式，危机管理既是未雨绸缪，又是一个对组织再认识的过程。它可以帮助组织找出弱点，做好应对计划，以及防止危机发生；在危机发生时和结束后能进行有效沟通，在过程中进行调整并不断完善整个流程。通过对危机前、中、后的干预与过程管理，组织既可以从容应对危机，又能够进一步改善和优化组织结构。

1.3 危机管理的研究对象和内容

1. 危机管理的研究对象

危机管理的研究对象包括危机征兆、组织内部人员、组织内部领导者、外部媒体、社会公众等多个因素及其组合。由于危机管理对象的复杂性与广泛性，在危机管理中需要考虑到多个方面并进行综合评估。应当注意到，危机管理的对象看似是相互独立的个体，但实际上各因素之间存在着诸多关联。

2. 危机管理的研究内容

危机管理主要研究危机的表现、特征、成因机制以及危机管理相关原理、方法与应对路径策略，具体包括基于危机征兆的危机监测，基于弱点分析的危机预防，基于事前防范的危机准备,基于事发响应的危机处理,考虑到组织形象的危机沟通,面向具体行动的危机决策,基于协同理论的危机指挥系统,以及基于"行动—反思—提升"逻辑的危机恢复与学习等。上述危机管理主要研究内容,让危机管理更加体系化、形象化和可操作化,有助于人们更好地理解和把握危机管理理论与方法,更好地利用相关知识、技能及操作工具,从容应对危机。

1.4 危机管理的研究方法

危机管理的问题导向特征,决定了危机管理研究方法的针对性,可以说一项内容便有一种或一组方法与之对应。以危机监测为例,首先,面向危机事件引出监测方法并进行危机弱点分析,这是危机监测的重点环节;其次,评价危机发生的概率;而后,综合形成监测结果,为下一步危机预防预警奠定工作基础。同理,危机预防、危机准备等部分也有类似的工作逻辑,相应的研究方法见表1-1。

表1-1 危机管理的研究方法

主 要 内 容	研 究 方 法
危机监测	1. 辨识危机事件; 2. 危机弱点分析; 3. 评价危机概率; 4. 形成监测结果
危机预防	1. 危机预防理论分析; 2. 危机预防机制策略; 3. 危机预防问题剖析
危机准备	1. 明确危机准备内容; 2. 制定危机管理计划; 3. 危机应对实务准备
危机处理	1. 明确危机处理目的与原则; 2. 廓清危机处理程序与要点; 3. 危机处理策略形成与执行; 4. 危机影响评价与形象修复
危机沟通	1. 明确危机沟通方向与重点; 2. 针对性建立危机沟通策略; 3. 危机沟通实施与工具运用
危机决策	1. 危机策略选择; 2. 决策工具使用; 3. 危机决策过程; 4. 系统性危机决策
危机团队与指挥系统	1. 危机团队工作模式; 2. 危机影响的系统性消解; 3. 突发事件指挥系统运用
危机恢复	1. "后危机"问题分析; 2. 危机恢复计划与执行; 3. 危机检视与反思; 4. 危机后学习与成果运用

1.5 危机管理的发展趋势

随着全球形势的不断变化，当今危机主要呈现出连锁性、全球性、应对协同性与技术性等特点。危机的连锁性主要是指某一危机的爆发可能会引发其他一系列危机。例如，吉林石化双苯厂爆炸引发松花江污染最终导致了跨国危机。危机的全球性是指危机的影响范围波及全球，需要全球共同应对，如粮食问题与环境问题等。危机的应对协同性是指危机的应对需要各领域、各主体协同参与，如防恐反恐、埃博拉病毒、新冠肺炎疫情协同应对等。危机的应对技术性是指危机应对需要动用新技术、新装备与新体系，如网络空间和信息安全类的危机等。

近些年来，人们或组织遭遇的危机不断发生变化，这要求危机管理理论要与时俱进，不能拘泥于眼前或过去的危机形式。随着科技进步与时代的发展演变，危机随之而变，比如在 20 世纪 90 年代遭遇的危机就与现今危机大不相同。从某种意义上说，危机管理不仅随危机变化而发生改变，还随着时代变化而改变。危机管理应朝着更高效化、更简洁化、更综合化的方向发展。同时，危机管理应与危机发展趋势同步，不能仅凭个人意愿或个别危机特点进行危机判定。

阅读材料

古巴导弹危机

在劳尔·卡斯特罗（Raúl Modesto Castro Ruz）政权于猪猡湾击退美国暗中支持的反抗军后，苏联为进一步巩固其政权，于 1962 年帮助古巴建造秘密导弹基地并供应其可搭载核弹头的导弹。此事虽为苏联驻美大使否认，但仍被美军侦察了出来。同年 6 月 22 日美国总统肯尼迪在全国性广播中公开了这件事情的真相并要求苏联撤回在古巴的导弹，否则美方将摧毁相关设施，同时宣布美国进入紧急状态。

美国自支持反抗军的猪猡湾抢滩行动失败后，其对外军事行动逐渐趋向保守，但其始终没有放弃对古巴的侦察活动。事实上，美国自 1961 年年底就怀疑苏联可能会在古巴境内部署导弹，安排侦察机飞越古巴圣克里斯托（San Cristobal）上空进行拍照并确认了这一猜测，证实苏联在古巴首都哈瓦那（Havana）西南 25 千米处建造了可搭载核弹头的导弹发射基地。尽管核弹头是否部署在该基地内尚不确定，但已经让事件处理非常棘手。

为应对古巴导弹危机，肯尼迪举行了特别会议，召集身边亲近的顾问成立国家安全执行委员会专门处理此次危机。由于导弹基地详情不明，因此应对这一危机事件的决策制定和执行面临着诸多困难。部分来自军方的委员主张立即轰炸导弹基地、飞机跑道以及雷达基地，他们认为苏联不会因为美国的行动而向美国宣战。美国驻联合国大使提出，美国应放弃位于古巴的关塔那摩军事基地和部署在土耳其的导弹，以此来换取苏联的撤离。肯尼迪对上述提议都不赞成，他认为增加双方的猜忌动荡或是牺牲一方威信来换取对方让步，都不符合美国利益。最后，肯尼迪决定用海军舰队封锁古巴，同时禁止任何携带攻击性武器的船只进入古巴海域，并通过电视转播告知全国此次危机及其进展。

　　古巴导弹危机期间，肯尼迪与时任苏共总书记赫鲁晓夫几乎每天进行联络。赫鲁晓夫以个人名义向肯尼迪发了数封电报，电报内容从表达善意逐渐转弯为采取强硬立场，这让事件走向愈发危险。而肯尼迪及其幕僚认为，赫鲁晓夫或许承受了苏联军事将领主张以武力解决问题的压力，因此他们只针对第一封表达善意的电报采取了对策。肯尼迪回复赫鲁晓夫，做出美国绝不入侵古巴的承诺，并期盼在双方共同努力下和平早日到来。

　　最终，赫鲁晓夫在权衡利弊后，于1962年10月28日接受了肯尼迪的条件，并撤出苏联设在古巴境内的导弹。至此，古巴导弹危机暂告解除，美苏双方最激烈的角逐安全落幕，世界也免于被核战即将爆发的阴影所笼罩。

　　古巴导弹危机事件，其过程生动地描绘出危机管理的基本轮廓，即从危机爆发时交由专门组织分析、指挥，到进行危机决策时对每个方案潜在危险进行充分考虑，演变到现代，这些依然是现代危机管理的核心技术。经此事件后，危机管理的实例不断丰富发展，越来越多的组织能够通过危机管理来更系统、更积极地面对各种危机。

2 相关概念与基本理论

危机是一种未曾预料且迅速爆发的意外,也是事态恶化与出现转机的分水岭。为使组织在危机应对中发挥具体成效,一方面需要了解危机特性,另一方面应当明确危机管理所具有的预防、准备、实施以及学习等基础环节,这些环节共同构成了一个可供实际操作的危机管理指引。

潜在危机不计可数,几乎没有任何一个组织能够随时准备好面对所有危机。然而,绝大多数危机可归结为一些较易辨识和处置的类型,如此,复杂的危机管理工作就被简化了,即哪些类型的危机应该预防、哪些类型的危机必须事先准备、哪些危机是可以忽略的。其间的区别与取舍,为危机应对提供了宏观决策参考。

危机管理过程依不同论点可分为三阶段论、四阶段论、五阶段论及六阶段论,其内涵范畴涉及多种预防控制、安全管理与应急处置机制,这些机制是一系列持续性活动,具体包括:危机监测、危机预防、危机准备、危机处理、危机沟通、危机决策、危机指挥系统、危机恢复与学习等。在整个危机管理体系中,每一个环节都非常重要,任何一个环节的疏漏都可能影响组织整体的危机管理成效。

本章系统阐述了危机管理相关概念与基本理论,主要包括危机的形成、类型、影响及危机管理的原理方法等。

2.1 危机的形成

2.1.1 危机的定义

危机(Crisis)一词,希腊语为"Crimein",意为决定(to decide)。韦氏字典(Webster's)将危机定义为"事件改善或恶化的转折点"。史蒂夫·芬克(Steven Fink)将危机表述为"某种转折点,可能变得更好,也可能变得更坏";凯瑟琳·弗恩-班克斯(Kathleen Fearn-Banks)做了进一步解释,将其定义为"某一主要事件对组织、企业的公众形象、产品、服务或声誉产生潜在的负面影响"。劳伦斯·巴顿(Laurence Barton)对危机的定义是"某一主要的、不可预测的事件具有潜在负面结果,事件及其结果可能伤害到组织及其员工、产品、服务、财务与声誉"。综合来看，威胁到组织生存的某一事件即是危机，具体可概括为如下几点：

（1）危机是事情出现转机与恶化的分水岭，也是关键点。危机中往往蕴含着机会，处理得当有利于情况好转，处理不当则会使危机迅速恶化，进而威胁组织的生存与发展。

（2）危机是导致组织陷入争议并危及其未来获利、成长，甚至生存的事件。危机本身具有突发性、不确定性和时间紧迫性等特征，其发生会对组织的内部结构、经营模式、组织策略等产生冲击，进而影响组织生存与发展。

（3）危机是一种对组织生存具有严重威胁的情形或事件，在此紧急状况下，决策者需要在有限时间和不确定情形下做出关键性决定。危机处理时间的紧迫性决定着危机应对必须迅速有力、抓住关键时机，这一阶段要求决策者必须具备长远的眼光以及紧急决策的能力。

（4）危机使得组织内外（部）环境发生变化，且这种变化已经影响到组织基本目标的达成。就其本质而言，变化所造成的冲击具有连续性，往往一波接一波地袭来或逐渐扩大其影响，进而影响到组织的内外部环境。

（5）危机带来的任何改变，都可能对组织或产品的信心造成潜在的长期影响。这种影响会潜移默化地影响组织和产品的后期经营，甚至会妨碍组织正常运转。

危机是危险中求生存的机会，组织需要以积极的态度来面对逆境与挑战并解除危机，更要通过不断学习与成长，最终化危机为转机。无论危机的意义如何被界定，它通常都具有以下共同特征（Hermann CF，1969；Brecher M，1978）：

（1）是一种未曾预料且迅速爆发的意外。其具有突然发生的特性，危机（事件）发生的时间、地点以及可能导致的后果都是无法完全预测的。

（2）威胁到组织或决策单位的价值或目标。危机具有威胁性，即危机会严重威胁组织目标，处置不当可能会损害组织的声誉和信用，更严重者可能威胁到公共安全、人身健康和生命财产安全，甚至导致组织解体。

（3）会带来风险，但只能事前预警而不能完全避免。危机具有不确定性，表现为状态的不确定、影响的不确定和反应的不确定等，组织显然难以完全避免危机的发生。

（4）反应处理的时间非常有限且紧迫。当危机发生时，决策者必须对情境做出正确、适当的反应，否则事态会进一步恶化并致损失加重。

（5）危机处理得当与否是转机与恶化的分水岭。当危机发生时，如果处置不当便会威胁组织的生存与发展，处置得当则又会成为组织未来良性发展的坚实基础。

2.1.2 危机的特性

对组织而言，危机是指组织因内外（部）环境因素所引起的一种严重威胁其生存的情境或事件。为了能让组织对危机的响应及管理发挥具体成效，必须对危机特性有一定了解。一般而言，危机具有阶段性、突发性、威胁性、不确定性、紧迫性及两面性6个特性：

（1）阶段性。危机过程具有阶段性，通常可分为预警期、预防与准备期、响应与处置期、恢复与学习期。组织应制定具体的措施来应对危机的不同阶段，抓住各个阶段的工作重点。

（2）突发性。危机的产生具有突发性，其发生通常会引起人们的一系列恐慌。尽管多数事件发生都有前兆，但细微的征兆很容易被忽略，因此危机的发生往往始料未及、不易预测。危机虽不可预测但并非不可预期，富有经验的组织对危机有更深刻的理解，他们确信危机迟早会降临（Coombs WT，1999）。此外，许多危机的爆发也可能经过长期酝酿，直到某一时间点才触发，这类危机因其酝酿过程缓慢且微弱，因此组织及其成员难以及时察觉。

（3）威胁性。危机具有威胁性，会与组织原有的价值观念产生严重冲突，还会对组织声誉造成很大的负面影响，甚至可能会造成严重的破坏。就组织而言，已经或即将失控的局面会危害其未来获利、影响其成长甚至生存，组织可能会遭受重大损失。损失大小与危机威胁程度有关，但此类情境或事件的认定过程有赖于组织特别是决策者的认知水平（Caponigro JR，2000）。此外，危机还会对单位和个人造成巨大压力，导致组织陷入争议。

（4）不确定性。危机具有不确定性，包括状态不确定、影响不确定、反应不确定等，这些不确定性是对组织响应能力特别是领导决策水平的一种极具挑战性的考验。在复杂且不稳定的环境中搜集、确认信息已属不易，再去预测外界变动就更是难上加难了。

（5）紧迫性。一个预设条件是：如果组织不对危机做出任何反应，恶化的状况将会迅速蔓延。显然，危机发生时可供组织做出决策的时间短促，因而在时间维度上危机应对具有明显的紧迫性。面对危机，决策者必须立即做出判断并在最短时间内采取适当行动，否则极可能对组织的生存与发展造成重大威胁。在时间短促、资源不足以及信息不充分的情况下，组织运转及对危机的处理方式常常陷入混乱之中。若涉及媒体报道，则更增加了局面的复杂性并提升决策的难度，进而影响决策质量。

（6）两面性。"危机就是转机"，不处理或处理不当都会造成严重后果，但迅速得当的处理将会为组织赢回更高的声誉。危机隐含"危险"与"机会"双重意义，危险指危机即将产生的负面效果，对组织生存目标或价值造成威胁。反之，危机也可能形成新的机遇，即当组织经受住危机考验后，便可凭借成功的处理经验使组织功能更加健全，并进一步提振士气。危机的两面性也可称为逆转性，其关键在于找出可能发生的潜在危险并做好预防及准备。当监测出组织可能面临的潜在危险时，须加以积极预防并采取相应措施。

2.1.3　危机管理基本环节

危机管理旨在防范危机带来的不利后果，因而组织必须不断改善危机管理方法。有效的危机管理，可以缩减整个危机处理过程所耗费的时间，减少损失和节约成本，降低对组织声誉的损害，防止其发展成为公共政策议题，特别是在保障人身健康、生命安全和生态环境方面（Barton L，1993；Higbee AG，1992）。

危机管理，即如何面对危机以及减少危机伤害的原则、要素及其运作（Coombs WT，1999）。危机管理的功能是将潜在危机带给组织的损害降至最低，它可以帮助组织有效掌握危机情势，也可以将组织的声誉损害降至最低，并进一步将危机化为转机，最终从中受益（Caponigro JR，2000）。因此，危机管理的一项重要课题便是要求组织关键岗位的人员

（如领导干部）在平常教育训练中认识危机、理解危机，不至于在遇到问题时惊慌失措。危机管理有4个基本环节，即预防、准备、实施以及学习，这些环节组成了一个可供实际操作的指引。

1. 预防

预防是指为避免危机发生所采取的措施，即针对可能发生的或事先发现的危机征兆，组织或个人即采取行动以阻止危机发生。例如某设备因设计缺陷容易过热，则必须在尚未引发火灾或造成人身伤害前尽快更换。

2. 准备

准备是危机管理中最常见的环节。一般的，组织在危机来临前不能完全掌握其信息，并事先规划完善应对措施。由于危机发生时组织面临的问题多且复杂，很难用单一方法、原则或计划彻底解决所面对的问题。因此，针对特定情境做好危机管理计划、使用必要工具及技巧以减少危机带来的伤害是十分必要的。

危机管理计划是危机准备中必备要素，组织成员可能不清楚危机管理的全部意义与内涵，但都应知悉组织的危机管理计划。危机管理计划是危机管理中的一部分，不仅包括应对计划，还包括诊断危机的破坏性，挑选与训练危机管理小组及发言人，制作危机档案并完善危机沟通体系等。

3. 实施

实施是将预先准备的事项应用于危机处理中。危机可能是模拟的，也可能是真实发生的。准备事项必须经常加以测试或验证，经过危机模拟或训练了解危机管理计划、危机处理小组、发言人和沟通体系等是否适用。遇到真实危机时，组织也是利用同样的危机管理资源，其差别在于结果是真实还是假设的。危机一直是很好的新闻题材（Pearson CM，Clair JA，1998），真实危机事件中实施都是公开进行的，因此组织的危机管理会被媒体报道，必然面临着批评或者表扬。

几乎所有危机都蕴含着成功的种子或失败的根源，不当的危机管理会使原本艰难的处境更加恶化，发掘、争取及赢得潜在的成功机会是危机管理的精髓。

4. 学习

学习是危机管理的最末一个环节。在学习阶段，组织对模拟或真实危机中实施的措施进行评估以了解措施的正误，并将这些信息储存起来以备不时之需。具体来说，正确适用的措施会被再次施行，而错误无效的则会以更加适当的措施来代替。学习是一种制度化记忆，这种记忆有助于加深组织对危机的了解并提升其危机管理能力（Weick KE，1988）。通常，组织所经历的危机越多，危机管理能力就越能通过学习而不断增强。

以上4个环节构成一个完整的危机管理循环，如果预防阶段失败，准备阶段就变得非常重要。学习是从实施中总结得来的，实施阶段可以显现出预防和准备阶段的成效，因此预防与准备阶段的改进有助于实施阶段的开展。

组织应将有效的危机管理整合到常态管理之中。事实上，危机管理并非只是提出一个工作计划，然后静等危机到来时加以实施，它应该是一个持续迭代提升的过程。危机管理从来都不是临时活动，而应该是组织内多数成员日常工作的重要一环。组织成员工作中应尽可能避免危机发生，并思考危机应对之道。

2.2 危机的类型

对一个组织而言,哪些危机是可以预防的?又有哪些危机是不可避免的?尽管危机无所不在,但在事前掌握充分信息并做好准备,便可将其危害减至最低。潜在危机难以预料,几乎没有任何一个组织能随时应对各种类型的危机。所有危机都可以分类归纳为组织容易处理的类型,分类归纳后组织便能够明确哪些类型的危机可以预防,哪些类型的危机必须事先准备,哪些是可以忽略的,这之间要有所区别与取舍。

2.2.1 危机分类论

1. 芬克分类(Fink Approach)

史蒂夫·芬克(Steven Fink)研究指出,常见危机有以下 11 种:
(1) 工业意外。例如火灾、工矿安全事故。
(2) 环境问题。例如环境恶化与生态破坏。
(3) 工会问题及罢工。
(4) 产品召回。例如产品设计出错,存在安全隐或无法正常使用。
(5) 恐怖活动。例如自杀式袭击或恶意投毒。
(6) 散布谣言或向媒体泄露机密。
(7) 企业负责人变更。
(8) 恶意并购。
(9) 股东投票委托书之争。
(10) 政策变化。
(11) 贪污腐败。

2. 勒兵杰分类(Lerbinger Approach)

奥图·勒兵杰(Otto Lerbinger)将危机分为三大类、七小类。在此之中,人为原因导致的危机和自然原因导致的危机,有相似之处,也有明显区别,其最大不同点是:大多数人为因素导致的危机可以通过事前预防来避免,因而对人为因素的有效管理比危机预防更为重要。

1) 自然因素导致的危机
(1) 自然危机。例如风灾、水灾、地震等。
(2) 科技危机。例如有毒化学品污染、核泄漏等。

2) 人为因素导致的危机
(1) 冲突危机。例如劳资对抗、环保抗争等。
(2) 恶意危机。例如恐怖主义、计算机病毒、散播谣言等。

3) 管理疏失造成的危机
(1) 价值扭曲。例如傲慢、自大等。
(2) 欺骗危机。例如故意隐瞒真实信息。
(3) 行为不当。例如非法采购、盗卖、假账丑闻等。

3. 库姆斯分类（Coombs Approach）

蒂莫西·库姆斯（W. Timothy Coombs）将危机划分为如下9种类型：

（1）自然灾害。是指由自然原因导致的危机，非人为因素可以控制。

（2）恶意伤害。例如组织遭到勒索、电脑被侵入或散播病毒以及市场谣言等。

（3）技术失败。例如信任危机、生态危机以及经济危机等。

（4）人为疏失。是指由于人的疏忽或失误而产生的危机，例如组织管理中日常工作疏忽带来的危机。

（5）面临挑战（类似勒兵杰的对立冲突）。人类趋势演进带来的挑战，例如人类秩序、国家利益以及政治立场等。

（6）重大损害。例如造成重大人员伤亡以及财产损失等。

（7）组织不当行为。例如经理人的不道德、非法行为带来的危机等。

（8）职场暴力。例如人身攻击、言语谩骂、无视、排斥以及过度关注个人隐私等。

（9）谣言（被勒兵杰分类列入恶意行为之内）。谣言产生原因很多，但主要来源包括主体间沟通不畅、社会生活的不确定性、科学知识的欠缺以及社会信息管理滞后等。

4. 卡波尼格罗分类（Caponigro Approach）

杰弗里·R·卡波尼格罗（Jeffrey R. Caponigro）认为，组织发生危机的原因多种多样，衍生的危机类型也非常丰富，在此列举以下几种类型：

（1）解雇/组织缩编。例如组织解雇人员涉及的赔偿问题以及组织缩编带来的人员大幅变动等。

（2）财务状况比预期偏低。以良好的财务预期为基础实施的经济措施受到较差财务状况的影响，从而引发组织财务危机。

（3）员工士气低落。主要表现为员工压力增大、缺席人数大幅增加、工作绩效差以及团队凝聚力不强等。

（4）企业诉讼。面临诉讼产生一系列费用并可能损害形象声誉，从而影响企业的生存与发展。

（5）歧视/骚扰。

（6）媒体负面报道。媒体负面报道会给企业声誉和信用带来灾难性的影响，企业产品或服务在市场竞争中也必然面临很大的压力。

（7）谣言中伤。外界对组织形象的恶意诋毁，如对企业经理人或对产品的恶意中伤。

（8）产品质量问题。

（9）科技危害。

（10）员工暴力威胁。带有不满情绪的在职员工、离职员工采取暴力行为威胁企业，该行为极易对员工的生命安全产生威胁，进而影响组织的稳定。

（11）工作伤害。主要指在工作时间和工作场所内，因工作原因受到事故伤害或暴力伤害或患职业病等，如辐射造成员工身体损伤。

（12）高级主管突然离世。负责人意外亡故，组织缺乏危机反应时间，导致某些正在进行的项目中断或者决策失败。

（13）主要客户流失。其原因主要是组织产品被更好的产品替代，或者服务意识和服务质量不够，或者员工离职自然带走以及自然流失等。

（14）受到调查或巨额罚款。接受调查往往导致组织无法正常开展工作，巨额罚款必然给组织带来财务压力，这些活动极易影响企业生产运作与财务安全。

（15）自然灾害。

（16）联合抵制与罢工。联合抵制通常影响企业的外部竞争环境，员工罢工则会严重干扰企业的正常生产，这类活动不仅影响组织生存，甚至可能导致组织解体。

（17）公司被并购。并购，特别是恶意并购可能会造成组织内部员工恐慌以及组织结构崩塌等后果。

5. 米特洛夫分类（Mitroff Approach）

伊恩·I·米特洛夫（Ian I. Mitroff）根据内在与外在、人为与非人为等危机来源将危机分为以下四大类：

（1）内在非人为危机。内在的非人为因素造成的危机，如工业意外灾害。

（2）外在非人为危机。外在的非人为因素造成的危机，如环境恶化、生态破坏、台风、地震、金融风暴、石油危机、政府及国际危机等。

（3）内在人为危机。内在人为因素造成的危机，如劳资冲突、组织内部冲突、内部沟通问题、怠工、职业伤害等。

（4）外在人为危机。外在人为因素造成的危机，如恐怖袭击、主管遭绑架、仿冒、工人罢工、散布谣言等。

2.2.2 危机的坐标分类法

坐标分类法是以米特罗夫危机分类为主轴，将内在与外在、人为与非人为等来源作为界定危机类型的主要因素，进而将危机分为四大类型（附表1）。

1. 组织外在环境

组织外在环境在危机事件中扮演着极其重要的角色。外在环境中各种变量及其相互作用，往往既是组织危机事件发生的前提，也是危机事件形成的原因。因此，一个成功的管理者，除了要对外在环境变化保持高度警觉，还应采取适当的应对策略，维护组织良好的外在环境。外在环境通常包括以下内容：

（1）国际情势。当今世界是一个开放的体系，瞬息万变的国际情势不断冲击着组织管理，这是任何一个组织都不可避免的。例如1994年2月霸菱银行新加坡分行投机金融衍生品失利，导致有220多年历史的英国老牌商业银行霸菱银行倒闭。

（2）劳工维权意识。员工为争取自身权益，往往会集结起来与资方进行谈判，希望获得资方尊重以及更好的福利待遇等。倘若谈判不成功，多数情况下会向企业或政府施压以达到目的。传统的管理理念和方法已经不能适应现实需要，管理者只有通过优化或改变经营策略，才能避免员工因不满情绪而采取的激烈抗争，进而避免影响组织运转。

（3）大众传媒。大众传媒的功能在于如实报道重大事件并教育引导民众，多数情况下媒体报道会影响普通公众对事物的看法。在处理危机事件时，组织应将正确信息通过媒体告知大众，而掩饰错误、一味严守或是延迟发布消息等均将给组织的社会形象带来负面影响。

(4) 不法分子的破坏。不论公共组织还是私人组织，都面临着不法分子破坏行动的威胁，且这种趋势越来越明显。不法分子手段残忍且经常出其不意，这使得组织在处理此类危机时显得手足无措。例如各国政府都面临着随时可能发生的恐怖分子劫机及汽车"炸弹"等事件的威胁。

2. 组织内在环境

(1) 组织文化。组织文化是指组织成员所共同拥有的一种信念及期望的行为模式，它包括组织成员对哲学、理念、价值观、信念、假设、期望、态度和规范的共同认识。组织成员常常会将组织的错误信仰与价值观予以合理化，这种被扭曲的组织文化与行为会成为引发危机的潜在隐患，极不利于组织危机管理活动的开展。

(2) 管理方式。组织发生危机的原因除组织结构、组织文化等因素外，不当的管理方式也会导致危机发生，如过分重视人员或工作的管理方式。只有权变型领导方式才能降低组织危机发生的概率，这便要求领导者依危机情境选择并实施措施。

(3) 人员因素方面。在危机管理中组织内部人员对于危机情境的设定和理解起着关键性作用（Weick KE，1988），因此组织内的人员因素必须予以重视。决策者肩负拟定组织战略与管理成效的重任，但一些决策者往往由于认知限制或是沉溺于以往的成功，忽略了外在环境变化导致的潜在危机，以致延误了处理危机的最佳时机，造成不可挽回的损失。

(4) 科学技术。科学技术为人类带来福祉的同时，也产生了如产品设计失误、设备瑕疵以及技术程序错误等问题，这些问题往往容易引发难以控制的危机。例如企业生产过程中机械设备故障可能造成人员伤亡和财产损失，若应对不及时还会导致危机进一步扩大。

(5) 组织结构方面。组织结构是为组织达成目标提供重要支撑，但制度化容易使组织产生惰性从而丧失追求进步的动力，甚至影响组织对外部环境的感知能力。换句话说，当外部环境发生剧变时，若组织现有规则与作业程序不能应对此项挑战，则不仅不能有效管理危机，还可能因为处置不当导致危机进一步扩大等。除此以外，组织结构中的应对计划、沟通渠道等也是引发组织危机的重要因素。

(6) 财务因素。组织的资金来源、财务状况以及产品市场竞争力等都会对其能否正常运转产生重大影响。在这些经济因素的冲击下，组织极可能因为收益不佳而发生财务危机，此类因素导致财务危机的组织不在少数。

由上述因素及其作用过程可知，并非组织发生变化就是危机，还需要判断该变化是否冲击了组织的基本目标。否则，一旦对变化反应过度，不仅浪费资源还可能引发新的危机（Brecher M，1978）。

2.2.3 危机的层面分类法

组织面临的种种危机，可以根据不同层面进行分类（Level Approach）。危机主要层面或危机群（Families）概念的建立，为管理者提供了面对危机的基本思路和组织可能涉及的危机面向。危机群类型可以从经济层面一直延伸到自然灾害层面，这些界定与诠释有利于组织适度扩大准备范围并以此来减轻危机造成的损害。

组织应当就每一个层面至少选择一种来做准备（Mitroff II，Pearson CM，1993），如果组织对其内部危机做好准备措施，就可以避免组织遭受危机或是降低危机造成的损害，这些危机主要涉及以下 7 个层面：

（1）经济层面。这一层面涵盖了由经济因素所引发的危机，如罢工潮、人心不安、人力不足、股市暴跌、物价大幅波动、市场机制崩溃及组织主要资金来源骤减等（附表 2）。

（2）信息层面。这一层面的危机包括专利遗失、机密信息泄露、错误信息、计算机数据遭受侵害（如计算机黑客）、遗失关键信息（客户、供货商，如"千年虫"事件）等。

（3）物质层面。这一层面主要包括丧失关键生产资料（如厂房、原料的供应）、关键设施或厂房无法运作等。

（4）人力资源层面。这一层面主要包括丧失关键领导者、丧失关键人员、旷职人数增加、意外事故增加及职场伤害等。

（5）声誉层面。这一层面主要包括恶意诽谤、散播谣言、危害组织信誉及侵害组织商标等。

（6）非理性层面。这一层面典型如商品侵害、绑架或人质危机、恐怖主义及职场伤害等。

（7）自然灾害层面。这一层面涵盖所有自然灾害，典型如地震、火灾、水灾、爆炸、台风及龙卷风等。

2.3 危机的影响

2.3.1 危机的负面冲击

危机发生后，组织会极力采取措施将危机损害降至最低，而一旦不能得到妥善处理，则不只是一些必要成本的支出，还将导致以下几种负面冲击状况（Caponigro JR，2000）。

（1）重创组织声誉及信心。若危机严重损害组织声誉，可能导致组织不得不进行代价昂贵的更名行动（措施），甚至面临倒闭的风险。

（2）产品与服务的改变。危机迫使企业在产品与服务上进行非自愿性的改变。

（3）延误组织的发展。全力解决危机时必然减少研发时间与预算，同时也将延后或中断既定工作的进一步发展。

（4）冲击获利情况。危机应对不当会使客户忠诚度下降，导致组织营业额降低，进而冲击其获利情况。

（5）生产力降低。危机处置不当还会使员工忠诚度及凝聚力下降，这必然冲击企业的生产力。

（6）高层人事变动。危机可能迫使各个岗位人员面临新的变化，从而导致组织整体运转不畅。

2.3.2 危机的间接获益

危机的两面性决定了危机还可能对组织发展产生有利影响,但只有在危机被有效控制时组织才可能获得间接性利益。危机发生后,组织可能获得以下方面的利益(Caponigro JR,2000)。

1. 提高组织知名度

重大危机发生时,不具知名度的组织也会因之受到社会广泛关注。由于组织本身是危机的直接或间接受害者,因此在处理危机时会博得大众的同情。如果组织对危机处理得当,其所带来的好处便多于坏处。

2. 展现组织领导能力

许多组织的领导者在面对危机时,会展现出强大的领导力、组织力与决心,不仅没有让组织利益因危机而受损,反而还提升了组织和自身的声誉。这些领导者通常具备以下共通特质:

(1) 面对问题能够迅速做出反应并承诺尽快解决。
(2) 在危机处理过程中展现出坚定的信心与非凡的毅力,带领全员渡过难关。
(3) 无论损害是由组织错误直接导致的,还是仅涉及间接责任,都能以负责任的态度在第一时间出面致歉,并对受害者表现自责与同情。
(4) 立即对组织进行改造或必要调整,以确保类似事件不再次发生,并运用各种沟通方式向主要利益相关者说明事件具体情况。

3. 增进关系

危机带来的混乱终将趋于稳定,倘若组织处理得当,便可促使其与主要利益相关者形成更稳固的关系。不过,这种情况出现的前提是组织同主要利益相关者具有良好的关系与充分的信任。

4. 做出必要改变

危机可以驱使组织改善先前未识别的不良产品、服务或措施。组织本身的改造很有必要,尤其是危机后组织进行必要改变能显著提高其应对类似危机的能力。

2.3.3 危机管理常见问题与错误

危机管理工作重点包括危机征兆监测、危机预防与准备、危机控制与处理、危机恢复以及持续学习与修正等,在此过程中经常也容易出现错误,如对媒体提问用"无可奉告"或"不予置评"等措辞答复。危机管理过程中经常发生的错误简要罗列如下:

(1) 未注意相关危机征兆。
(2) 没有应对计划或危机准备不足。
(3) 做出反应和决策的速度过慢。
(4) 刻意隐瞒、误导或不诚实。
(5) 未能与重要关系人进行沟通。
(6) 没有正面回应新闻媒体。
(7) 不愿进行必要调整。

(8) 听取不当建议。

2.4 危机管理认识论

危机管理过程按照不同论点可分为三阶段论、四阶段论、五阶段论及六阶段论。

2.4.1 危机管理三阶段论

三阶段论起源不详，它是由许多学者倡导和不断总结得出的（Birsch D，Fielder JH，1994；Guth DW，1995；Mitchell TH，1986；Woodcock C，1994）。顾名思义，三阶段论将危机管理划分为3个阶段，分别是前危机阶段、危机阶段以及后危机阶段。每一个阶段又细分为若干次级阶段。

1. 前危机阶段

前危机阶段包括3个次级阶段：危机征兆、预防以及准备。前危机阶段强调一旦发现危机迹象，就必须立即采取行动以避免危机的发生。避免危机发生有以下3个方向（Grunig JE，1992）：

（1）危机专题攻关。事先处理议题，避免议题演变成危机。

（2）风险转移。减少或降低风险等级。

（3）建立关系。组织的不同部门，尤其是涉及公共关系的部门，应该努力与组织的主要利益相关者建立正面关系，其目的是建立组织与利益相关者之间的沟通渠道。通过与利益相关者交换意见、信息及至建立资源网络，组织便可从关系中获知信息并解决潜在问题。

就危机准备而言，其内容包括判断危机造成人员伤亡的可能性、建立危机处理小组、挑选发言人、拟订危机处理计划、建立危机列表（组织最可能面临的危机）以及构建危机沟通体系等。

2. 危机阶段

危机阶段开始于某一意外起因的出现，它标志着危机爆发，而当危机解除时危机事件也就结束了。在危机事件中，危机处理人员必须正确理解组织的处境，而采取适当措施与利益相关者进行沟通是这一阶段的重点工作。组织通常会利用语言或文字与利益相关者进行沟通，有时也会采取实际行动。危机阶段包含以下3个次级阶段：

（1）危机认知阶段。在危机认知阶段，组织成员必须了解危机的存在，并将其当作最紧迫的事件来处理。危机认知的内容包括了解事件如何被分级、如何被认定为危机、如何对危机付诸处理以及如何收集危机相关信息。

（2）减少损害阶段。危机损害程度决定于组织对危机的响应，包括初期响应的内容、沟通与声誉管理、响应方案与后期影响等。

（3）维持运转阶段。该阶段要求尽可能使大部分组织功能维持正常运转。

3. 后危机阶段

当危机结束后，组织还应重点关注以下方面：

（1）为下一次危机的到来做好准备。

(2) 确保组织处理危机的能力给利益相关者留下了正面印象。

(3) 再次确认危机已经结束。

后危机阶段的重点在于对危机处理的评估、从危机中学习以及对危机采取后续行动,如利益相关者继续沟通、开展监测危机以及对相关议题加以探讨等。

优秀的危机管理者通常拥有特别的知识技能和品格特质,因此在挑选和训练危机管理人才时应加强对相关能力的考查及训练。

2.4.2 危机管理四阶段论

危机管理专家芬克(Steven Fink)在"危机发展阶段论"(Finks,1986)中认为,任何一项危机的管理必然经历潜伏期、爆发期、延续期、解决期等4个阶段。

1. 潜伏期

危机潜伏期是危机发生前的阶段,这一阶段通常会出现一些细微的征兆,通过敏锐的观察,方可察觉到这些可能导致紧迫性危机的征兆。危机潜伏期具有威胁性、复杂性和时间紧迫性等特点,若能及时察觉潜在威胁、排除复杂干扰并立即采取有效措施,便能遏制危机的爆发。

2. 爆发期

危机爆发期是危机发生的初始阶段,这一阶段危机的表现形式往往比较剧烈。若能迅速有效反应并认真执行危机管理要求,便可将危机损害降至最低,处理得当亦可化危机为转机。

3. 延续期

危机延续期是危机爆发后的延续阶段,这一阶段并非只是危机的恶性延续,良好的危机管理能力可以为组织争取良性的延续期,同时也拓展了危机的控制期,反之将给个人和组织造成持续的损害。因此,该阶段是危机应对的重要转折期,最终结果取决于组织所采取的危机管理策略方法是否及时得当。

4. 解决期

危机解决期是指从组织或个人恢复正常状态直到下次危机发生前的时期。这一阶段组织或个人的状况比较稳定,是完善危机应对机制与措施的关键时期,可以从上次危机中吸取经验教训以指导未来的危机管理工作。

危机管理涵盖以上4个阶段,尤其应重视潜伏期的监测、预警和危机结束后的恢复、检讨与学习。危机处理则强调危机管理能力,包括危机管理政策及执行方案的制订与发展等。

2.4.3 危机管理五阶段论

危机专家米特洛夫(Mitroff II,1994)主张在不考虑危机类型的前提下将危机管理划分为5个阶段。

1. 征兆监测期

危机征兆监测期的重点在于发现危机征兆并迅速采取行动以避免危机发生。这个阶段的难点在于危机征兆具有复杂性,组织容易受到不同危机征兆的困扰,从而不能及时地产生警觉。重视危机管理的组织会进行系统性搜索和例行审核，对潜在的危机征兆进行结构性管理。

2. 准备及预防期

为避免危机带来负面影响及损失，组织必须事先做好周密准备以避免丧失危机处理的先机。准备及预防期的重点在于充分完善应对准备和危机预防，尽可能降低危机带来的损害。

3. 损害抑制期

危机发生时，组织应依照危机管理计划执行相关措施来减少危机带来的损害，也可以通过日常演练对应对措施的有效性进行检验。同时，应尽量防止危机扩展到组织的其他部分或周围环境，以避免危机造成更大的损害。实际上，如果不对危机进行系统的处理，组织很可能因危机蔓延而遭受更严重的损害，因此损害抑制期的关键是想尽一切办法阻止危机进一步扩大和蔓延。

4. 恢复期

危机恢复期的重点在于善后处理与恢复工作。具备良好恢复能力的组织会通过执行短期及长期的危机恢复计划，使组织各个功能尽快恢复正常运转。稳健的恢复工作可以使危机损害降到最低，这不仅有利于加强组织内部的团结，还有助于提高组织内外部对组织的信任。

5. 经验学习期

经验学习期重点在于组织从自身或其他组织的危机管理中总结经验并吸取教训。不重视危机管理的组织通常不会将这一阶段纳入危机管理流程中，并且错误地认为对过去的检讨只会重揭创伤。殊不知，经验学习期会重新检讨各种因素，对处理过程中的缺失加以修正，可进一步增强危机管理能力。

2.4.4　危机管理六阶段论

诺曼·R·奥古斯丁（Norman R. Augustine）将组织危机按危机来源划分为来自产品、意外、机械故障、劳工抗争、财务危机5种类型，并建议组织通过6个阶段进行危机管理，即预防危机发生、拟订危机计划、察觉危机存在、避免危机扩大、迅速解决危机、化危机为转机。

1. 预防危机发生

危机预防是控制危机最节约、最简单的方式，但许多组织管理者认为危机无法避免，因此常常忽略这一步骤。危机预防主要包括组织成员的危机意识培养以及危机预警机制建立两方面，良好的危机预防能力可以在很大程度上降低危机带来的损害。

2. 拟订危机计划

危机管理更强调未雨绸缪，这就要求组织管理者不但要具备面对危机的自信，还要事先领导组织成员拟订好危机处理计划。危机处理计划通常包括行动计划、通信计划、防灾演习计划及建立重要关系计划等内容。

3. 察觉危机存在

组织可能因为过于偏重技术层面而忽略与相关危机专题，导致对问题缘由做出错误判断。有时"感觉"可能真的变成事实,公众感知往往是察觉危机的重要因素。这一阶段的危机管理最具挑战性,因此无论危机计划制订得如何详尽,实际执行起来都不容易。

4. 避免危机扩大

组织应根据实际情况来确定危机管理工作的优先级,首要任务在于降低冲击(冲突),确保组织正常运营及个人的工作生活尽可能维持正常,然后再扩大到客户、拥有者、公众、媒体等。这一阶段最大的问题是信息不足或信息过多而难以提取关键信息,上述两种情况都不利于准确获取决策信息。

5. 迅速解决危机

危机解决速度十分关键。如果组织能够迅速解决危机,便可有效降低大众关注度以及危机损害,从而最大限度地维护组织声誉。

6. 化危机为转机

如果组织或个人在前5个阶段能够妥善处理危机,那么接下来至少获得了挽回部分损失和纠正混乱的机会,不至于让危机进一步恶化并化危机为转机。

2.5 危机管理方法论

2.5.1 危机管理范畴

危机管理是一系列的持续性活动,本书将危机发生前、中、后各阶段的重点事项区分如下。

1. 前危机阶段

(1)危机监测。危机监测主要是指危机信息监测,即积极搜寻、检视相关信息,以期发现可能的危机征兆或警示。

(2)危机预防。有效的危机预防不仅能够预测可能发生的危机情境,以便积极采取防范措施,还能对可能发生的危机做好准备、拟订计划,从而在危机发生时应对自如。

(3)危机准备。要求在危机发生前做好人员、物资以及信息等准备,避免危机发生时手足无措。

2. 危机阶段

(1)危机处理。危机处理主要包括确认危机、控制危机以及处理危机等3部分内容。确认危机包括将危机归类、确认危机严重程度以及查清危机产生的原因。控制危机主要是防止危机扩散,使其不至于影响其他事项。处理危机,即及时有效地做出决策以化解危机,最大限度降低危机造成的损失。

(2)危机沟通。危机沟通是指以沟通为手段、以解决危机为目的所进行的一系列化解危机或避免危机的行为和过程。危机沟通既是一门科学也是一门艺术,它可以增加危机内涵中的机会成分而减少危险成分。

(3)危机公关。危机公关是指组织为减轻或避免危机所带来的严重损害和威胁,有计划地学习、制定并实施一系列管理措施和应对策略,主要包括对危机的规避、控制、解决以及恢复等不断学习和适应的动态过程。

(4) 危机决策。危机决策是指决策者在时间、环境、资源等一系列约束条件下,确定应对危机的具体行动方案的过程。危机决策是危机管理的核心。

(5) 危机指挥系统。危机发生有其客观性和必然性,建立危机指挥系统可以防患于未然。实践证明,相当数量的危机因指挥系统发挥作用而影响降到最小或避免其发生。

3. 后危机阶段

(1) 恢复与重建。恢复与重建是危机恢复的两大主体内容,其中既包括社会、经济、生态环境、组织秩序等方面的恢复,也包括对受到影响的组织与个体的恢复。

(2) 学习。危机学习即从已处理过的危机中总结经验并吸取教训,以期更好地指导未来的危机处理工作。

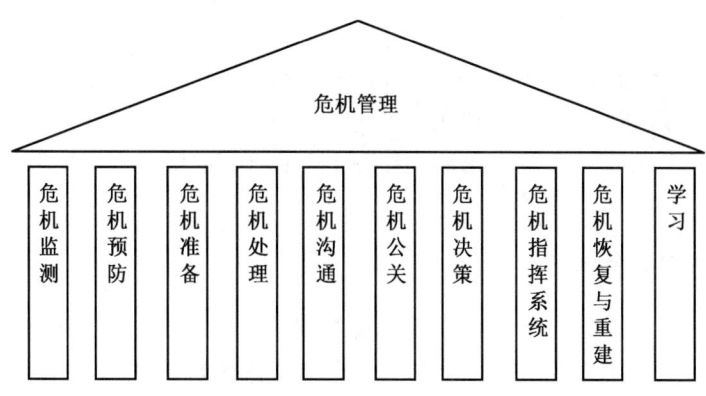

图 2-1 危机管理架构

图 2-1 概括了组织危机管理范畴。在整个危机管理体系中,每一个环节都非常重要,任何一个环节出现疏漏都会影响组织整体危机管理工作。

2.5.2 危机管理守则

人们通常将危机处理过程视为危机管理的全部或是最核心的部分,实际上大部分危机管理过程是看不见的,并且是在危机爆发前进行的。危机管理能帮助组织找出弱点以避免危机发生,帮助组织制订危机应对计划,在危机发生时和危机结束后与各方进行有效沟通,以及在危机应对中进行必要调整并不断地改进工作流程。一组通用的危机管理守则能够帮助危机管理者以一种持续性方式增强组织声誉、竞争力及防御力。在此罗列危机管理守则的 10 个要点:

(1) 监测危机征兆。经常性地由主管人员进行危机监测,监测可能引发危机的各种征兆并识别何种危机可能对组织造成重大冲击。

(2) 准备替代性产品或技术。做好新一代产品研发的准备,当组织面临重大竞争威胁时要确保新产品可以及时上市。

(3) 迅速反应。危机发生的短时间内,组织反应迅速或是迟缓、反应短期或是长期都会严重影响大众的态度与信心。

（4）避免反应过度。让危机管理小组负责处理危机相关事务，其他组织人员仍应专注于正常的事务与组织运转上。

（5）与外部保持密切互动。在危机前、中、后期，组织应与外部及公众保持密切的沟通与互动关系，这是十分重要的。

（6）注意保持竞争力。危机除了让组织陷入困境外，还会给竞争者制造机会，组织应注意保持在市场中的竞争力。

（7）准备放弃部分市场。处理危机中不产生任何损害是不可能的，因此减少损害比终止损害实际得多。鉴于此组织要以大局为重，必要时牺牲部分市场反而可能让组织迅速从危机中恢复。

（8）避免陷入慌乱。当出现大量坏消息时，最佳的处理方法是尽快发布更多正面消息。

（9）建立正面形象。平时建立的良好声誉与正面形象，可以帮助组织在危机发生时争取更多的支持，以利于组织渡过难关。

（10）准备应对策略。预先准备应对策略可使组织在危机发生初期做出快速有效的反应，使其在危机发生时不至于手足无措。

2.5.3 危机管理人员的职责

就理想状态而言，组织中的每一个人都应掌握危机管理概念，组织也必须让每名员工都知道危机管理的重要性，并使其了解应以何种方法来预防、监测及应对组织可能发生的危机。危机管理领导者可以是组织所有者、总经理、财务总监、业务人员、营销或公关专家等，这些人员应掌握危机管理的方法与原则，并负责预防及管理组织日常业务中所衍生的问题。

危机管理权责是可以分担的。在较大规模组织中，相关权责可由一位高级公关主管与一位高级管理人员共同分担；在较小组织中，权责可由组织所有者、总经理与一位高级执行主管或是公司高级经理人与公关公司共同分担，有些情况则由组织所有者或总经理独自承担。

危机管理人员负责引导整个组织，无论前危机时期、危机时期还是后危机时期都要确保组织声誉受到良好维护。每个组织都应该安排一位危机管理领导人，其可以是组织中最高级的公关主管、总经理、经营主管，也可以是组织内部危机管理高级主管或是聘请的具有公信力的公关公司负责人。

无论个人职位如何，组织中每位成员都应对领导人负责，以确保组织的功能和声誉能通过每位成员的贡献不断加强。员工要时常确认自己的准备状态是否最佳，是否随时能够应对无法避免的危机，以及自信果断地将危机损害降至最低。组织内危机管理人员的职责简要概括如下：

（1）识别与评估组织或部门弱点。

（2）针对可能发生的危机提出防范建议。

（3）协助拟订危机响应计划并准备必要资料文件。

（4）危机发生时执行应对计划。

(5) 持续监控危机，包括危机前、中、后各时期。

(6) 确保危机管理中沟通持续有效，包括向前延伸及向后持续。

2.5.4 危机领导人的职责

无论危机管理领导人是组织所有者、总经理、经营主管还是受过训练的公关主管，都应在日常作业过程中持续进行下列活动（Caponigro JR，2000）：

(1) 建立危机管理文化与机制。

(2) 组建危机管理团队。

(3) 鼓励并训练组织内人员进行危机管理。

(4) 训练组织内部发言人。

(5) 持续评估策略并在必要时进行调整。

阅读材料

美国"9·11"恐怖袭击事件

2001年9月11日上午8时45分，美国航空第11次航班由波士顿飞往洛杉矶的班机遭劫持，并撞击了纽约世界贸易中心北楼，大楼被撞出了一个大洞，随即起火燃烧，这架班机上有92人。第二架被劫持的大型班机是联合航空第175次航班，由华盛顿飞往洛杉矶，班机撞击了纽约世界贸易中心南楼引发强烈爆炸，随后两栋大楼开始燃烧，这架班机上有65人。

被撞击后1小时世贸中心的南楼轰然倒塌，巨大的烟云笼罩了纽约市。被撞击后1小时45分钟世贸中心的北楼也轰然倒塌，扬起另一股浓重的烟雾和灰尘，迅速弥漫大街小巷。世贸中心楼群中47层高的7号楼由于双塔坍塌与损毁，最终也倒塌了。附近的建筑物纷纷起火，整个曼哈顿笼罩在烟雾之中。

载客64人第三架被劫持的美国航空公司第77次航班，撞在了五角大楼的西侧。五角大楼部分倒塌，随即浓烟弥漫，美国国防部人员立即撤出。第四架被劫持的飞机是载有45名乘客的联合航空公司第93次航班，在宾夕法尼亚州匹兹堡南80千米处坠毁。事发前，第93次航班一直按照正常的飞行计划飞行，在之后的两三分钟内有数次急转弯（可能是飞机遭遇劫持的时间）。与其他几架飞机一样，该飞机的雷达收发机被关闭，失去了与航空控制中心的联系，有几位乘客打电话报告了劫机事件并了解到了世贸中心被袭。据推测，就是这条消息促使一群乘客自发采取行动，阻止了劫机者使飞机飞向选定目标（可能是华盛顿），最终飞机坠毁于树木环绕的农田中。

显而易见，这4次自杀性袭击都是高度协调、组织严密的恐怖事件。劫机者首先夺取了飞机的控制权，然后驾机撞向目标，而飞机携带的燃油足以使飞机成为威力巨大的炸弹。除了联合航空公司第93次航班外，其他飞机均击中了目标。

"9·11"事件造成的惨重伤亡前所未有。据统计，纽约世贸大楼死亡及失踪人数为4346人，五角大楼总死亡人数为4736人。对美国而言，单日死亡的总人数创下历史新高（珍珠港事件当日死亡人数为2403人，诺曼底登陆单日死亡人数为3000余人）。

这也是自珍珠港事件以来，美国本土所遭受的最严重的攻击，布什政府在事发后随即向恐怖主义宣战。这一极端分子经过缜密计划的恐怖攻击行为，引起世人震惊。事件后，如何加强危机管理成为世界各国的重要主题。

【本章重点】

1. 危机是危险中求取生存机会，只有不逃避且以积极的态度面对逆境与挑战才能解决危机，只有通过不断的学习与成长才能将危机化为转机。

2. 危机具有阶段性、突发性、威胁性、不确定性、紧迫性及两面性6项特性。

3. 危机管理包括4个基本环节：预防、准备、实施及学习。

4. 所有危机都可以归纳为一些组织较容易处理的类型。归纳后哪些类型的危机应该预防，哪些类型的危机必须事先准备，哪些是可以忽略的，这之间要有所区别与取舍。

5. 危机若未妥善处理，可能衍生的负面冲击包括重创组织声誉及信心、产品与服务的改变、延误组织发展、冲击获利情况、生产力降低、高层人事异动等。

6. 危机具有两面性，危机的发生也可能对组织有利，但只有在危机得到有效控制时组织才可能获得这种间接利益，它们主要包括提升知名度、展现能力与领导力、增进关系、进行必要改造等。

7. 危机管理过程中经常发生的错误包括：

(1) 未能注意到相关危机征兆。

(2) 没有响应计划或危机准备。

(3) 反应及决策速度过慢。

(4) 刻意隐瞒、误导或不诚实。

(5) 未能与重要关系人进行沟通。

(6) 未给新闻媒体正面响应。

(7) 不愿进行必要调整。

(8) 听取不当建议。

8. 危机管理三阶段论将危机管理划分为3个阶段，分别是前危机阶段、危机阶段以及后危机阶段。

9. 危机管理四阶段论认为危机管理必然经过4个时期：潜伏期、爆发期、延续期以及解决期。

10. 危机管理五阶段论认为危机管理包括5个阶段：征兆监测期、准备及预防期、损害抑制期、恢复期、经验学习期。

11. 危机管理六阶段论认为危机管理包括6个阶段：预防危机发生、拟订危机计划、察觉危机存在、避免危机扩大、迅速解决危机、化危机为转机。

12. 危机管理范畴是一个持续性的活动过程，包括危机监测、危机预防、危机准备、危机处理、危机沟通、危机决策、危机的指挥系统、恢复重建和学习。

【本章习题】

1. 危机管理与危机处理有何不同？
2. 危机特性包括哪些？
3. 何谓危机的两面性？
4. 试述危机管理的基本环节。
5. 试述危机管理的三阶段论。
6. 三阶段论的危机管理又分为哪些次级阶段？
7. 试述危机管理的四阶段论。
8. 试述美国联邦应急管理署根据危机发展4个循环阶段提出的对策。
9. 试述危机管理的五阶段论。
10. 危机管理六阶段论主张危机的6个阶段是什么？
11. 危机带来的冲击有哪些？
12. 危机带来的间接利益有哪些？
13. 危机管理过程中经常发生的错误是什么？
14. 坐标分类法中组织外在环境应侧重哪些方向？
15. 坐标分类法的组织内在环境应侧重哪些方向？
16. 层面分类法将主要危机分为哪几种层面？
17. 就危机管理范畴而言，前危机阶段应包括哪些重点活动？
18. 组织内危机领导人的职责是什么？
19. 组织内危机管理人员职责有哪些？

3 危机监测

危机监测是一种预警机制。多数危机会呈现先期征兆,也许是一起事故、一次错误或看似简单的事件信息。由于日常事务烦琐,组织内人员很容易忽略或根本不理会这些危机迹象。或者,即使已监测到危机,人员也无法在第一时间采取适当措施来解除危机。

危机监测的主要目的是辨识危机是否即将或已经爆发。受过良好培训的危机管理人员,必须熟练掌握和运用危机监测工具的使用方法,以避免或减少不可察觉或因粗心而忽略的危机,进而保护组织免受财产损失或形象损害。因此,危机监测这一重要主题应纳入高级管理人员的教育培训中,使他们对危机监测整体情况有所认知。危机监测的步骤包括界定危机、列出成因状况、开展弱点分析及危机排序等4项,每一个步骤均有相应工具可供选用,以此来协助危机管理人员监测组织可能面对的各种危机。

综合所有监测工具的功能与灵活性开展危机监测,这是危机管理的首要任务。良好的危机监测,方可使危机管理机制充分发挥作用。本章所介绍的危机监测工具方法包括访谈法、检核表分析法、情景假设法、情境剧本法、逻辑树分析法、比较分析法、因果法、危机弱点交叉分析法、危机坐标法、脆弱性分析法等。此外,应当关注新的监测技术和工具,使危机监测更加快速、准确和完备。

3.1 危机征兆与监测

绝大多数危机都有危机征兆,也许是一个事故、一个错误或一个看似简单的威胁,而大部分组织面对的困境是危机征兆的庞杂性。组织人员有时过于专注日常业务而未能在危机可控时将其消灭,究其原因是没有察觉到危机征兆,或者根本不理会这些征兆现象(Mitroff II、Pearson CM,1993)。

3.1.1 危机征兆

培养和训练组织人员的警觉性能够有效识别危机征兆,危机管理的一个要点便是事先察觉已经在组织蔓延渗透且可能引起危机的潜在问题与弱点。尽管并非每个弱点或潜在问题都会变成危机,但优秀的组织人员一定会认真看待这些危机征兆,并思考危机的短期或长期应对措施。

所有组织都可能遭遇危机,一般认为容易受到危机侵袭的组织多具备以下特征(Caponigro JR, 2000):

(1) 最近刚经历过危机。
(2) 不严格遵循产业法规。
(3) 财务困难。
(4) 拥有明星级总经理带来的高知名度。
(5) 产业市场占有率名列前茅。
(6) 新开业且快速成长。
(7) 公司负责人不参与经营。
(8) 承受高强度压力且工作环境较差。

拥有早期危机征兆监测系统的组织认为,大多数危机有迹可循并能指明现在或未来的危机管理方向。表3-1是一些危机征兆以及未妥善控制态势而可能引发的潜在危机。

表3-1 危机征兆及潜在危机

危机征兆	潜在危机
员工的不满情绪	职场暴力
未达期望的财务绩效	媒体负面报道、组织缩编、员工士气低落
客户抱怨	产品召回、营业额下滑、产品责任相关的诉讼案
总经理或高层年迈	突然重病、丧失生活能力或逝世
忽视律师、会计师或税务顾问的建议	罚款或责罚、媒体负面报道、声誉受损
松散草率的环保流程	罚款或责罚、昂贵的诉讼费用、声誉受损
员工缺乏训练	质量问题、严重意外、客户流失
未拟订危机管理计划	危机处理不当、媒体负面报道、声誉受损

3.1.2 危机预警

预防与控制是危机管理中成本最低也是最简便的方法,但实践中容易被忽略。对于组织危机管理来说,最重要的是预见可能发生的危机并对其进行预防。每一次危机发生,都包含着导致处置失败的根源,同时也孕育着处置走向成功的种子,发现并培育这个种子是危机管理的精髓。有些组织人员习惯于错误估计形势,从而导致事态进一步恶化,这成为不良危机管理的典型。就预防危机而言,准确找到危机弱点并建立未雨绸缪的共识,远比仓促应对轻松许多。

多数危机都能通过事先进行预警得到有效控制。在信息大爆炸时代,组织面对的挑战就是如何不断学习识别危机并进行预警。组织内危机监测机制不一定完整,例如,品质管理审查计划可以使组织察觉质量问题并进行早期预警,但这些审查却难以发现道德恶化等其他潜在危机(Mitroff II, Pearson CM, 1993)。

头脑风暴法可用于组织危机监测,它通过综合群体洞察力并鼓励具有创造力和独到见解的思维方式,收集、记录并列出危机清单。在头脑风暴法危机监测列出清单后,通常会进行下列3种行动:

(1) 将清单中的危机加以分类,并决定如何管理各类危机。

(2) 通过设置优先级,以管理最严重的危机或每一类型中最重要的危机。

(3) 征求组织内外部对组织工作及人员的看法与改进意见。

杜绝所有潜在威胁几乎是不可能的,组织能做的就是保持警觉,在危险尚未恶化到不可控制前迅速发现问题,事先制订应急计划并采取相应措施。在事件发生时不可因犹豫不决而贻误应对时机,更不能因推诿回避而导致问题加重(Alsop RJ,2004)。

3.1.3 危机监测的步骤

危机监测是整个危机管理的基础。如果事前无法做到危机监测,后续过程中也将难以开展评估,更不可能制订方案进行预防或做好准备。危机管理需要采取主动预防模式,即事先主动监测并在后续过程中加强管控,期间所做的努力可使整个危机管理过程事半功倍。

根据组织形态或作业目标的不同,组织人员可运用多种工具协助组织进行危机监测。如何选择正确的监测工具取决于使用者本人,知识和经验可以引导使用者做出正确选择。

图3-1概括了危机监测的基本步骤,包括界定危机、列出危机致因状况、弱点分析及危机排序等4项。

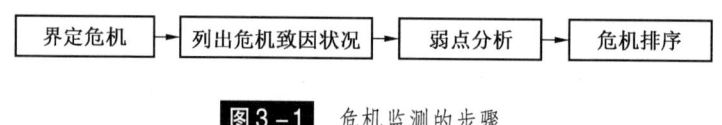

图3-1 危机监测的步骤

1. 界定危机

界定危机是指组织列出所有可能发生的危机,它是危机监测的第一步,只有正确界定危机才可能妥善处理。

界定危机可采用第2章所述危机分类方法,如坐标分类法、层面分类法以及其他方法。操作中可从不同视角切入并参照组织属性详细列出组织可能发生的危机。例如,经济萧条、财务危机、失去市场占有率、产品瑕疵、环境污染、法令管制、知识产权侵犯、重大消费者保护事件、技术可能被取代等。

2. 列出危机致因状况

界定危机不只是罗列和简单描述,还需要对导致危机的各种原因进行分析,也就是将引发危机的因素全部找出来。在此基础上组织还要清晰呈现危机预防、准备和应对策略,从而进一步消除危机。

常见的危险识别方法都能作为危机致因状况分析工具。本章后续节次详细介绍了包括危机索引检核表、情景假设法、情景剧本法、逻辑树法、比较分析法和因果法在内的6项状况分析工具。这些状况分析工具只需经过简单训练就能正确使用,它们也被应用于组织的各个阶层及各种形态中，因此成为最常用的状态分析工具。使用者可根据对每一种工具的熟悉程度选择使用，也可在特定情境下选取最优工具组合来发挥其效能。

具有成熟危机管理文化的组织中，这些工具会被所有人员熟悉并一致认可其积极作用，实践中每一种工具的运用都被视为正常现象。组织所有管理者和作业人员应当熟练掌握这些技巧，强调工具运用，提升危机监测率，进而提升组织危机管理水平。

3. 弱点分析

弱点分析是对所界定危机状况的影响力、损害程度与发生概率进行评估，它与传统风险评估在概念上没有太大差别。弱点分析有两个基本组成要素，第一要素是危机发生的可能性，也就是危机发生概率；第二要素是危机后果的严重性及其冲击影响。弱点分析的核心是运用量化或条件化方法确定某特定状况的脆弱程度，评估时须采用符合组织特性的分级体系或方法来评估危机的影响力和发生概率。

本章后续节次详细介绍了3种弱点分析方法，分别是弱点交叉分析、危机坐标法与脆弱性分析。其中，弱点交叉分析法是在危机尚未出现前对危机类型、引发危机的原因、发生可能性及可能损害等进行评估，然后运用系统化方法确定危机对组织的影响。

4. 危机排序

对危机影响力、发生概率进行评估后，组织应进一步设想这些危机对于自身的重要性，依照危机的重要性排出优先级。危机监测的最后一个步骤是将一个危机与已发生危机进行比较，对其影响力及概率进行估计，最终将危机排出高低顺序。

传统的安全管理中，人员仅能提出可能存在的危机，难以对危机重要性进行排序。用于预防的资源通常是比较有限的，因此人们需要对最危急的弱点予以优先处理，也就是对最大问题给予最多关注。遵循这一原则，整个管理过程的人力、经费、时间、设备等资源才可能获得更合理分配（崔海恩，2005）。

危机监测结果可使人员获知组织已有弱点的高低顺序，因而可以认为危机监测是以界定危机为基础发展出的一份弱点列表。列表中，每一项弱点都是根据其显著特性或所在顺序位置来标识。该项工具可促使组织运用相对危害潜势及显著性，以轻重缓急程度来分配资源并加以控制。

图3-2危机排序示意图以一种自上而下的优先级方式列出组织的各种弱点。将最严重的弱点排列在危机列表顶端，而后逐渐递减的弱点则依高低顺序排列在下方。将所有已识别的危机依次陈列在列表上，直到危机低到不值得耗费任何资源去控制为止。危机排序的基本目的是协助组织确定危机预防与准备工作的优先级，同时也可以察觉不同的危险，为组织采取具体行动进行有效危机管理，以及集中优势资源控制最大危害因素提供了工作方向。

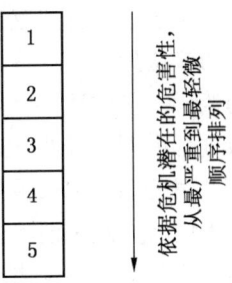

图3-2 危机排序示意图

3.2 危机监测工具

3.2.1 访谈法

访谈法,即通过访谈或调查来获取所需信息的方法,也就是采用一种有效且正面的方式获取相关经验与知识。

访谈法并不像字面所说的必须进行面对面对话,该方法主要是让人员如实反映所知道的信息,并将这些隐性信息在危机发生前逐一呈现出来。在运用访谈法时,应首先将与组织相关的人员进行分类,分层级找出组织易于受危机侵袭的领域,再运用风险管理方法排除或降低潜在危害。表3-2列出了应予考虑的人员范围,具体包括组织的高级经营团队、地区或部门经理人、协助人员、股东或散户投资人、批发商或业务代表、往来密切或交易量较大的客户、选择性的供货商、商业媒体或负责报道公司的记者等。

表3-2 征询有效意见的主要人员与方式

主 要 人 员	征 询 意 见 方 式
高级经营团队	一对一面谈
地区或部门经理人	一对一面谈、电话查访或专题会议
协助人员	问卷调查
股东或散户投资人	附送公司年报的问卷调查
批发商或业务代表	电话查访
往来密切或交易量较大的客户	一对一面谈
选择性的供货商	电话查访或邮件追踪
商业媒体或负责报道公司的记者	电话查访

最传统的访谈方式就是面对面交谈,但只要能正确获取信息,任何有创意的做法都可被视为访谈法形式,这些方式包括面谈、电话查访、专题会议、问卷调查等。

访谈形式多样性,也是访谈法的优势所在。访谈法多采用"双向沟通"而非"命令"的模式进行询问,因此其运用的关键在于如何创造一种自由宽松的环境,促使人员如实说出实情,而无须害怕被报复或承担不利后果。这就意味着,访问人员要为部分受访者保密或采用无记名方式来消除受访者的顾忌。运用访谈法征询意见就是要获取危机线索,实践中应当缩小范围、锁定焦点以节约时间及其他资源,因此必须将如下事项列入考虑范围:

(1)希望从相关人员处获得何种信息。
(2)如何以最低成本获得相关人员的意见。
(3)由谁负责获取这些信息。
(4)需要圈定哪些目标人群以及征询多大范围的意见。
(5)何时完成分析报告。

（6）分析报告成本怎样。
（7）由谁主持这一计划。

1. 询问员工的问题

（1）进入公司以来，你所经历或听说了哪些造成直接受伤、受损或几乎造成事故的事件？
（2）你的部门是否发生过严重事故或危机？
（3）你认为引发这些危机的原因是什么？
（4）过去是否出现过这些危机征兆？当时的处理方式是什么？
（5）你认为公司采取什么措施能够处理这些问题？
（6）如果真的发生危机，公司是否有足够的应对能力？

2. 询问客户的问题

（1）您如何评价与本公司的关系？
（2）本公司的一些做法是否会低于您的期望？
（3）您最近遇到的问题是什么，如何处理的？
（4）本公司如何做会让您觉得更好？
（5）对于本公司的产品与服务，您的评价是什么？
（6）是否还有其他的建议？

3. 询问供货商的问题

（1）您和本公司的合作有多久？对本公司的运营模式是否大致了解？
（2）最喜欢本公司哪些方面？不喜欢本公司哪些方面？
（3）您曾经向本公司提过建议吗？本公司的回应是什么？
（4）一旦本公司遇到危机，您觉得本公司的处理能力怎样？

4. 询问负责追踪报道公司的商业媒体或记者的问题

（1）您报道本公司有多长时间了？
（2）您对本公司的产业了解多少？
（3）您觉得本公司的优势有哪些？
（4）您认为本公司的弱点有哪些？
（5）如果本公司发生危机，您认为最有可能是哪些方面出了问题？
（6）您认为本公司的危机处理能力怎样？
（7）您是否还有其他的建议？

5. 其他意见征询对象

（1）董事会成员。
（2）离退休员工。
（3）主管部门人员。
（4）邻近社区的居民。
（5）工厂所在地负责人。
（6）工会领袖。
（7）金融或产业分析师。

事故调查专家及研究人员通常只能从有限的线索中判断事故是如何发生的，而无法准确说明事故发生的原因。例如，为什么人员会如此判断或操作？为什么系统会失效？为什么人员会多次犯类似的错误？而在意见征询中，上述问题有望得到解决，具体表现在：征询意见对象愿意陈述自己的发现或本人的错误，能够详细描述造成意外或危机的过程，提供个人对事件的认知及反应行为，描述事件发生原因与反应之间的关系，并针对肇事原因影响人为判断及操作的问题提出改善建议。众所周知，大部分事故的核心问题或产生危机的主要来源是人为疏忽，从这个角度出发征询意见将有很大的收获。

3.2.2 检核表分析法

检核表分析法的主要功能有两项，一是通过对照作业标准进行直接观察，对组织可能产生的危机进行监测，以此达成监测目的；二是检验组织对现有危机预防方法的遵照程度。

检核表分析法的首要步骤是，选择检验基准并发放检核表（或调查表）。为有效执行检核表分析法，还须设计一种以已有风险为基础的程序。检验基准可通过事故数据库和其他危险识别工具分析风险结果而获得，成果形式例如作业分析与逻辑图等。选定一套扎实且可靠的检验基准后，就可以安排时间进行检验。需要特别注意的是，施行检核表分析法时应尽可能开展较正面的活动，因此检验人员必须经过严格训练，不仅涉及技术层面的内容，还要注意人际关系方面的培训。

检验过程中既要注意不合标准的事项，也要对符合或超过标准的观察项予以鼓励，这种做法有利于考量组织整体绩效。完成检验观察后，须将这些数据存入危险数据库并将其视为整体数据之部分进行分析，或是将检验所得结果存于小型数据库进行仅包含检验结果的个别分析。

附表3开列了许多可能转变为危机情境的致因信息（Mitroff II，Pearson CM，1993）。实践表明，没有人能够明确知道哪些情况可能演变成重大危机，但如果组织只针对危机中的一两个集群进行预防，则表明该组织并未做好相关应急准备。

3.2.3 情景假设法

情景假设法是运用于有经验人员之中的头脑风暴法，它是危机监测工具中一种非常有效的方法，美国职业安全与健康管理局将其指定为面临巨灾风险时的必选工具。情景假设法的设计目的在于增加作业人员的专业知识并提升其技术运用能力，它适用于组织运转所关注的范围，比直觉分析更具结构性与严谨性。由于情景假设法使用非常方便，它也成为危机监测中最为实际有效的工具。

头脑风暴法，一般分为直接头脑风暴法（正面思考）和质疑头脑风暴法（负面思考）两种（Isaksen GS，1998）。直接头脑风暴法是在专家群体决策基础上，尽可能激发创造性并产生设想的一种方法；质疑头脑风暴法则是对前者提出的设想、方案进行质疑并分析其现实可行性的方法。在实际应用中，头脑风暴法仅是一个产生思想的过程，而不是一个决策过程。据统计，目前的创新思考方法有340余种，其中头脑风暴法是最重要的方法之一，也是最常用到的方法。头脑风暴法同样也是专家评估法中最常使用的方法之一

(Brooks KW，1979；Delbecq AL，1975)，相互激励与相互补充引起思维共振就会产生许多个人无法获得的想法。

情景假设法多用于对危机监测结果的分析，尤其是在时间紧迫的情况下。情景假设法常常在危机监测中得到优先使用，通过初步分析识别出危机类型，进而将思维集中于某一特定方面，然后利用情景假设法挖掘其中潜在的危险。

运用情景假设法时，组织应确定参与者对其作业流程有统一认识并针对可能的危机设定范畴，而后请有经验的人员尽可能提出假设情景以清晰呈现失效点，并在危机界定列表上记录潜在失效点（附表5）。

为克服面对压力创造力被扼杀这一困难，管理者可采用头脑风暴法鼓励所有成员提供建议，而在面对批评意见时注意克制（Powell SK，Ignatavicius D，2001）。若小组讨论运用情景假设法，则应遵守如下规则：

（1）主持人控制讨论流程。
（2）承认每个人做出的贡献。
（3）确保没有人侮辱、批评或评论其他参与者的想法。
（4）声明没有任何一个答案是错误的。
（5）设定发言时间，时间到立即终止发言。

组织作业分析或主要运营项目是情景假设法的重要指引。情景假设法主要是为了解实际作业人员而设计的，因此使用中最关键的就是作业人员及一线监督者的参与。情景假设法的最大特点在于，它为分析人员提供了一个框架，促使其集中思考框架内的失效点而非整体范围，在聚焦的同时有利于发现那些鲜有发生但又不能排除其可能性的状况。

3.2.4　情境剧本法

情境剧本法又称剧本思想法（The Scenario Thinking Tool）。它通过想象及可视化手段监测非同寻常的危机，以系统和结构化方式了解人员的直觉认知与专业知识。换句话说，它以传统直觉和经验式危机监测程序把不同危险事件连接起来形成单一可能的情境。此外，它也可以用来呈现一个或多个相关危险事件带来的最坏可能结果，因此情境剧本法是危机监测过程中相当重要的工具。

因其确认危险因素的简便性与有效性，情境剧本法能被用于大多数危机监测，其中必然包括那些时间紧迫的状况。采用情境剧本法可以对实时事件流程及相关潜在危机进行推演，从而快速构建一部"心灵电影"。在时间紧迫的状况下，情境剧本法是少数具有实用性的方法之一。

情境剧本法能如实地呈现整个事件流程，用户经可视化方法即可看到事件从发生到结束的全过程。它以某一个意外事件为引导，将推演事件的全部流程以及可能遇到的问题全部记录下来，依此监测危机发生时的各种状况。实际操作中，一种有效的技巧是将实际事件流程清楚地呈现两次，第一次想象事件的正常流程，第二次则是在每一事件中运用墨菲定律以获得一些意外拓展情况。当危机状况被清楚地呈现后，可将其记录下来以便于开展下一步行动（附表5）。情境剧本法的使用指导如下：

（1）使用60个字以内或3~5句话对情境进行描述，以既往事件为引导鼓励参与成员运用想象和直觉（须合乎逻辑），想象情境剧本可能产生的最坏结果。

（2）由一个人或一个群体执行剧本编辑工作，剧本中包含人物、设备、环境、管理、任务等系统要素。

尽管只是以文本形式呈现，但由于其结合了头脑风暴与关系链接等元素，情境剧本法仍不失为一种具有多种功能的危机监测工具。其典型功能如下：

（1）整合零散危险数据进行危机监测。

（2）分析危险事件可能带来的最坏结果。

（3）提供用于危机监测的优质训练。

3.2.5 逻辑树分析法

逻辑树分析法主要通过图解分支树形图分析可能发生的危险事件，并根据人员具备的经验和知识对其进行具体的危机监测引导。逻辑树分析法是一种系统性的危机监测方法，其在危机界定过程中可提供多种结构与细节内容，是目前较为完备的危机监测方法之一。

逻辑树分析法具有严密的结构，通常需要投入大量的时间和精力。就管理原则而言，将其应用于较高层次的危机问题能更好的发挥功能，所以逻辑树分析法运用的广泛度不高。就其性质而言，在较为复杂且可能引发危机事件的情况下，逻辑树分析法是能将各种危机处理方式进行相互联结的有效工具。相对于其他危机监测基本工具，逻辑树分析法需要组织成员不断练习才能熟练掌握。在一个追求安全的组织中，逻辑树分析法是一种常用且受欢迎的危机监测工具（附表6）。

用户可通过正逻辑图或负逻辑图进一步推断可能产生上端事件的原因或因素，然后将其列入第二层方块。在风险事件逻辑图中，用户只需列出所分析事件的可能结果。根据深度不同，该程序可推演至数个层级，只是4个层级以上的图表并不多见。构建逻辑树最重要的目标是进行危机监测，其次是尽可能符合逻辑，而非是为了建构一幅逻辑思考的杰作。这是组织运用逻辑树分析法时经常发生的错误之一，所以必须时刻警醒工作方向和目的。逻辑树分析法功能如下：

（1）详细检视引发危机的内部危险事件。

（2）评估危险事件带来的后果。

（3）了解危险事件之间的相关关系。

（4）提供危机预防的基础。

（5）引导危机预防与准备的方向。

逻辑树可以将其他分析工具得到的结果加以联结，它是所有危机监测基本工具中较为完整的工具之一，相较于传统的危机监测方法，它能大幅度增加危机监测的质量。它的结构性、系统性、多面性与变通性使其成为领导者或安全专家不可或缺的危机监测工具。

一般而言，逻辑树分析法依推演方向不同有3种图形：正逻辑图、负逻辑图与风险事件逻辑图。

图3-3为逻辑树的通用图形，所有逻辑图都以一个顶端方格自上而下开展推演。正逻辑图中，填入顶端方格的内容是所希望的情况；负逻辑图或风险事件逻辑图中，顶端方格的内容是一种损失或风险事件。

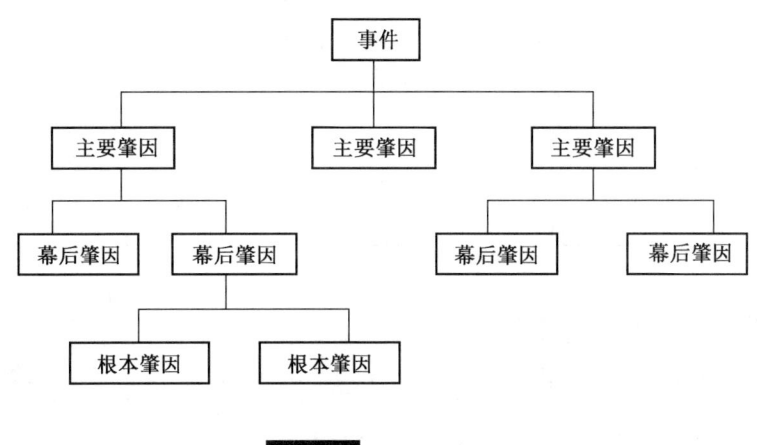

图3-3 通用逻辑图

1. 正逻辑图

正逻辑图是以正面思考方式检视流程关键因素，即呈现人们需要如何做才能达成任务目标。此类图形设计目的在于突出任务成功的因素，并使阻碍成功的负面因子得到有效控制。执行正逻辑图时，首先要将任务目标填入顶端方格，自该目标开始向下倒推出产生此结果所必需的因素并将其填入下层方格，当下层方格具有更基本的因素时，则继续向更下一层推演，直到最基本因素完全被列出为止。

正逻辑图具有全面性，当推演工作完成时，任务的所有因素均呈现在图内，此时分析者对照组织已有标准作业程序会发现部分因素并未得到安全规范或有效控制。运用这种对照方式可将作业中的安全漏洞逐一展现出来。因此，在实施全面性检视或设计标准作业安全规范时，正逻辑图是一个非常合适的工具。

图3-4是"开车上班"的正逻辑图范例。首先在范例顶端方格填入"成功地开车上班"，在第二层列出"成功开车上班"包括的汽车系统正常、驾驶员正常、环境适合、乘客正常、货物正常等因素。接着在第三层方格列出第二层方格需要的成功要素，例如，汽车系统正常的要素包括安全系统正常与机械系统正常，驾驶员正常的要素包括心理正常和精神正常，环境适合的要素包括路况正常与天气正常，乘客正常的要素包括乘客准时到达和即将到达，货物正常的要素包括状态稳定与包装正常。如果可能，逻辑图还应继续向下发展，直到最基本的因素完全被挖掘出来。

2. 负逻辑图

负逻辑图是以反向思考方式检视流程中破坏性因子的一种工具。此类图形首先需要选出一个危机事件并填入顶端方格，然后逐步向下分析可能导致该事件的原因。当某些危机影响严重且发生原因不明时，就非常适合填入负逻辑图顶端的方格。

负逻辑图以一项发生或可能发生的危机作出发点，来识别哪些因素导致本次危机，其识别过程通常是片面或局部的。负逻辑图识别过程中强调寻找根本原因，这样被检视部分将清晰可见，所有可能的原因也会逐一浮现，该方法有利于寻找引发危机的所有因素。

图3-5是"孕妇生产送医"的负逻辑图范例，在顶端方格内填入"延误送医"，在

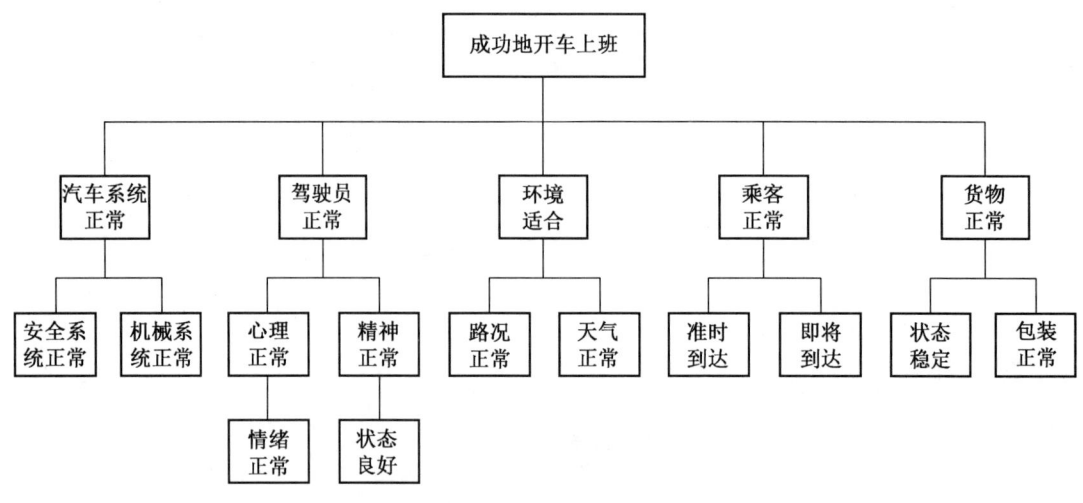

图3-4 正逻辑图范例

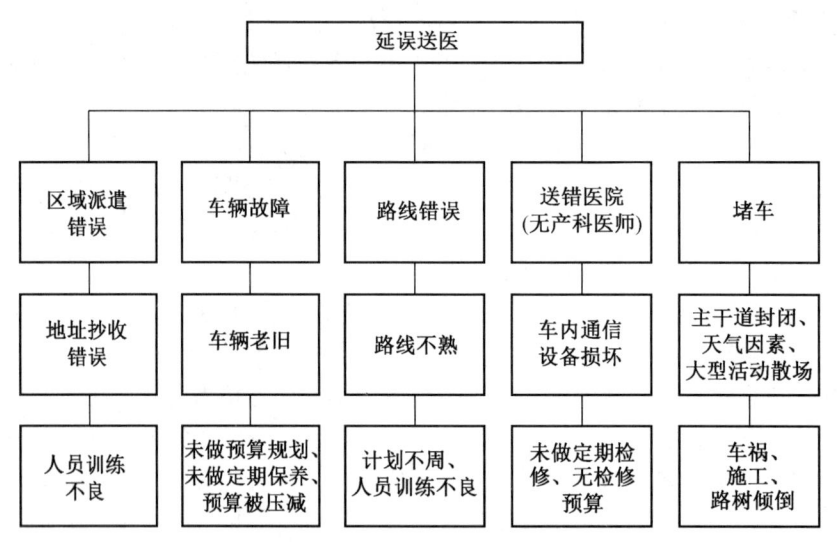

图3-5 负逻辑图范例

第二层列出造成延误送医的可能原因，包括区域派遣错误、车辆故障、路线错误、送错医院、堵车等。接着在第三层方格内依序列出造成第二层事件的可能原因，如区域派遣错误的可能原因是地址抄收错误，车辆故障的可能原因是车辆老旧，路线错误的可能原因是路线不熟。当第三层原因完全列出后，如果有更基础的原因，则需要再向下一层拓展，如车辆老旧的原因包括未做预算规划、未做定期保养、预算被压减等。依此类推，直到最根本的原因完全被挖掘出来为止。

3.2.6 比较分析法

比较分析法又称对比分析法，是将改变前后的情况做比较，找出计划性与非计划性变化涉及的所有相关危机。它是危机监测中最省时省力的方法（Chicken JC，1994），组织如果已做过危机监测，则在比较分析中只需关注变化的部分即可。

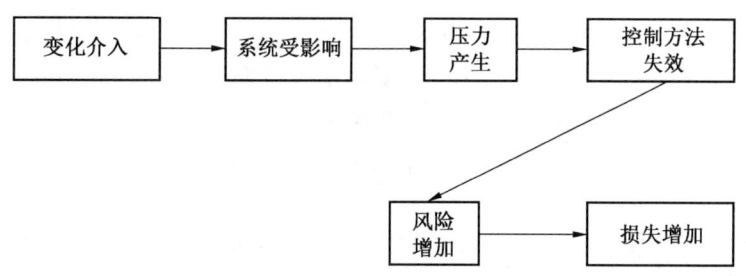

图3-6 变化与损失的因果关系

历史经验表明，危机通常来源于变化，图3-6体现了变化与损失的因果关系。其基本逻辑是，当正常运作系统中注入变化时，它可能对系统运转带来不良影响。一旦组织人员未能及时察觉，系统内部便会逐渐失去平衡，已有的风险控制措施将失去效用，潜在风险随之扩大进而引发危机。在这些变化中，有的是蓄意改变的，有的是临时变化。对比分析法的目的是分析这些计划性或非计划性变化中所隐含的危机潜势。针对计划性变化，正确使用对比分析法可使危机监测专注于变动的部分，免去了因局部变动而需重新分析整个过程的问题。针对非计划性变化，对比分析法可用于监测其中不太显著的潜在变化，通过定期系统性比较可识别并清晰呈现非计划性变化。对比分析法也是一种重要的事故调查工具，由系统发生变化引起的事故，都可以通过对比分析法来确认这些变动。对比分析法的基本功能如下：

（1）评估计划性变化引发危机的潜势。
（2）监测非计划性变化发生的可能性。
（3）掌握高风险作业的变化特征。
（4）应用于事故调查。

依据上述功能，对比分析法通常用于下列情况：
（1）任何既定计划发生重要改变时，通过对比分析法监测可能衍生的任何显著或细微的潜在危机。例如以往只在白天执行的作业，决定改为夜间执行。
（2）针对组织主要任务或重要作业，每年或每两年定期实施一次对比分析，以监测非计划性变化发生的可能性。例如实际作业程序简化了一部分，但并没有被记载在任何正式文件中。
（3）作为事故调查工具。事故发生可能源于某些变化的介入，通过对比分析法将这些根源清晰呈现出来以了解整体因果关系。

比较分析法有效运用的关键在于比较分析工作表（附表7）。分析人员通过逐一检视工作表左栏所列因素,包括何物、何处、何时、何人、任务、作业条件、开端事件与管理控制等,对变化前后进行比较,进而形成一份完整的变化检查清单。比较分析工作表的使用方法如下:

(1) 从工作表顶端开始,使用者依列表指引逐步向下确认并列出改变前后情况。
(2) 对比查找出所有实际或潜在的差异。
(3) 直观分析差异可能导致的明显危机。

若无法直接列出危机时,就列出重要意义(如工作压力增加),然后运用情景假设法、逻辑树分析法、情境剧本法及其他工具进一步开展危机监测。对比分析法依赖的一种重要资源是有经验的作业人员,另一重要资源就是作业流程与工作分析的文件记录,对比分析法针对的关键问题就是变化,适用于对比分析法进行危机监测的典型例子如下:

(1) 评估时间、金钱、人员、装备等资源变动带来的冲击。
(2) 评估冷、热、晴、雨等环境变化带来的冲击。
(3) 评估临时改变和变化对下游活动的冲击。
(4) 评估夜班、加班、超时等生产程序改变带来的冲击。

在成熟组织的危机管理中,对比分析法是最重要的危机监测分析方法,因为多数风险较高的活动已被纳入危机预防与准备程序中,组织只能通过对比分析来判定是否有变化存在。当监测到特定变化时,便可运用后续的危机管理程序加以预防与控制;如果没有任何变化,则表明控制程序已充分应用到既定的组织作业中。

表3-3列举了大学新生分班的对比分析。基础情境是往年大一新生入学后根据专业分班,当前所要进行的改变是采用入学成绩高低分班,之后再以班级为单位设计课程进度与难易度,以改善物理、化学、微积分等学科的学习成效。

表3-3 大学新生分班的比较分析

单位:		作业名称:新生入校分班		分析人:
作业变化:一年级学生根据入学成绩高低分班(不分专业)				日期:
因素	初始情况	改变后情况	差异	明显危机或重要意义
何物 □物件 □能量 □缺点 □防护设施				
何处 □在物件上 □在程序中 □作业地点				
何时 □时间上 ☑程序上	各系一年级就位	各系二年级就位	延后一年分班至各系	大量学生升二年级前转系

表 3-3（续）

因 素	初始情况	改变后情况	差 异	明显危险或重要意义
何人 　□作业者 　□同事 　□领导/监督者 　□下属 　□其他				
任务 　☑目标 　□程序 　☑品质 　□其他	提升基础，进入后续课程； 一致性基础	提升学生成绩； 2~3种等级基础	普通班进度较慢，考核比较简单； 后续课程衔接基础不同	导致成绩不公平； 后续2~4年级专业课程也须调整
作业条件 　□物理环境 　☑组织环境（气氛） 　□时间表 　□超时 　□延迟 　□其他	成绩悬殊	成绩较为均衡	普通班课业压力较小	基础课程压力不大导致学生学习态度变差
开端事件 　☑作业起始事件	学生入校前自行选专业即分班	依入学成绩分班	学生升二年级前依一年级成绩高低选系	学生极力争取编入普通班级
管理控制 　□控制（指挥）链 　□危险识别 　□监督管理 　□风险检视（指标）				

表 3-3 所列明显危险或重要意义包括大量学生升二年级前转系，导致成绩不公平，后续 2~4 年级专业课程也须调整，基础课程压力不大导致学生学习态度变差，学生极力争取编入普通班级等。由分析结果可见，一个本意良善的变化带来的威胁可能超出想象，若要改变必须对上述危险加以控制并促使相关危害降至可接受范围。此外，上述危险导致成绩不公平的后果并不十分确切，因此可配合风险事件逻辑图进行更为详细的危险识别，以此了解事件可能引发的不良后果。

图 3-7 为基于学生成绩不公平的风险事件逻辑图，应用时将对比分析结果中学生成绩不公平填入顶端事件方格中，再通过对顶端事件推演找出可能引发的所有后果。该图显示这些后果可能产生的不良影响或严重危机，它可能重创学校的良好声誉。因此，在决定变化前学校必须慎重考虑是否应该采用不涉及这项变化的做法，或针对这些变化找到预防方法后再做出变化。

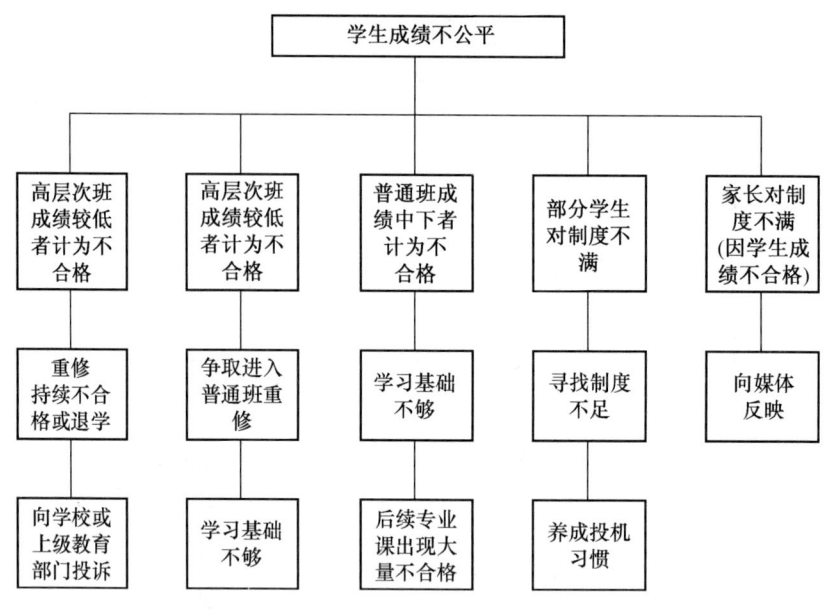

图3-7 基于学生成绩不公平的风险事件逻辑图应用

3.2.7 因果法

因果法又名因果图或鱼骨图。它与逻辑图法类似,是危机监测中一种比较严谨的工具。因果法的独特优点在于它源自质量管理,许多组织人员曾受过相关训练,管理人员对它也非常熟悉,因此基本不需要专业训练便可以运用。

当组织对某一特定作业层面进行详细分析时,可以选用因果图作为危机监测工具。此工具运用中,人员需要足够了解目标过程的知识背景,在工作表(附表8)上画出因果图的基本图形,而后利用树状分解方法提高危机监测过程的深度并剖析其结构。

1. 4P与4M分支引导标题

因果图可分为正因果图和负因果图,正因果图的解析范围是全面的,而负因果图是片面的。相比于一般的逻辑图,因果图的分支方式能够提供更多的结构,其主要有两种类型的分支引导标题;第一类分支引导标题主要运用于行政管理,通常包括人员(People)、程序(Procedures)、政策(Policies)、场所(Plant),称之为4P;第二类分支引导标题主要运用于程序作业,通常包括人力(Man power)、方法(Methods)、设备(Machinery)、介质环境(Media),称之为4M。与逻辑树用法类似,因果图的首要步骤是将一个正面或负面结果填入图形最前端的方格中。在此基础上,用户可依据分析任务的属性,选择4P或4M建构基本骨架。最后,用户通过在图形架构的基本主线与旁系分支中加入各种因素来完成全部图形。

因果图是一种有效的危机监测工具,其功能与逻辑树相似,但使用更加复杂。因其对操作人员要求较高,通常建议选用较简单的逻辑树而非因果图。

2. 正因果图

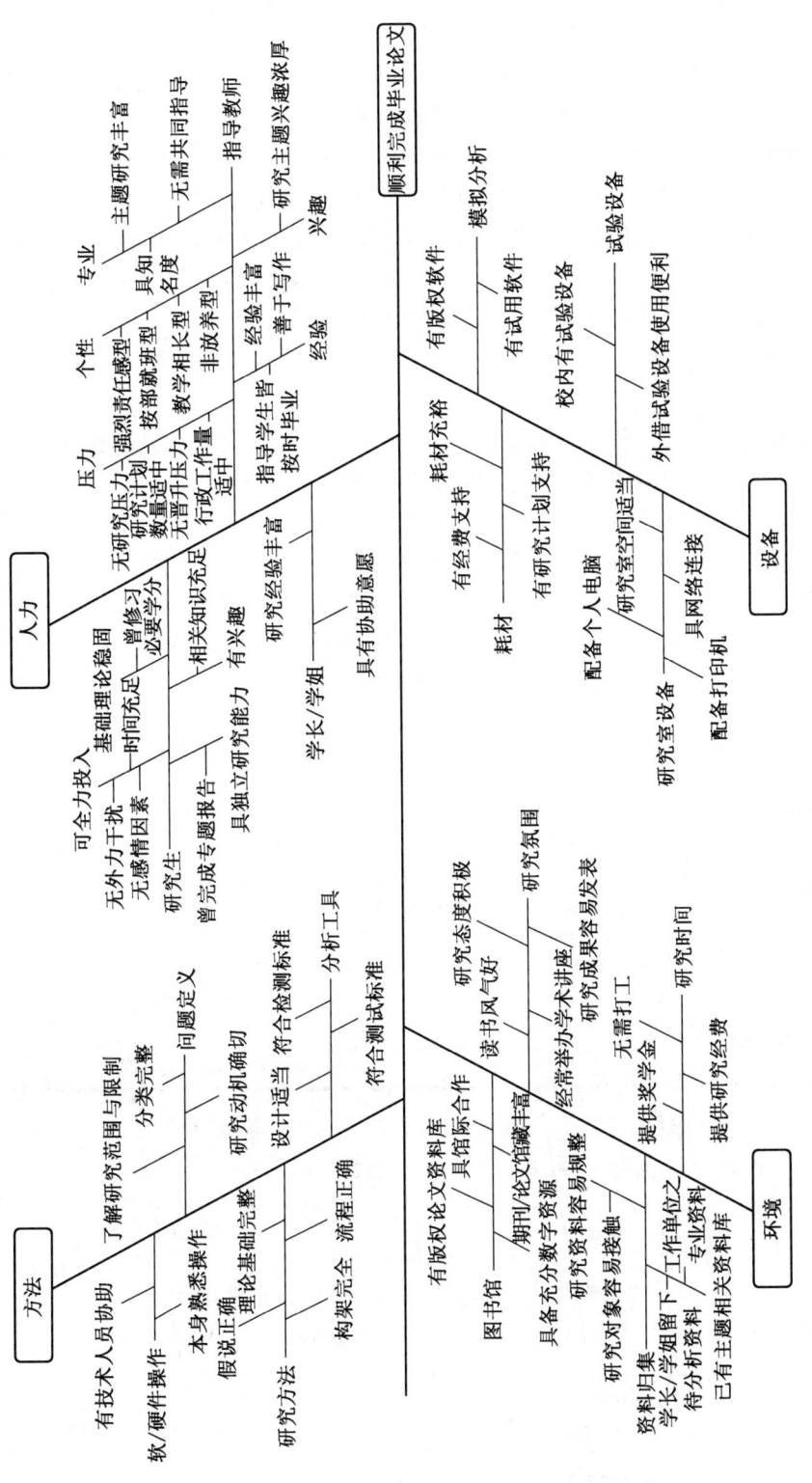

图 3-8 毕业论文 4M 正因果图应用范例

正因果图的功能在于寻找促使任务成功的因素，运用时首先应将任务目标填入最前端方格，再将4P或4M项目填入其他分支的顶端，形成因果图的基本架构。接着，根据4P或4M建构的主要分支寻找达成任务目标的成功因素。最后，在各主要分支插入更多部分并进行更细化的解析，这些分支的作用在于列举所有要素。

图3-8为毕业论文4M正因果图的应用范例。范例以"顺利完成毕业论文"为主要目标，以人力、方法、设备与环境等4M为主要分支引导标题。如图所示，学生能够顺利完成毕业论文的因素繁多，例如人力要素方面包括指导教师对研究主题具有浓厚兴趣，学长/学姐研究经验丰富且愿意协助，以及学生本人可全力投入研究等。该范例将所有对主要目标有正面影响的要素依照4M或4P分类逐一进行解析，直到利于任务成功的最基本要素被列举齐全，正因果图制作才宣告完成。

3. 负因果图

负因果图的使用意图与负逻辑树相似，即对所有可能导致任务失败的原因逐一进行监测。负因果图用法与正因果图相同，它需要将负面事件填入最前端方格，再根据4P或4M建构主要支干以寻找可能造成任务失败的全部因素。

图3-9为感电事故4M负因果图的应用范例。范例"设备遭电击"作为分析目标填入图形最前端方格，再以人为疏失、工具方法、环境因素与装备因素等4M作为主要分支引导标题逐步分析造成感电事故的所有因素。结果显示，该工具可在同一图形内识别数十个造成危险事件的因素，也反映出其强大的解析能力。

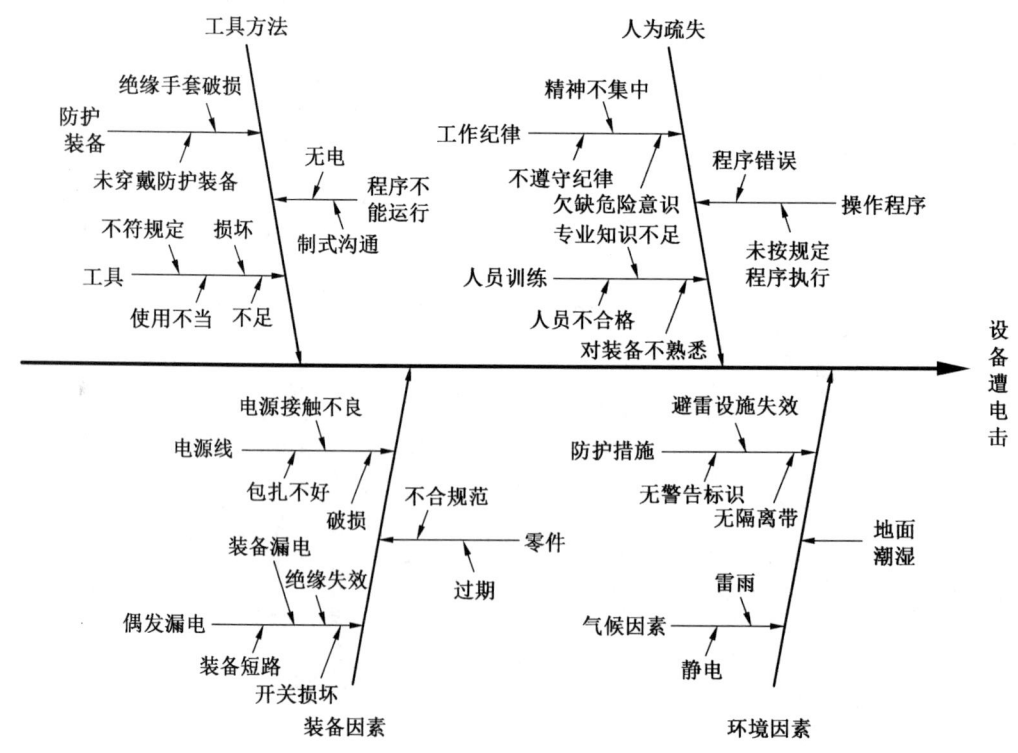

图3-9　感电事故4M负因果图应用范例

3.3 危机弱点分析

危机弱点分析方法具有多样性,同一组织所采用方法保持一致才能对不同状况进行比较。在进行弱点分析时,具备实际作业相关专业知识和经验是评估小组成员必备的条件(附表9)。常见危机弱点分析方法有弱点交叉分析法、危机坐标法及脆弱性分析法等3种。

3.3.1 弱点交叉分析法

弱点交叉分析要求把可能发生的危机率先界定出来,然后进行影响与发生概率的交叉分析,进而找出各个环节的弱点并对其进行优先级排序。由谁来执行弱点交叉分析呢?一般认为,最好由第三方来执行这项任务效率会比较高。因为内部员工通常与组织太过接近,很难保持客观中立并容易产生先入为主的观念。此外,客观公正的第三方,有助于组织接受弱点交叉分析的结果。

一般的,组织应将弱点交叉分析列入年度工作计划,并至少每年正式开展一次。如果组织易受危机侵袭,则须考虑进行多次交叉分析。当完成危机界定后,弱点交叉分析还需进行评估危机影响、评估危机概率与危机排序等3个步骤。

1. 评估危机影响

评估危机影响是对危机可能造成损失程度的估计,可用于衡量危机发生不利状况、结果严重性和不良影响程度等。操作中,一般以最坏可能情况为基础,对人员疏失、环境条件、设计失当、程序缺失、主系统或子系统失常等危机事件所造成的后果进行合理预估。表3-4依据上述基准将危机影响分为3个等级,具体说明如下:

(1) 灾难(Ⅰ)。危机一旦发生将重创组织,所谓重创是指对组织声誉、运营及生命财产造成极严重的冲击,用深灰色表示。

(2) 严重(Ⅱ)。危机将使组织遭受严重损害但仍可解决,用浅灰色表示。

(3) 轻微(Ⅲ)。危机对组织运转影响不大且能轻易解决,用白色表示。

表3-4 危机的损害程度

损害程度分级	危机描述(举例)	图形示意
Ⅰ型:灾难	一旦发生将重创组织,例: 1. 火灾 2. 自然灾害(地震/水灾/风灾) 3. 巨额经济缺口	灾难
Ⅱ型:严重	易导致损害但可解决,例: 1. 重要机密失窃 2. 恶意谣言/负面报道 3. 生产线遭遇严重计算机病毒	严重
Ⅲ型:轻微	影响不大且易解决,例: 1. 诽谤或错误指控 2. 缺陷产品召回 3. 恶意采访或偏见报道	轻微

2. 评估危机概率

危机概率是指危机引起损害的可能性估值,通常需要对评估对象做长期观测、完整追踪记录或重复多次试验以获得正确概率。危机概率也是用来测量事故发生可能性的一种指标(Shaughnessy JM, 1992)。

针对一个新的作业或程序开展量化概率非常不易,而非量化概率也要通过相似作业、系统分析或评估历史资料间接获得。因此,在评估危机概率时作业专家或资深人员不可或缺,其可根据经验或历史数据评定概率等级。

危机概率评估可按照以下方式进行:

(1) 综合所有肇因概率。
(2) 必要的文字描述。
(3) 尽可能运用经验数据。

表3-5 危机的发生概率

发生概率分级	危机描述(举例)	图形示意
极可能	极可能发生 1. 重要机密失窃 2. 火灾 3. 致命性机械伤害(人员伤亡)	极可能
可能	可能发生,但近期内不发生 1. 原材料涨价 2. 技术革新迭代过快 3. 自然灾害(地震/水灾/风灾)	可能
几乎不可能	几乎不可能发生 1. 分散储存物料全部损坏 2. 多重防护同时失效 3. 全员集体舞弊	几乎不可能

表3-5将危机概率等级分为3级:最高等级概率为"极可能",表示危机极可能发生,以深灰色表示;次一级概率为"可能",表示危机可能发生但不会在近期发生,用浅灰色表示;最低等级概率为"几乎不可能",表示危机几乎不可能发生,用空白表示。

3. 危机排序

弱点交叉分析的最后一个环是将危机排序,这一程序也是弱点分析结果的输出过程。它以危机为基础建立一份列表,其中排在第一位的是对组织具有极大潜在威胁的危机,排在最后的则是任何情况下都损害最小的危机。各项危机通过其所在位置顺序标示,这能够促使危机的相对优先级以及个别显著性得到重视。在一个成熟的危机管理环境中,任何一个个体都能从危机排序结果中获益。

表3-6 危机优先级表

危机特征	危机描述（举例）	图形示意	
灾难/极可能	1. 火灾 2. 致命性机械伤害（人员伤亡） 3. 恶意并购	灾难	极可能
灾难/可能	1. 巨额经济缺口 2. 自然灾害（地震/水灾/风灾） 3. 非理性长期罢工	灾难	可能
严重/极可能	1. 重要机密失窃 2. 恶意谣言/负面报道 3. 生产线遭遇严重计算机病毒（如勒索病毒）	严重	极可能

综合表3-4及表3-5信息，便可形象表示哪些危机可能发生且对组织损害的优先级（表3-6）。其目的是对所涉危机的相对优先级做一个清晰指引，让组织在后续作业中明确危机预防与准备的首要目标，而哪些问题并不是非常紧迫。

3.3.2 危机坐标法

危机弱点分析的第二种方法是危机坐标法，该方法以界定危机为前期工作基础。

1. 危机影响值评估——纵坐标

危机影响值体现了危机负面影响与损害程度，组织可以根据影响值了解危机的严重性以及潜在损害情况。在危机坐标法中，危机影响值以0~10为评估基准，据此可就危机对人员、装备、设施或其运转影响与损害进行评估。例如，某一事件发生对组织毫无影响，则影响值评定为0；若对组织产生巨大冲击，则影响值评定为10。依比例评估危机影响值0~10并在危机坐标的纵轴上标出。

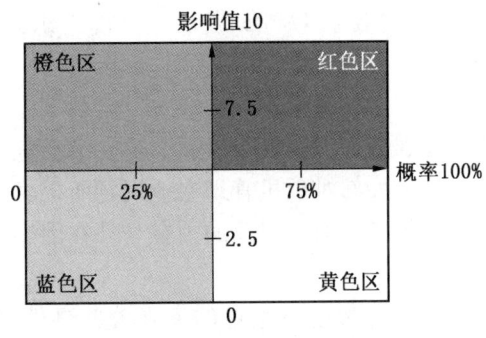

图3-10 危机坐标示意图

2. 危机概率评估——横坐标

危机概率虽不能改变危机对组织造成的影响及损失，但可以改变危机预防与准备的优先次序。评估危机时应力求客观，不实评估将使弱点分析失去意义。在危机坐标法中，若某一种危机绝不可能发生，其概率评估值计为 0；若一定发生，则其概率评估值计为 100%。依比例评估危机概率值 0~100%，并在危机坐标的横轴上标示。

3. 危机坐标综合评估

图 3-10 所示，将上述危机影响值和危机概率两项评估值合并形成一张涵盖 4 个象限坐标图，以 4 种不同颜色代表四个区块，分别是红色区、橙色区、黄色区与蓝色区，具体如下（黄丙喜、冯志能，2012）：

（1）红色区：影响值与概率都较高的危机，落于该区域。
（2）橙色区：影响值高而概率低的危机，落于该区域。
（3）黄色区：影响值低而概率高的危机，落于该区域。
（4）蓝色区：影响值与概率都较低的危机，落于该区域。

落于红色区的危机，由于其影响大且发生概率高，因此需要特别关注；落于蓝色区的危机，因其影响小且发生概率低，通常无须担心。落于橙色区与黄色区的危机，其优先级则介于前两者之间。

3.3.3 脆弱性分析法

弱点分析的第三种方法是脆弱性分析。在做脆弱性分析时，需要将潜在危机逐一列出，针对这些危机评估其发生的可能性及潜在冲击，并对不同性质的危机予以分类，最后将评估结果作为组织预防计划的重点方向。脆弱性分析法包括下列 5 方面内容：

（1）界定危机，通常划分为 6 个层面：①历史层面；②地理层面；③技术层面；④人为层面；⑤设施层面；⑥制度层面。
（2）评估概率：用数字 1 到 5 表示，评估每一个危机可能发生的概率等级。
（3）评估潜在的人员冲击：用数字 1 到 5 表示，评估危机对人员的冲击程度。
（4）评估潜在的财产冲击：用数字 1 到 5 表示，评估对组织财产所造成的潜在冲击、伤害与损失。
（5）评估内、外部资源：用数字 1 到 5 表示，检视组织内、外部资源应对危机的能力。

1. 列出潜在危机

列出所有潜在危机并将其划分为下列 6 个层面。这些潜在危机的应对不仅需要组织内部各部门达成共识，也包含组织外部对危机管理专业议题所提供的建议。组织外部如政府及民间组织，这些潜在危机涵盖了之前所提及的内在与外在因素。

1）历史层面

翻阅史料，分析组织内部或外部曾发生过的突发公共事件如天灾（火灾、水灾、旱灾、地震、灾害天气等）、人祸（人为疏失、暴力犯罪及恐怖袭击等）。继而评估组织是否已有相关应对计划及能否应对，还需关注随着时空和环境的变迁相关计划有无调整的必要。

2）地理层面

组织所在地理位置是否有需要特殊考虑的因素，如有洪灾风险或在地震带上、危险设施附近，或主要对外的海、陆、空交通便利性等。组织所在国家地缘结构因素，如邻国的政经关系、国家地理位置、区域性影响因素等。这些地理层面的因素，是危机管理的评估重点。

3）技术层面

技术层面的考虑因素涵盖了组织内部各系统的运转及成效，如公共安全系统、通信系统、计算机及网络系统、电力系统、紧急通信系统等，以及危机发生时需要哪些外部技术支持，哪些关键系统可能面临资源短缺情况，等等。诸如此类技术层面的问题，也应列入整体脆弱性分析的范围。

4）人为层面

大量事实表明，因人为疏失而造成的危机是组织内部危机的最主要来源，其可能以多种形式给组织带来不良影响，比如训练不足、疏忽、未遵循规定、指挥不当、疲劳因素等。组织应充分重视人因危机事件，加强分析并寻求预防和解决办法。

5）设施层面

组织内部各项设施是否安全，是否有定期检修计划，以及相关疏散路线和紧急出口规划等，都是设施层面需要考虑的问题。组织应如实上报应急救援物资，如通信设备、消防器材（车辆）、防护用品及其他救援物资，以便做好应急物资储备和调用。

6）制度层面

组织在处理紧急事件或危险方面是否已有相关制度和方案，对某些潜在危机因素及事件是否进行了全面分析，对制度不健全之处是否开展全面系统性检视并列入改进计划。

2. 开展评估

脆弱性评估包括概率评估、潜在人员冲击评估、潜在财产冲击评估、潜在商务冲击评估、内部资源评估及外部资源评估等方面，表3-7列举了某一组织对地震、火灾、传染病等危机事件的脆弱性。

表3-7 脆弱性评估表

危机种类	概 率	人员冲击	财产冲击	商务冲击	内部资源	外部资源	总 计
	高5 ⟷ 1低				弱5 ⟷ 1强		
地震	3	2	4	3	3	2	17
火灾	1	3	5	4	2	1	16
传染病	3	4	2	4	4	1	18

1）概率评估

评估每一个可能发生的危机的等级，用数字1~5来表示，1代表发生概率较低，5代表发生概率较高。在数据充足与时间允许的情况下，可通过专家讨论或取平均值方式降低差异以达到评估结果客观。专家讨论，是期望以研讨方式达成一致意见，据此获得的案例成果或经验资料具有较强的说服力。然而，受讨论时间所限，常常无法在规定时间内达成共识，这就可以运用取平均值方式来确定。它是一种典型的迅速消除差异分歧的方法，但建议评估小组在进行平衡之前做适当讨论。上述方法都非常实用，能清楚地表示各类不同危机的发生概率。

2）评估潜在的人员冲击

与评估危机发生概率相似，不同危机对人员产生的冲击与伤害等级也有所不同。一般用数字 1~5 来表示危机对人员的冲击程度，数字越大表示伤害程度越大，反之则表示伤害程度越小。

3）评估潜在的财产冲击

危机影响评价还须考虑对组织财产所造成的潜在冲击、伤害与损失，同样可用数字 1~5 来表示，数字越大代表伤害及损失程度越大，反之亦然。在评估该方面影响时，应注重考虑平时采取的替代方案、临时筹建的替代方案和修复损坏所需花费等 3 方面问题。

4）评估潜在的商务冲击

商业组织应考虑危机对组织商业行为的冲击，危机对组织营业额或市场占有率的影响应特别注意。与评估财产冲击类似，可以用数字 1~5 来表示危机影响程度。该项评估中须考虑的因素包括业务暂停、员工无法工作、组织面临违约困境、重要物资缺乏、产品配销受阻等。

5）评估内、外部资源

在评估以上各项潜在因素后，接下来还应检视组织内、外部资源应对危机的能力。通常以数字 1~5 来表示资源充足性，数字越小表示资源越充足，数字越大则表示资源越不足。同时，在内部资源方面，应了解组织是否有充足的资源来应对可能发生的危机；而在外部资源方面，应了解组织获得的外部协助能否优先满足组织紧急需要。如果对以上内、外部资源的评估结果不理想，则须考虑以下 5 项需求：

（1）另行开发危机预防程序（如何确保外部环境为组织提供应对危机的资源）。

（2）执行额外的危机预防训练（提高必要能力以弥补现行体制的不足等）。

（3）获取额外支援装备（采购必要的备份装备以应对紧急状况）。

（4）建立互助协议（与外部组织建立互助、互惠的支持机制）。

（5）与特定合约商签订协议（保障特定装备与专业能力的同时，提供应对各种紧急事态的援助）。

6）综合排序

由上述评价步骤可知，根据危机对组织的伤害程度及其发生概率，将可能发生的危机所有影响事项评价结果加总，总分越高则表示组织在该危机中的脆弱性越高。据此，可确定预防与准备的行动目标、重点任务及各项资源的优先级，进而明确哪些资源组织须在平时常备，哪些可以通过外部支持获得。

危机排序是获得弱点高低、考虑资源分配进而拟定目标导向的重要依据，在资源有限的情况下，可指引管理者与作业人员迅速明确主要危机来源，并有效运用现有资源控制最严重危害以发挥危机管理的最大成效。

> 阅读材料
>
> ## 珍 珠 港 事 件
>
> 　　自二战期间发动对东亚和东南亚的各项战事后，日本在长期战争的消耗下资源日渐短缺。为制裁日本的侵略活动，二战后期美国政府连同荷兰与英国对日本实施石油禁运措施。石油是日军最重要的战争物资，制裁行动让日本在无法面对停战后果下选择对美国本土开战，并企图以重创美军方式削减其国力，以此减缓美国对欧洲与东亚战线的压迫。
>
> 　　时任日本联合舰队司令山本五十六力排众议认为，要想阻止美国干涉必须沉重打击美国海军太平洋舰队，这样日本在南进取得成果并巩固势力后就能在有利条件下与美国和谈。为此，山本选定美国在太平洋的主要海军基地和重要后勤基地珍珠港，作为本次作战的打击目标。
>
> 　　珍珠港突袭成功，是以战略伪装和保密为前提的。日本在政治外交上，从最初任命时任美国总统罗斯福的朋友野村吉三郎为驻美大使，到战事开始后数次与英美谈判，无不以对美国表达善意来掩盖其背后的侵略意图。此外，日军对作战内容和实施过程极度保密，在很长时间内该计划只有山本和极少数高级军官知晓。参战部队从受训到编队集结，都选择远离商船的偏僻航线并按不同时间间隔分批前往。航行中实行严格的无线电静默和灯火管制，甚至伪造航空母舰无线电呼号以瞒过美军无线电监听。
>
> 　　1941年11月26日，日本海军中将南云忠一指挥一支由6艘航空母舰作为主力的舰队开往珍珠港，于12月7日早晨抵达目的地，随即对珍珠港实施猛烈的空袭与轰炸。
>
> 　　该舰队和飞机轰炸了港内所有美军机场和许多停泊在珍珠港内的舰艇，地面上几乎所有飞机被摧毁，只有少数飞机得以起飞和还击。在2小时突袭中，日本完全控制了珍珠港上空，353架飞机随心所欲狂轰滥炸，击毁美国太平洋舰队8艘战列舰，毁掉其他舰船10余艘，击毁美机450多架，造成美军2403人死亡、1178人受伤。其中，亚利桑那号战舰爆炸沉没时有上千人死亡。
>
> 　　美国一味相信与日本和谈成果，缺乏对敌国应有的危机意识，在遭受日本一连串欺诈后仍不断在各环节出现失误，导致危机持续恶化。当时美军缺乏危机监测和报告系统，各情报单位对发现的日本外交和山本船舰异常情况都没有立即转报有关单位处理，美军也欠缺完善的战略情报研判机构以解读分析珍珠港事件的不正常状况及趋势，且未对潜在危机加以预防，这样悲剧就不可避免地发生了。

【本章重点】

　　1. 大部分危机呈现早期危机征兆，也许是一个事故、一个错误或一条看似简单的信息。组织要么是没有注意危机征兆，要么是根本不理会它们，这导致其没能在危机征兆无法收拾前将之扑灭。

2. 危机监测步骤包括界定危机、列出致因状况、弱点分析及危机排序等。

3. 访谈法是通过访谈或调查以获取所需信息的方法，其主要目的是以一种有效且积极的方式获取人员相关经验与知识。

4. 检核表分析法列出了诸多可能转变为危机情境的状况，没有人能够确定哪些情况可能发展为重大危机，组织若只针对危机中的一两个集群进行预防，则表示其并未做好准备。

5. 情景假设法执行规则如下：
（1）主持人控制讨论流程。
（2）承认每个人做出的贡献。
（3）确保没有人侮辱、批评或评论其他参与者的想法。
（4）声明没有任何一个答案是错误的。
（5）设定发言时间并在时间结束时停止发言。

6. 情景剧本法使用指南：
（1）用60个字以内或3~5句话来描述情境，以过去事件开头，鼓励应用想象和直觉来想象情境剧本可能的最坏结果，但需要合乎逻辑。
（2）由一个人或一个群体来执行剧本编辑，剧本中包含人员、设备、环境、管理、任务等系统要素。

7. 根据推演方向不同，逻辑树分析法分成正逻辑树、负逻辑树和风险事件逻辑树3种图形。
（1）正逻辑树以正面思考方式审视流程的关键要素。
（2）负逻辑树以反向思考方式审视流程中的破坏性因子。
（3）风险事件逻辑树系统性分析可能导致的各种结果。

8. 比较分析法以改变前后情况做比较，进而得知计划性与非计划性变化所涉及的相关危机。

9. 因果法与逻辑树分析法类似，可分为正因果法与负因果法，因果法的分支方式能提供比一般逻辑树分析法更多的结构，其主要原因在于因果法提供了两种类型的分支引导标题：第一类分支引导标题是4P（系指人员、程序、政策与工作场所），第二类分支引导标题是4M（系指人力、方法、设备与环境）。

10. 弱点交叉分析法要求先将可能的危机界定出来，再进行危机影响与概率的交叉分析，借此找出各个环节的弱点并排列优先级。

11. 脆弱性分析法先列出可能潜在的危机，针对这些危机评估其发生的可能性及潜在冲击，并对不同性质危机予以分类，最后将评估结果作为组织预防计划的重点方向。

【本章习题】

1. 易受危机侵袭的组织一般具有什么特性？
2. 危机监测的步骤是什么？
3. 访谈法危机监测工具中，有效征询意见的主要方式有哪些？
4. 检核表分析法的目的是什么？

5. 危机索引检核表将可能转变为危机的情境归为哪几种类别？
6. 情景假设法的操作规则是什么？
7. 情景剧本法的使用指导是什么？
8. 情景剧本法的典型功能有哪些？
9. 逻辑树分析法的功能有哪些？
10. 正逻辑树的分析方向是什么？
11. 负逻辑树的分析方向是什么？
12. 风险事件逻辑树的分析方向是什么？
13. 比较分析法适用于哪些状况？
14. 比较分析法的功能有哪些？
15. 因果法分支引导标题中 4P 指的是什么？
16. 因果法分支引导标题中 4M 指的是什么？
17. 弱点交叉分析法的 3 个步骤是什么？
18. 脆弱性分析法包括哪 5 项主要工作内容？
19. 脆弱性分析法界定危机依据哪 6 个层面？
20. 脆弱性分析法中内、外部资源评估不足时，应优先考虑哪些需求？

4 危机预防

针对危机征兆或为避免危机升级而采取适当行动,以防止危机发生或降低危机损害程度,是组织开展危机预防工作的关键价值所在。事实上,危机预防是危机管理中最重要、最容易处置的工作,如果能防微杜渐将危机消除于无形,不仅可以节省应对危机的大笔人力、物资和经费消耗,还能大幅提升管理效能并避免危机带来的一系列困扰。

本章主要介绍以下几种危机预防理论和分析工具:

(1) 适用于危机预防的理论主要有墨菲定律、多米诺骨牌理论、错误链理论、奶酪理论、圆盘漏洞理论、预防接种理论、煮蛙效应、破窗效应等,这些理论都可揭示事故致因与风险防范方法。

(2) 常用的危机预防分析工具包括两大类,一类属于危机预防策略,主要有拒绝危机、避免危机、延后危机、转移危机、分散危机、危机补偿、危机增益、危机止损 8 种,这些策略选项的主要功能是排除危机;另一类属于危机预防方法与途径,其目标是构筑安全防护网以支撑危机控制,这些方法途径大致归为 9 类 40 余种方法,其主要功能是减缓危机。

4.1 危机预防理论

无危为安、无损为全,安全即平安无危险状态。它强调的是一种没有威胁、伤害或损失的状态,杜绝意外和失事,其以零事故为目标。安全的释义或衡量标准,显然很难让人一目了然地理解其本质。然而,与安全相关的危险和风险,则很容易被发现、辨识和评估,操作中也便于进行监测与预警。因此,找出危险并运用资源降低风险,是安全管理的必备程序之一。

造成人为失误的真正起因十分复杂,不同专家学者对其有不同理解。以下介绍几种常用于揭示事故起因与防范的理论。

4.1.1 墨菲定律

墨菲定律(Murphy's Law)是指由于总计划中一项子计划失败而导致整个计划失败的

现象（凌凤仪，1998），它源于一个真实的故事：美国空军莱特航空试验中心设计工程师爱德华·墨菲（Edward A. Murphy），根据试验计划设计了一条缆索，这条缆索可缠绕在人身上以测量人体在高速运动中所承受的加速力状况，缆索上共装有 16 个传感器。试验计划先用假人进行测验，然后再进行真人试验，试验中记录从 0 加速到 300 千米/小时区间内人体在高速运动中所承受的加速力状况。真人试验中第一位试验者是约翰·史塔普（John P. Stapp）少校，由于当时喷射火箭测试速度高达每小时 300 千米，该系列试验也使史塔普成为"有史以来最快的人"。然而，假人试验中墨菲设计的缆索并未测量到任何数据，最终试验以失败告终。

究其原因，墨菲设计的缆索由现成零件装配而成，其上传感器在焊接时可由两种角度插入焊接，但只有一种角度是正确的，若转 90 度焊接就无法测量数据。由此判断，墨菲该次失败极可能是焊接错误导致，经他亲自检查试验装置印证了猜测，即由于技工将 16 个传感器全都转了 90 度焊接，直接导致了试验失败。在试验报告中墨菲感慨道："If there is any for the Technician to do it wrong, he will"（如果有任何方式可以让技工出错，那么他一定会出错）。

墨菲试验提醒所有设计师，设计任何一套装置，都应确保在设计上不给用户留出操作失误的机会。若完成一步操作有两种或两种以上方式，且其中一种方式有可能出错，那么总有一天会有人因此闯祸。当时诺斯诺普飞机公司主管乔治·尼科尔斯（George E. Nichols）看着这份报告顺手加注 "Murphy's Law"，从此该名言就随着一些技术文件传播开来，后来演变为更简洁的句子（凌凤仪，1998）："If something can go wrong, it will"（可能会出错的，终究会出错），"Whatever can go wrong will go wrong"（会出错的，一定跑不掉），"If something go wrong, it will be serious"（只要一出错，一定会相当严重）。

4.1.2 多米诺骨牌理论

1931 年海因里希（Heinrich H. W.）根据事故发生人为因素研究提出了"骨牌理论"（Domino Sequence Theory），该理论主要探讨事故发生原因（凌凤仪，1998）。海因里希认为，事故发生大多是因为"人、机、环、任务、管理"五者间关系无法调和或互相牵绊，产生了异常状况进而导致失事。有如排列中一张骨牌被推倒就会产生连环倾倒效应，故该理论认为应从事故结果倒推追溯整个事件发生过程，从中发掘所有可能造成事故的原因，以此检讨各项工作督导上是否仍存共通问题，进而寻求改善方法以防止类似事件再度发生。多米诺骨牌理论原型包括以下几种情况：

（1）不幸事件导致的人员伤亡。
（2）危险事件衍生的不幸事件。
（3）人为因素衍生的危险事件。
（4）环境和个人背景衍生的人为失效。

多米诺骨牌理论历经多次修订仍不脱离因果推论关系。骨牌倒下代表失误，一张骨牌倒下常引发后面骨牌依次倒下，即一连串失误最后导致事故发生。该理论下事故预防的关键在于抽掉骨牌，且抽得越多越安全，直到最终消除失误。不过，业界很少公开讨论骨牌理论，其最主要原因是骨牌之间存在彼此推卸责任情况（图 4-1）。当众多事故肇因林立时，形成某一肇因的责任单位会说："当被上一张骨牌压到时，我不得不倒！"每一张骨牌都想找出位于其上方的另一张骨牌，试图把责任推给别人，这就显现出了骨牌效应的负面影响。

多米诺骨牌效应突显了事故发生的多因素性，有助于整体了解事故发生原因以及彼此之间的从属关系。

是它先倒的，不能只怪我！

图4-1　骨牌理论安全维护

4.1.3　错误链理论

错误链理论由布兰博士（Dr. Blame）提出，其可追溯到海因里希比率：海因里希指出，错误与事故之间存在一定的比例关系，即重大伤害、轻微伤害、无伤害的意外、不安全行为之间的比率为1∶29∶300∶数千。该比率经常在风险管理或职业卫生相关文件中被引用，称作海因里希比率或海因里希三角。

在海因里希比率基础上，布兰认为数千件危险事件不是造成300件意外事件、29件轻微事故或1件重大事故的直接原因，其中一定有什么环节阻挡了更严重情况的发生。因而提出错误链理论，认为一个失误案件发生是由一系列危险事件或错误造成，缺少其中任何一个错误环节，事故就不会发生。

图4-2中一个失误事件代表错误链节中的一个扣环，前后两个失误事件彼此串联才会形成整体灾难事件的诱因，只要打破其中一个环节就可避免失误串联即消除灾难。错误链理论除了解释灾难的串联原因外，也提供了通过将链节中的环节移走或打断来进行灾难预防的方法，它简洁地指出了危机预防的方向。

打断任一链环将阻止事故发生

图4-2　错误链示意图

错误链与多米诺骨牌理论的思考方向不同，但两者有很好的互补性，错误链刚好可以弥补骨牌理论在管理上出现相互推诿的情况。重要启示是，个人应充分尊重与肯定自身所承担工作,无论其他单位岗位工作状况如何,只要做好分内之事就可以有效防止事故的发生。

4.1.4 奶酪理论

詹姆斯·瑞森(James T. Reason)在其著作《人为错误》中首次提出瑞士奶酪理论(Swiss Cheese Model)。因其使用传统奶酪片作模具,故称作奶酪模型(图4-3)。

图4-3中"奶酪片上"气孔是发酵过程自然现象,每一片奶酪气孔代表每一环节可能产生的失误。若把5片奶酪竖立起来,当一项失误发生即体现为穿过第一道防线;如果与第二片奶酪气孔位置吻合,失误就穿过第二道防线;当多片奶酪的气孔刚好直接连通时,失误便可穿过所有奶酪,即突破各条防线并最终导致事故发生。

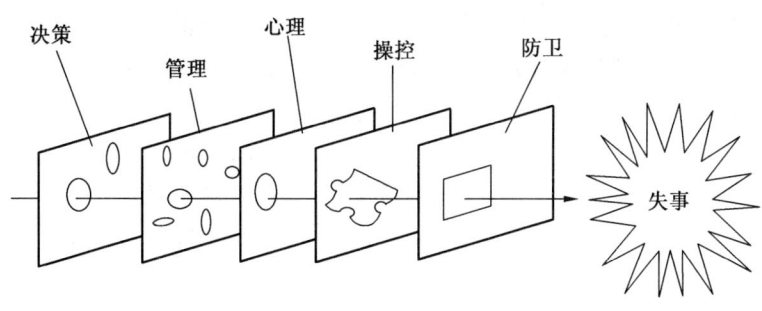

图4-3 奶酪模型

图中5片奶酪标识为防卫、操控、心理、管理和决策等与组织运转密切相关的方面,其分别代表着不同的个人或层级,其上的气孔即失误可以理解为某人或某层级的自然现象。显然,只要各自的疏失不是恰巧发生连锁效应,事故就不会发生。换句话说,只要某人或某层级能够发挥应有作用,填补自身漏洞并主动预防,事故自然也不会发生。

深入分析奶酪型个人或层级管理模式,简述如下:

(1)防卫不当。适当防卫是防止事故发生的最后一道防线,通常也是事故原因调查的第一层次,其主要包括人员协调、紧急处置程序、防护/搜救装备等。无论是操作不合规程、技术未达标准,还是临场表现失常等,都可能造成事故。防卫不当的问题根源包括人员素质不良、人格特质不适、人员未经审慎挑选、人员未经适当训练等,这些都是造成事故的人为因素。

(2)操控不当。操控包括任务提示、装备维修、导引、操作程序/技巧等。造成人员操控不当的原因很多,如人员素质不良、装备不足、机械故障、情境压力、恶劣天气、危险物品等。一起事故的相关人员,除了最终操控者是事故直接因素以外,其他维修人员、管理员、操作员、教导人员等,都可能是事故发生的间接因素。

(3)侥幸心理。侥幸心理是指无视事物性质、违背其发展规律,认为仅凭需要或个人好恶行事便可按照自己意愿发展并取得期望结果的心理。侥幸因素包括但不限于天气、装备、程序、规定、精力(疲劳)等,而各层级操控者不自觉的侥幸心理往往是非专业或由错误督导、程序不当、基层管理不严等原因造成。

（4）管理疏忽。管理疏忽是指管理运作中因信息不对称、管理不善、判断失误等而影响到组织管理水平。管理疏忽主要包括管理机制无法正常发挥作用以及未能制定合理的专业政策项目等，组织中的代表性人物可能由于管理机制失效而走向错误方向。

（5）决策错误。决策错误通常表现为主管部门在某个相关法规制定与修改或是选择某种措施等决策上导向错误。例如在媒体舆论引导下就某项措施做出让步，或者迫于形势对政策选择不得不做出调整等。这就要求主管部门分析决策特点，并就如何减少决策失误甚至利用决策失误开展专题讨论。

在1990年提出奶酪理论后，经后来几次修改将失误区分为"现行错误"和"潜在错误"两种。很显然，事故是在这两种错误的结合下产生的，错误也往往在局部事件打开防御体系的缺口时出现。防御体系的第一要务是决策，其主要功能是确定目标并管理可用资源以达到安全和准确等要求。第二要务是管理，其主要功能是执行上级决策，尽可能使上级决策和管理措施被有效执行并成为工作者的生产活动。要实现这一转变必须具备一定的前提条件，如设备可用且可靠，工作者技术熟练、有积极性，环境安全等。另外一个重要组成部分是防护和安全措施，其主要功能是预防可能的伤害、损害或运营中断等情况。

奶酪理论不仅能够体现事故发生的诸多原因以及相关原因间的整体性与从属关系，还反映出某人或某层级积极独立的预防意识。奶酪理论的接受与运用，可在一定程度上减少相互推卸责任的负面影响。

4.1.5 圆盘漏洞理论

圆盘漏洞理论与错误链理论和奶酪理论非常相似，其认为组织运作的基本要素"人、机、料、法、环"，就像数个穿在同一根轴上又按照各自规律运转的圆盘，其中每个圆盘上都存在不同的漏洞（图4-4）。例如：与人相关的圆盘，存在着技术能力有限、思想作风散漫、协调配合不到位、自身利益冲突等漏洞；与机械相关的圆盘，存在着故障维修不及时、设计缺陷、制造粗糙、性能限制等漏洞，设备工具存在着校准偏差、误差等漏洞；与物料资源相关的圆盘存在数据不完善、修订不及时、含糊不清等漏洞，材料存在着质量不佳、管理等漏洞；与方法圆盘相关的法律、规章、条例、程序、手册存在着制定不完善、过时、不符合实际等漏洞；与环境相关的圆盘存在着条件不足、干扰、超出工作允许范围等漏洞。

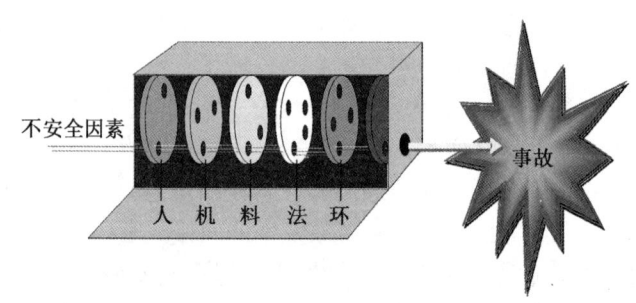

图4-4 圆盘漏洞理论示意图

不安全因素就像一束光线从一端照在圆盘组合上，当5个圆盘的漏洞在某个时刻正好对齐时，光线就会完全穿过圆盘组合，贯通的系列不安全行为便导致事故的发生。因此，只有消除圆盘漏洞并管理好基本条件，才能避免事故发生。

4.1.6 预防接种理论

社会心理学家威廉·麦奎尔（William James McGuire）提出的预防接种理论（Inoculation Theory）认为，提前告知危机征兆可以使目标对象预先产生危机抗体，这样在危机发生时目标对象便会达到一种免疫状态，从而提高应对危机刺激与影响的能力。

一般的，危机预防都要求强化组织正面形象，这是为了防止危机发生时组织内出现信心动摇的情况。危机预防的重点是建立目标对象，据此形成对组织的正面认知态度以增强组织抵抗力。预防接种理论是从反面切入危机预防，在操作时预先设想危机可能造成的伤害，再通过预先告知目标对象并采取措施予以处置将伤害逐一排除。当设想的危机征兆出现时，这种方式可以稳定目标对象对组织的态度。

运用预防接种理论存在风险，即它需要考虑组织本身体制是否健全，以及是否经得起危机的负面影响。因此只有在目标群体对组织做出正面评价时，预防接种理论才会有显著效果，而在存在负面评价或评价不显著时不起太大作用。由此可知，预防接种理论作为危机策略使用有一个前提，即只有当社会大众正面认知组织形象时才产生良好的预防效果。

4.1.7 煮蛙效应

煮蛙效应（The Parable of the Boiled Frog）源自美国康奈尔大学科学家做过的一个煮蛙试验：将一只青蛙放进沸水里，它会从锅中跳出逃生；如果把青蛙放进冷水锅里慢慢加温，它会觉察不到危险，最终死在热水中。该试验说明，生物对环境存在渐变适应性和习惯性，这会导致其失去警惕性和反抗力。与之类似，人们也总是对突如其来的危险保持极高的警惕性，而对那些不明显的危险往往警惕性不够。

一个组织不能仅满足现状或沉湎于过去的胜利和美好愿景之中。竞争环境的改变多是渐进式的，如果管理者和员工没有察觉到环境的渐进变化与危机步步逼近，最后就如同温水煮蛙。事实上，造成危机的许多因素可能早已潜藏于组织日常管理作业之中，只是由于管理者缺乏危机意识没有足够重视，使之逐渐演变为摧毁组织的危机。因此，组织成员应不断学习，培养危机意识，提高警觉能力，重视那些缓慢形成且可能导致组织危机发生的关键因素。

彼得·圣吉（Peter M. Senge）指出，要构建学习型组织，必须先辨识组织的学习障碍。一般而言，组织学习障碍包括以下7种情况：

（1）局限性思维。
（2）推卸责任。
（3）缺乏整体思考的积极性。
（4）专注于个别事件。
（5）对缓慢形成的致命威胁习而不察。
（6）经验错觉。

(7) 管理团队的误区。

4.1.8 破窗效应

詹姆士·威尔逊（James Q. Wilson）和乔治·凯林（George L. Kelling）两位犯罪学家于 1982 年提出"破窗理论"(Broken Windows) 认为，如果对环境中的不良现象放任不管，会诱使人们仿效甚至变本加厉。以一栋有少许破窗的大楼为例，如果那些窗户没被及时修理，路人经过时一定认为这里是没人关心且没人管的地区，他们会因为这种暗示性纵容而破坏更多的窗户。这种效应会从一栋大楼蔓延到整条街，甚至扩散到其他邻近街道。就好比一旦地上有垃圾出现且无人清理，不久就会有更多垃圾，最终人们会理所当然地将垃圾顺手丢在地上。

在日常作业中，组织也经常出现这种情形，即如果某些违反程序规定的行为没有得到严肃处理与及时纠正，就无法引起员工重视，类似行为将会再次发生并日趋严重。在管理实践中，管理者必须高度警觉那些看起来个别、轻微但却触犯了组织核心价值的小疏失，并及时修好第一扇"破窗"，否则可能衍生出无法想象的危机。破窗效应的启示在于：任何一种不良现象都传递着一种信息，这种信息会导致不良现象的无限扩展，如果视若无睹就会纵容更多人打破更多窗户。

4.2 危机预防机制

4.2.1 危机预防逻辑

危机预防是指组织针对危机征兆采取行动以防止危机发生或降低危机损害程度。危机预防有两个基本方向：改变与监督。组织可以通过改变来降低危机发生的可能性，例如采取行动进行危机专题攻关等。然而，有些改变不仅无法产生效果，甚至还会破坏原有的运作机制而使组织陷入新的危机，这就需要通过监督促使组织机制良性运行。

实践表明，做到两点可使组织不易受到危机侵袭，第一点是避免问题在同一时间点爆发，第二点是找出现有问题并采取行动。这些预防措施可以大幅降低危机发生概率，即使危机发生组织也可将其潜在损害降到最低。

1. 避免问题在同一时间点爆发

避免问题在同一时间点爆发的措施如下：
(1) 获得群众支持。
(2) 建立正面声望影响。
(3) 员工与高层主管间保持双向沟通。
(4) 持续进行弱点分析。
(5) 制订全方位危机管理计划。
(6) 定期组织危机模拟演练。
(7) 制定明确的组织政策与应变手册。
(8) 开展完整的新进人员教育训练。

与群众保持良好关系、缜密制订应变计划、增强危机征兆警觉等措施，都可以促使组织有效避免危机。如果组织忽略已出现的征兆，任由其演变成危机，处置中又缺乏既定应急计划，则很可能因处置不当与群众发生冲突。上述后果所产生的负面效应会像滚雪球一样累积起来，如果不及时处理会把组织推向严重危机的险境。前述避免问题同时爆发的各项措施对于组织的危机预防有以下几点功能：

（1）评估整体系统并察觉组织中的问题。
（2）鼓励组织形成一支相互扶持且忠诚的团队。
（3）构建一个管理完善的组织。
（4）建立起高声望与高支持度，可协助组织在遇到问题时轻易过关。

2. 找出现有问题并采取行动

危机应对最重要的是及早发现危机征兆，但有时危机可能毫无征兆突然发生，因此组织需要建立一套完善的危机预防机制以备不时之需。危机管理不能只依靠自身经验，还要通过学习他人经验来分析组织自身能力与资源，并依靠制订应对计划和开展仿真演练来提高全员危机应变及处置能力。大部分危机并非由单一事件引起，往往是一系列被组织管理者所忽视的事件综合引发的结果。组织应在危机爆发前识别潜在危机征兆并采取下列行动：

（1）不要将现有问题视为一般性危机征兆。
（2）评估这些弱点演变为严重问题的可能性。
（3）评估问题对不同群体的影响程度。
（4）思考采取哪些行动可以防止问题继续恶化。
（5）以最坏情景思想评估潜在危害损失是否远超过解决问题的成本。
（6）及时解决问题。若无法彻底解决，则应将潜在损害降至最低。

4.2.2 组织能力检视

计划小组成立后首要任务是检视组织危机应对能力，即分析组织是否有足够能力来应对危机。其主要步骤如下：

（1）检查组织内部的计划。首先，要检查组织内部既有应变计划。应变计划是指通过分析组织内部条件与外部环境，提出组织未来一定时期内要达到的危机预防目标以及实现途径，其主要包括疏散计划、消防计划、安全及健康计划、环保计划、风险管理计划及支持协议计划等。

（2）与组织外部的沟通。除了对组织内部能力进行检查外，还应重视与外部机构开展交流。外部沟通是指组织成员为了收集外部信息和表现组织形象而进行的沟通活动。外部机构主要包括政府部门、紧急医疗服务机构、电力及通信公司、红十字会及相关公益团体等。良好的外部沟通为组织了解外界危机管理经验提供了条件，为组织制订危机预防计划提供了参考，也使自身危机预防工作更为完备。

（3）确认相关法律规章制度。危机相关法律、规章、制度的生成，是为了预防和控制潜在事故或在紧急情况发生时快速响应，从而最大限度地减轻可能的事故后果。例如消防法、交通法、环保法及组织运作章程等为组织制订危机应对计划提供了依据与保障，并增加了其合法性。

（4）掌握内部资源与能力。组织应充分掌握自身核心能力，包括如何面对关键生产流程受阻，重要装备紧急备用以及设施危机承受力不足等。组织应确保外部供货商单一来源的稳定性，并进一步评估组织日常运转所需资源备用体系，如供电、供水、供燃气及通信、交通等。除此之外，组织配置多少应急人员来维持相关机制运转，也是不可忽视的。

（5）确认外部资源。外部资源有利于适时为组织应对危机提供相关资源支持。该类资源一般是指其他企业资源和公共资源等，其具有可利用性和相对无限性等特征。当企业使用外部资源时，既可以获取其所有权进而转变为内部资源，也可以付出一定成本只取得使用权。

（6）审视相关保险机制。组织应深入研究相关保险机制，主动接触保险行业从业者，了解相关法规与政策，促使组织在危机管理工作上拥有多层保障以减少损失。互助保险成本低、服务好，成员能够在经济上受益，其中行业互助保险组织还可以通过合作方式有效解决被保险市场遗弃的风险分散问题。

4.2.3 危机预防机制建立

危机预防能力是一种识别危机并分析评估危机等级的能力。危机预防的要求是对重要问题加以预防并持续监测其危机征兆，没有征兆就表示危机尚未出现，如果有征兆即表示危机正在发生，应迅速处理。

建立危机预防机制，通常包括以下6个步骤：

步骤1：成立危机管理小组，小组领导者由组织最高领导人担任，并以各部门负责人为主要成员，部分基层人员起辅助作用。

步骤2：领导者充分掌握组织的防护体系，定期组织开展危机风险分析。

步骤3：做好灾害预测，对风险进行分级管理并制订解决方案，明确各主体责任。

步骤4：根据灾害预测拟订应变计划，并举行不同层级的危机模拟演练。

步骤5：制定对策并实施中，高度重视组织内部相关经费配套。

步骤6：确保组织内部对话畅通，并与外界建立良好的沟通关系。

4.3 危机预防策略

危机预防常用的分析工具主要有两类（崔海恩，2005；崔海恩等，2009），第一类工具是危机预防主选单（Macro Options List，MOL），其包含8个主要选项，主要功能是排除危机（附表10），在多数情况下可以大幅减弱危机冲击。第二类工具是预防矩阵（Control Options Matrix，COM），它有45种方法可供选择使用，其主要功能是减轻危机（附表11）。

图4-5为危机预防主选单的8个主要选项示意图，具体是拒绝危机、避免危机、延后危机、分散危

图4-5　危机预防主选单示意图

机、补偿危机、增加危机、转移危机及降低危机。图示 8 个选项，各自独立且有不同内涵，但彼此之间互有重叠，这些重叠部分共同建构一个严密且没有遗漏的防护网。

4.3.1 拒绝危机

在危机预防主选单中，拒绝危机被列为第一选项。但实际上由于风险经常伴随着利益产生，当已考虑过所有其他选项且危机成本超过利益时才会选择拒绝，因此拒绝危机又被视为危机应对的兜底选项。

以完全放弃的形式来回避危机的做法极为少见，例如为防止失事而将飞机停飞虽达到了零失事率，但也失去了飞机的原本功能，通常情况下是不可能这样做的。拒绝危机从表面上看是一个预防危机最有效的方法，但在拒绝的同时也丧失利益及机会，因此组织必须在两者之间进行权衡。以下是拒绝危机选项的提示或范例说明：

（1）放弃全部计划。
（2）不执行任何相关作业。
（3）终止所有相关业务活动。
（4）完全打消念头。
（5）毫不妥协与让步。
（6）完全不受理该业务。
（7）取消计划。

4.3.2 避免危机

避免危机选项就是采取措施避免危机发生，它不像拒绝危机选项那样否决全部作业，而只是放弃一两项高风险作业项目，其余项目仍然照常执行并达到目标。换言之，在目标不变的前提下，调整过程促使作业在较低风险下顺利完成任务。避免选项因其多样性和有效性，成为分析者高度认同且经常采用的选项。例如，当完成工作存在数种方法时，应规划选用那些最不易产生危机的方法，或在原计划可能产生严重危害时通过变更计划绕过危害。避免选项是一种避开危机正面冲突的危机预防策略。以下是避免选项的提示或范例说明：

（1）回避危机。
（2）隔离危机。
（3）采用其他途径。
（4）使用不同的执行方法。
（5）放弃行动中的一两项高风险作业。
（6）取消任务中的高风险活动。
（7）实施封锁。
（8）扩大安全距离。
（9）划清界限。
（10）严禁不具职业资格的人员执行该选项。

4.3.3 延后危机

面对潜在危机将部分作业延后执行是实际可行的,延后过程不会促使危机立即发生和成本提高。一般而言,大部分危机会因延后造成成本激增,但有时延后期间情况会有所改变,以至于危机发生或延续的必然性消失,由此产生更为有利的结果。

在危机延后期间,可以采取其他预防方式来降低危机发生概率。例如管理者需要对执行特殊任务的人员进行紧急行动训练,建议在所有计划不变的情况下将训练安排在任务期较晚的阶段,理由是任务取消或者计划变更可能使该训练不再成为任务必备项。以下是延后选项的提示或范例说明:

(1) 延后执行。
(2) 等待问题消失。
(3) 寻求新的技术手段。
(4) 寻找新思路。
(5) 延后一批执行。
(6) 延后到危机准备完成后再执行。
(7) 安排下一班次。
(8) 延后到适当时段再执行。
(9) 延后到路线熟悉后再执行。
(10) 延后到训练完成后再执行。

4.3.4 分散危机

分散危机选项包括两个工作方向。一是从降低个人或个别系统的曝险率着手,如对可能带来化学、噪声或辐射污染等工作,由原先50人执行调整为100人执行,该分散危机的做法可以将每人每日的暴露时间由原先的8小时降低为4小时。二是让危机目标分散开来,包括非集群作业、分散危险作业或使用干扰物。非集群作业是指分散油料、化学药剂、贵重装备的摆放位置,如将油罐车分开停放,从而避免一辆油罐车发生爆炸引发火灾蔓延到其他油罐车上,进而造成更严重的连环爆炸事故。分散危险作业是指不在同一时间开展多项危险作业,如某一作业出现问题仍有时间恢复,并顺利进入下一作业而整体任务不至于停顿。分散作业后可接着使用干扰物来隐藏目标,如伪装、使用干扰片或诱饵等。以下是分散选项的提示或范例说明:

(1) 降低人员或系统脆弱性。
(2) 增加轮班人员。
(3) 分散危机的目标。
(4) 非集群作业,将位置分开。
(5) 分散危险作业,将时间错开。
(6) 规划多条路线。
(7) 使用干扰物。
(8) 采用伪装。

(9) 使用诱饵。

(10) 识别假的危机征兆。

4.3.5 补偿危机

补偿危机选项包括两个层面,其一是补偿曝险人员或系统,例如通过给予曝险人员特别补给和保险、增加系统备份零组件或增加预算等方式来弥补预期损失;其二是增加重复保险,即组织应设法提高防护能力并充分发挥多重防护网的功能。

多重防护网如图4-6所示。在正常情况下,一层防护网就可防止意外事故的发生,但在某些特殊情况下,因防护漏洞一层网并不能完全防止意外事故的发生。当危机状况穿越第一层防护网后,如果此时第二层防护网发挥作用就能阻挡危机。增加重复保险便是通过多重防护网来扩大安全边界,从而为各项作业的完成提供更坚实的保障。例如一项工作,可通过标准作业程序、防护装置、警示装置、监督人员签字及同事重复检查等多重防护方式来提高安全保障。

图4-6 多重防护网示意图

以下是补偿选项的提示或范例说明:

(1) 补偿曝险人员或系统。

(2) 增加重复保险。

(3) 给予人员特别津贴。

(4) 为人员增加意外险。

(5) 针对曝险系统备份零组件。

(6) 针对曝险系统编列预算以防各种损失。

(7) 提高保险额度。

(8) 建立抚恤制度。

(9) 提高加班薪酬。

(10) 规划替代方案。

4.3.6 增加危机

增加危机选项在金融、财务等需要杠杆操作的领域,是一个经常被采用的选项,但一般组织不常使用。

在一些特殊情况下,增加选项可以创造更多收益。例如救护车超速运送病患,这种做法虽然提高了车祸发生的概率,但及早抵达医院急诊室为拯救病患生命争取了宝贵的时间。以下是增加选项的提示或范例说明:

(1) 提高危险性以获取更大利益。

(2) 加大幅度以展现决心。

（3）提高曝光率以获得重视。
（4）提高车速以缩短运送时间。
（5）增加曝险人员数量以加快作业进度。
（6）增加曝险系统数量以加快作业时间。
（7）扩大受影响的人数以使问题受到重视。
（8）增加压力来培养抗压性。
（9）改由夜间训练以培养24小时反应能力。
（10）增加投入以获得更多收益。

4.3.7 转移危机

转移危机有时并不改变危机发生概率与幅度，而只是将损失与成本转移到另一主体单位。将危机转换到更具能力或专业技术的单位，可能会在一定程度上降低该危险状况。

转移选项可以选择转移至不同组织、不同时间、不同系统或不同地点来执行作业，转移的同时危机也会在单位内予以排除。转移选项虽是常被使用且受到分析者高度肯定的危机预防方法，但仍需注意该操作存在推卸责任的情况。例如将A单位存在危机的作业通过推诿转移给B单位，虽然A单位的危机不再存在了，但事实上它并未消失。如果B不具备比A更强的承担能力和技术，组织整体危机并不会因为转移而减少。以下是转移选项的提示或范例说明：

（1）转移到其他组织执行。
（2）转移到其他系统执行。
（3）转移到其他时间执行。
（4）转移到其他地点执行。
（5）转移到更具能力的单位执行。
（6）委外操作。
（7）使用替代品。
（8）改由资深人员操作。
（9）转移到夜间施工。
（10）转移到室外举行。

4.3.8 降低危机

大多数系统和复杂作业存在一定的危险，因此在危机预防中有必要应用降低危机的方法。面对危机时，组织应及时识别重大风险，快速确定止损点，并积极采取挽救行动。危机处置得当可以斩断组织的风险链条，并防止危机进一步恶化至不可挽回的局面。在使用降低危机的方法时，通常从下列4个方向加以思考。

1. 最低风险导向的设计

若在规划任务或设计系统之初就消除危险状况，后期就不会产生危机概率、幅度或曝险等问题。以汽车电源接线器（Jumper Cable）为例，排除错误的做法是对正负极接线头做不同设计来使两者不兼容，从而在设计上排除接错可能。

2. 加装安全装置

当一个已识别的危机状况无法完全消除，且无法经由任务或系统修正来降低其危险性时，应考虑通过安全设计或安装安全装置将危害降低到一个可以接受的水平。安全设计通常不会影响危机发生的概率，但可以降低危机的危害程度。例如，汽车安全带虽然不能预防碰撞，但它可以降低碰撞时人体受伤的幅度；诺曼手套与钢头长靴虽然不能预防危险事件或改变事件发生概率，但它们可以降低人员受伤程度甚至避免人员受伤。

3. 提供警讯装置

当任务规划、系统设计和安全设计均无法有效消除危机损害时，则可以考虑通过警讯装置监测危险征兆来引起人们注意。例如一般住宅或办公场所的火警警报器，在监测到火灾时会立即发出警报来警告人员进行疏散，以保护在场人员的安全。警讯装置通常不会降低危险的损害幅度，但可以降低危害的发生概率。警讯方式多从人因工程角度设计，并使用标准化方式以降低误判概率，如闪烁的红灯与警报声响。

4. 开发程序及训练

当利用任务规划、安全设计与警讯装置来消除都不可行时，就应通过制定程序和训练的方式来降低危机损害。没有响应危险状况所需的训练与程序，警讯系统就难以发挥自身功效，如人员虽然听到了火警警报却不知如何疏散，警讯系统便失去了原有作用。而应急响应标准作业程序开发与灾难救援的演练等，都可以提高人员对危险状况的反应能力。

综上所述，降低危机选项具有相当程度的危险控制功能，尽管它是预防主选单的最后一位，但往往是最优先考虑的选项。当分析者使用预防主选单前 7 项均无法有效减轻危机时，最后总能在降低选项中找出合适的方法。降低选项不仅能将危机减至可接受的范围，甚至还可能完全排除危机。以下是降低选项的提示或范例说明：

（1）制订最低危害计划。
（2）提供安全装置。
（3）提供警讯装置。
（4）开发程序及训练。
（5）提供安全帽。
（6）提供护目镜。
（7）提供灭火器。
（8）打预防针。
（9）安装安全带。
（10）设计检查表。

4.4 危机预防方法与途径

危机预防方法是指基于改良工程设计、增加防护措施、改良作业流程、限制曝险率、甄选人员、教育与训练、改进警示装置、激励、降低影响力、迅速复原等十项内容的危机控制方法。运用集体智慧及各阶层的管控能力，将组织危机预防选择矩阵化，如将不同训练方式应用于作业人员、领导干部、协助人员或高级主管以寻求最大范围的安全防护网。

表 4-1 列出了预防方法矩阵，该矩阵设计意在得到一份详细且完整的预防方法列表。这些方法的排列优先级体现了分析者的实际偏好，即当所有情况都相同时，分析者会选择从矩阵顶端开始依序考虑每一种预防方法并选取适用的方式。预防矩阵内的方法分为十大类组，涵盖了 45 项方法。一般而言，矩阵顶部方法是较为理想的，因为它最大限度地降低了对人的依赖性（崔海恩，2005；崔海恩等，2009）。

表 4-1 危机预防矩阵

危机预防方法（勾选）	作业人员	领导干部	协助人员	高级主管
工程改良（能量管理） □限制能量 □以较安全方式替代 □预防能量激增 □预防外泄 □推迟外泄 □在时间或空间上疏导与隔离 □针对预防方法的特别维修检查				
增加防护措施 □危险源 □防护屏障 □人员或设施 □提高安全标准				
改良作业流程 □作业流程 □作业时间（任务中或任务之间） □人机接口（人因工程） □简化任务 □降低工作负担（生理上、精神上、情绪上） □作业中断或全停				
限制曝险 □人员、装备或设施数量 □时间 □重复次数				
人员甄选 □心智标准 □情绪标准 □生理标准 □经验标准				
教育与训练 □核心工作（特别关键的工作） □领导者的工作 □紧急/意外事件应变 □安全工作 □演练				
警示 □符号/颜色标识 □声光警示 □紧急提示				

表 4-1（续）

危机预防方法（勾选）	作业人员	领导干部	协助人员	高级主管
激励 　□衡量标准 　□基本责任 　□正面/负面诱因 　□竞赛 　□强调后果				
降低影响 　□紧急装备 　□搜救能力 　□紧急救护 　□应急程序 　□后援能力				
恢复 　□人员 　□设施/装备 　□执行力				

4.4.1 危机减缓工程的改良

一般情况下，完全排除危机是不可能的，但却有多种方法来大幅度降低危机损害。在预防矩阵中，工程改良被列为首选方向，其主要思想是运用工程方式将能量来源纳入管理范围。工程改良共分为限制能量、以较安全方式替代、预防能量激增、预防外泄、推迟外泄、在时间或空间上疏导与隔离、针对预防方法的特别维修检查 7 项。

1. 限制能量

限制能量或危险物质从而有效防止事故发生，是一种安全技术措施，例如减少能量或危险物质的量、防止能量蓄积或安全地释放能量等。能量释放是危害的主要来源，应采取措施将能量释放限制在可接受范围内，如降低电压或降低速度等。以下是限制能量的方法范例说明：

（1）改用较低的电压。

（2）使用较少量的炸药。

（3）降低高度。

（4）降低速度。

（5）安装车辆限速装置。

（6）减少不必要的装备。

2. 以较安全方式替代

现行运转方式（动力来源）可能涉及具有伤害性的能量释放，对其预防方法就是寻找较安全的运转能量来代替。以下是以较安全方式替代的方法范例说明：

（1）运用风力。

（2）运用水力。

（3）运用气压。

（4）使用危险性较低的化学品。

（5）使用更稳定的炸药。

（6）使用更安全的器械。

3. 预防能量激增

突如其来的大规模能量释放是造成严重损害的来源，预防能量激增是限制能量释放的方式之一。以下是预防能量激增的方法范例说明：

（1）加装断电器。

（2）使用保险丝。

（3）使用断路器。

（4）加装稳压器。

（5）加装调速器。

（6）设计紧急停车系统。

4. 预防外泄

预防外泄主要是使用围堵、双重围堵或三重围堵的方式将能量限制在存放区，只要不外泄，能量就不会造成损害。以下是预防外泄的方法范例说明：

（1）围堵。

（2）双重封锁线。

（3）三重管制线。

（4）使用信息防火墙。

（5）加强危险品包装。

（6）严格查验人员身份。

5. 推迟外泄

当预防外泄机制因某些突发状况而失灵时，应启动推迟外泄机制，它可以让外泄过程以更加缓慢的方式进行。推迟外泄的功能首先是避免突发状况演变为灾害，其次是为处理外泄情况争取更多的时间。以下是推迟外泄的方法范例说明：

（1）使用泄压阀。

（2）使用能量吸收材料。

（3）安装冷却系统。

（4）安装淋洗设备。

（5）安装废气燃烧装置。

（6）准备拦油绳。

6. 在时间或空间上疏导与隔离

疏导和隔离主要凸显在时间或空间上进行预防。例如，开挖一条小水沟就可有效疏导有害液体，使其不致流向人员聚集地或重要装备存放区域。以下是在时间或空间上疏导和隔离的方法范例说明：

（1）自动切换程序。

（2）新增疏导设施。

（3）设置障碍物。
（4）增加距离。
（5）设置隔离线。
（6）使用分区标识。

7. 对预防方法进行特别维修检查

有时候，组织所采用的预防方法可能因为某些状况而无法发挥作用。对此，组织却不能及时察觉，这种情况下就需要对预防方法进行特别维修检查。该方法通过特别程序、检查或稽核等方式监测预防方法的作用状态，以防因其失去作用而使人员或设施曝险。以下是进行特别维修检查的方法范例说明：

（1）制定特别保养程序。
（2）制定特别检查程序。
（3）对稽核人员实施特别检查。
（4）建立定期检验或抽查机制。
（5）增加鉴定项目并进行定期检修。
（6）设立督导小组。

4.4.2 危机减缓措施强化

强化危机减缓措施共有增加危险源防护措施、增加防护屏障、增加人员或设施防护措施、提高安全标准4项。

1. 危险源

在危险源端增强防护，可将能量释放区域控制在较小范围内，避免其扩大到整体区域。以下是增加危险源防护措施的方法范例说明：

（1）设置灭火系统。
（2）采用能量吸收系统。
（3）安装反射镜。
（4）安装烟雾报警装置。
（5）安装感热装置。
（6）增加保证金。

2. 防护屏障

防护屏障可阻挡危害性能量向人员、装备、设施或环境等因素流动。以下是增加防护屏障的方法范例说明：

（1）加强护堤。
（2）加厚护墙。
（3）加大距离。
（4）安装防护网。
（5）采用人车分离设计。
（6）设计防护空间。

3. 人员或设施

增加个人防护装备或使用耐高温材料设施，都是增强防护的方式。以下是增加人员或设施防护措施的方法范例说明：

（1）增加防撞杆。
（2）安装安全气囊。
（3）增加防水用具。
（4）设置保护垫。
（5）安装安全带。
（6）增加安全组件。

4. 提高安全标准

提高安全标准门槛是指为适应环境变化对设备进行超标准设计以提高防护能力。以下是提高安全标准门槛的方法范例说明：

（1）加强原有设计。
（2）改变用品材料。
（3）物理形态调节。
（4）增设空调温控系统。
（5）增加除湿设备。
（6）增设负压设备。

4.4.3 危机减缓作业流程优化

基于危机减缓作业流程优化的预防方法共有 6 项，分别为改良作业流程、改良作业时间、改良人机接口、简化任务、降低工作负担、作业中断或全停。

1. 改良作业流程

在进行作业安排时，要优先安排困难工作或一次性安排数个不在同一作业时段的工作。以下是改良作业流程的方法范例说明：

（1）制定标准作业程序。
（2）缩短工时。
（3）严格控制工作进度并设计应急处置程序。
（4）采用三班工作制度。
（5）预先规划行程路线。

2. 改良作业时间（作业中或作业之间）

改良作业时间的重点不仅在于给员工充足时间来联系执行作业，还要为不同作业留有适当缓冲时间。以下是改良作业时间的方法范例说明：

（1）提前安排暖机。
（2）提高维修保养频率。
（3）规定完工时限。
（4）增加测试次数以提升人员警觉性并检验装备。
（5）增加员工睡眠时间。
（6）增加系统停机休息时间。

3. 改良人机接口（人因工程）

好的人机接口是使用适合装置及进行有效人因工程设计的保证。以下是改良人机接口的方法范例说明：

（1）设计防停滞系统。
（2）研发省力装置。
（3）辨别颜色/形状/大小/声音区别。
（4）加强生理训练并了解人的承受极限。
（5）采用排错设计。
（6）采用防错设计。

4. 简化任务

简化任务的重点在于提供工作辅助力量、减少步骤、提供工具等。以下是简化任务的方法范例说明：

（1）减少作业程序。
（2）采用通用文件格式。
（3）采用操作简便的装备。
（4）减少非核心工作。
（5）减少工作项目。
（6）简化故障维修程序。

5. 减轻工作负担

减轻工作负主要基于生理、精神及情绪等方面的设计。以下是降低工作负担的方法范例说明：

（1）设定负重限制。
（2）自动计算并监督作业。
（3）避免过度压力。
（4）提供休息时间。
（5）安排休假、分散高风险作业。

6. 作业中断或全停

作业中断或全停的具体做法是设定检查点，当监测到危险状况时系统全部关闭，危险解除后重回先前作业。以下是作业中断或全停的方法范例说明：

（1）设计备用停工系统。
（2）加装全停开关。
（3）设定停损点。
（4）加装全停警铃。
（5）拟订疏散计划。
（6）明确界定全停红线。

4.4.4 危机减缓的危险暴露限制

基于危险暴露限制的危机减缓措施主要包括限制人员、装备或设施数量、限制时间和限制重复次数 3 项。

1. 限制人员、装备或设施数量

限制人员、装备或设施数量即仅让必要的人员与设施曝险。以下是限制人员、装备或设施数量的方法范例说明：

(1) 更改为分批次作业。
(2) 严格管制并只让操作人员进入。
(3) 限制使用人数。
(4) 非授权人员禁止操作设备。
(5) 出勤车辆管制。
(6) 设定设备用户权力。

2. 限制时间

限制时间犹如在最后一刻才携带炸药，目的是通过减少曝险时间从而降低危机发生的概率。以下是限制时间的方法范例说明：

(1) 减少停留时间。
(2) 限制人员工作时数。
(3) 行程延后。
(4) 采取轮班制度。
(5) 非值班人员不得停留工作区。
(6) 分散装备使用时间。

3. 限制重复次数

减少重复操作次数可限制曝险率进而降低危机发生的可能性。以下是限制重复次数的方法范例说明：

(1) 扩大人员编组以降低个人曝险率。
(2) 增加装备数量以降低个别装备曝险率。
(3) 按照计划严格管制。
(4) 执行前须由主管签字核查才可执行。
(5) 每日不得重复 2 次。
(6) 限制装备使用范围。

4.4.5　危机预防人员选拔

危机预防人员选拔包括心智标准、情绪标准、生理标准和经验标准 4 项。

1. 心智标准

心智标准，要求甄选危机预防人员时重点考察智力、技术、专业和熟练度等因素。以下是基于心智标准的预防方法范例说明：

(1) 由具备执业资格的人员担任。
(2) 选派合格人员执行。
(3) 制定考核机制。
(4) 制订专项训练计划。

（5）未通过基础训练不得执行作业。
（6）人员具备执业资格证书。

2. 情绪标准

情绪标准，要求在甄选危机预防人员时重点考察情绪稳定性与成熟度两大因素。以下是基于情绪标准的预防方法范例说明：

（1）完成心理测评。
（2）建立定向测试制度。
（3）实行同事访谈制度。
（4）具备高度适应力。
（5）具备高度专注力。
（6）具备压力管理能力。

3. 生理标准

生理标准，要求在人员甄选时重点考察人员生理负荷能力。以下是生理标准的预防方法范例说明：

（1）规定人员体力要求。
（2）规定人员必备的负重能力。
（3）规定人员的运动能力。
（4）规定人员的耐力。
（5）规定人员的体形。
（6）规定生理标准等级。

4. 经验标准

经验标准，要求在人员甄选时必须重视执行能力与丰富的实务经验。以下是经验标准预防方法范例说明：

（1）由资深人员监督。
（2）由具有经验的人员执行。
（3）由专业人员操作。
（4）由熟练人员操作。
（5）工作实际经验达到100小时以上。
（6）完全符合员工资格。

4.4.6 危机预防教育与训练

与单纯的危机管理教育不同，危机教育与训练不仅要求进一步强化员工的危机意识，更强调员工掌握必需的危机管理知识、提高危机处理技能和面对危机的心理素质，进而提升整个组织的危机应对能力。危机预防教育与训练主要包括核心工作、领导者工作、应对紧急/意外事件、安全工作和演练等5项。

1. 核心工作（特别关键的工作）

危机预防教育与训练的核心工作包括界定关键能力、训练、测试与评分等。以下是核心工作的方法范例说明：

(1) 界定关键能力。
(2) 制定训练标准。
(3) 制定测试与评分标准。
(4) 定期实施复训及取证。
(5) 加强测试考核。
(6) 加强人员训练。

2. 领导者工作

危机预防教育与训练中的领导者工作包括界定必要的领导能力、标准、训练、测试与评分等。以下是领导者工作的方法范例说明：

(1) 界定必要的领导能力。
(2) 界定领导能力标准。
(3) 加强领导技能训练。
(4) 制定领导者测试与评分标准。
(5) 适当调整主管职位。
(6) 定期提供主管在职训练。

3. 应对紧急/意外事件

危机预防教育与训练中，应对紧急/意外事件包括应急响应的界定、分工、训练，以及检验应变能力等。以下是紧急/意外事件应对的方法范例说明：

(1) 定义应急响应事项。
(2) 规定应急响应分工。
(3) 规定应急响应各单位责任。
(4) 修订紧急状态规定。
(5) 定期训练。
(6) 定期检验组织应变能力。

4. 安全工作

危机预防教育与训练中，安全工作包括界定危机、预防危机和危机准备等。以下是安全工作的方法范例说明：

(1) 加强危机反应能力训练。
(2) 培养危机意识。
(3) 防止危机进一步发展。
(4) 维持安全标准。
(5) 提升预警能力。
(6) 建设危机数据库。

5. 演练

演练样式很多，其目的在于训练与检验，主要包括专题研讨、技术演练、桌面推演、功能演练与全面演练等。以下是演练的方法范例说明：

(1) 定期演练以确保程序有效性。
(2) 定期演练以确保技术高效性。

(3) 定期演练以验证联动接口。
(4) 加强模拟训练。
(5) 增加演练次数。
(6) 采用专题研讨型演练。

4.4.7 危机预防警示与标识

基于警示与标识的危机预防主要有符号/颜色标识、声光警示和紧急提示3项。

1. 符号/颜色标识

符号/颜色标识可采用文字信息,如内有恶犬、有毒等;可采用不同形状,如三角形、圆形、菱形等;亦可采用醒目颜色,如黄色、红色等。以下是符号/颜色标识的方法范例说明:

(1) 提供指示标志。
(2) 提供警示锥。
(3) 道路标示。
(4) 增加逃生标识。
(5) 设立禁止牌并严禁非作业人员靠近。
(6) 执行人员需配置识别性证件。

2. 声光警示

声光警示,即在视觉或听觉上警示强调。以下是声光警示的方法范例说明:

(1) 安装警铃。
(2) 使用信号弹。
(3) 安装闪光灯。
(4) 安装警示灯。
(5) 安装警笛。
(6) 增加人员哨音警示。

3. 紧急提示

紧急提示,指通过简报方式重申警告、强调危害或进行教育,进而达到提醒效果。以下是紧急提示的方法范例说明:

(1) 重复程序训练。
(2) 实施标准规范。
(3) 进行安全教育。
(4) 提示安全规定内容、意外征兆及处置方式。
(5) 提前告知停电(水、气)时间。

4.4.8 危机预防的多渠道激励

基于多渠道激励的危机预防可归类为衡量标准、基本责任、正面/负面诱因、竞赛、强调后果等5项。

1. 衡量标准

衡量标准，指依据作业执行状况界定可接受的最低危机预防水平。以下是衡量标准的方法范例说明：
（1）建立衡量标准制度。
（2）公布奖惩标准。
（3）规定禁止行为。
（4）建立酒精及药物检测标准。
（5）设立评议机构。
（6）建立任务绩效评价标准。

2. 基本责任

基本责任，即在必要作业频率与细节水平上评定组织绩效。以下是基本责任的方法范例说明：
（1）实施定期评估。
（2）设置常态核查小组。
（3）划分责任区。
（4）建立责任机制。
（5）设立正式职位。

3. 正面/负面诱因

正面/负面诱因是指建立有意义的个人、团体奖励与惩罚制度。以下是正面/负面诱因的方法范例说明：
（1）运用奖惩制度强化责任意识。
（2）给予行政奖励/处分。
（3）提供奖金。
（4）提供奖章/勋章。
（5）口头奖励/训诫。

4. 竞赛

竞赛是指在公平的基础上进行个人或团体的良性竞争。以下是竞赛的方法范例说明：
（1）定期分组评比。
（2）理论知识竞赛。
（3）实践技能竞赛。
（4）颁发奖状/牌/杯。
（5）颁发荣誉旗帜。

5. 强调后果

强调后果是指运用图文、音像等方式展示不安全行为可能带来的危害，达到警示教育的效果。以下是强调后果的预防方法范例说明：
（1）张贴倡议海报。
（2）开展案例教育。
（3）制作宣传手册。
（4）增加宣传经费。

(5) 播放事故警示教育影片。
(6) 强调赔偿责任。

4.4.9 危机预防能力保护

能力保护方法包括增强救援决策科学性、救援装备先进性、个体防护安全性，以及救灾工作结束后补偿慰问等。基于能力保护的危机预防共分为紧急装备、搜救能力、紧急救护、应急程序和后援能力 5 项。

1. 紧急装备

灭火器、紧急修补材料或防溢材料等紧急装备可直接降低事故损害。以下是紧急装备的方法范例说明：

(1) 安装自动消防系统。
(2) 提供无线电连通器材。
(3) 在各站点存放备料。
(4) 储备应急粮食与物资。
(5) 保障电力设备。
(6) 备份紧急照明设备。

2. 搜救能力

良好的搜救能力和协调机制可以极大降低事故危害程度。以下是搜救能力的方法范例说明：

(1) 成立搜救小组。
(2) 增加搜救装备。
(3) 购置生命探测器。
(4) 协调直升机搜救机制。
(5) 加强搜救训练。
(6) 安装紧急定位系统。

3. 紧急救护

培训急救人员、提高受害者自救意识、完善医疗设施等，有助于开展紧急救护工作。以下是紧急救护的方法范例说明：

(1) 加强自救训练。
(2) 提供解毒剂/针。
(3) 增设紧急淋洗设备。
(4) 安排急救车辆待命。
(5) 准备医疗器材。
(6) 成立紧急救护小组。

4. 应急程序

应急程序，即制订额外的应急响应计划，以及协调参与应变的相关单位等。以下是应急程序的方法范例说明：

(1) 备份用水支持机制。

(2) 吸纳应急人员并定期培训。
(3) 建立通报机制。
(4) 建立应急中心与指挥体系。
(5) 增加公关人员。
(6) 制订紧急避难疏散计划。

5. 后援能力

后援能力是指在主要方法无法发挥作用时，可以转换为其他方法继续作业不致中断任务。以下是后援能力的方法范例说明：

(1) 建立职务代理人或双执行长制度。
(2) 与其他单位协调支持装备。
(3) 预备另一组人员/设置 AB 岗。
(4) 建立合格人员编组。
(5) 准备另一组备份系统。
(6) 编制支持小组。

4.4.10 危机预防能力恢复

基于能力恢复的危机预防方法包括人员恢复、设施/装备恢复和作业能力恢复 3 项。

1. 人员恢复

人员恢复是指组织人员重返工作岗位并通过各种方法重建信心，使组织继续运转并发挥功能。以下是人员恢复的方法范例说明：

(1) 建立安抚机制。
(2) 开展心理辅导。
(3) 安排心灵成长课程。
(4) 实施职业倾向筛检/分析。
(5) 调配人员休假时间。
(6) 加强人员再教育。

2. 设施/装备恢复

设施/装备恢复是指让重要设施、装备恢复正常作业，从而使组织业务不致停顿。以下是设施/装备恢复的方法范例说明：

(1) 筹购预备机具。
(2) 筹购预备用料。
(3) 重新检查装备。
(4) 清除环境污染物。
(5) 限时修复装备。
(6) 开展装备检查。

3. 作业能力恢复

作业能力恢复集中于危机重建阶段，旨在将所有成功要素重新整合以利于发挥整体功效。以下是作业能力恢复的方法范例说明：

（1）抢修人员不得同时休假，以确保故障设备迅速恢复。
（2）拟订安全评估与改善计划。
（3）组成相关工作小组，指导恢复工作。
（4）向全体人员通报事件处置情况。
（5）制订恢复计划。
（6）强化重点能力。

4.5 危机预防常见问题

4.5.1 危机预防的借口

危机管理中，组织可能对危机持错误的观念和认知，如组织可以保护成员、危机会自己平息、危机是注定的、危机无须预防、缺乏危机管理知识、危机管理不利于组织进步等，这些误区都会成为组织不实行危机管理的借口（Mitroff II、Pearson CM，1993；詹中原，2004）。事实上，危机发生都有其内在因素，对危机抱以侥幸心理或者放任态度将给危机爆发留出充足的时间和机会，使其爆发成为必然。

1. 组织可以保护成员
（1）组织规模足以保护我们。
（2）一个优秀组织不需要正式的危机管理计划。
（3）管理完善的组织不会有危机。
（4）危机管理或危机预防是一项奢侈品。
（5）这些危机只会发生在其他组织。
（6）带来坏消息的员工是在无事生非，将会受到惩处。
（7）专注于工作的员工不会产生问题。
（8）高获利就必须承担高风险。

有些组织自以为过去情况良好就放松警惕，并认为只有那些情况较差的组织才会运用危机管理来掩饰管理上的弱点。过分自信的组织常常很自然地产生一些说辞而不去预防，不能做到对最坏情景未雨绸缪。

2. 危机会自己平息
（1）大部分危机会自己平息，危机发生时正常运营就可以，不需要采取其他特别措施。
（2）只要有技术与经费，问题就可以速战速决。
（3）危机发生时有足够的时间应对。
（4）大部分危机是个人疏失所致，没必要检讨组织管理架构或组织文化。

组织能否迅速进入状态并解除危机，取决于组织平时所做的危机准备。若组织能通过危机考验甚至化危机为转机，便可实现自我提升，否则组织将陷于不利境地。

3. 危机是注定的
（1）危机无可避免，预防是没用的。

(2) 危机一定是负面的。
(3) 危机一旦发生,一定会有其他人来解救。
(4) 危机管理是专业人士的责任。
(5) 意外是组织运营必须付出的代价。
(6) 每一个危机都是独一无二的,根本无法预防。

许多组织尽管已经尽力预防,但仍有超出预期的危机发生。这并不意味着组织可以不做准备,反而对其培养降低危机损害能力和建立危机应变机制提出了更高要求。只有具备这些能力与机制的组织,才能从容面对包含创造与破坏、生存与死亡、秩序与混乱的危机。这更凸显了持续学习危机管理的重要性。

4. 危机无须预防
(1) 只有组织领导人需要了解危机管理计划。
(2) 危机管理计划对组织运营没有帮助。
(3) 危机发生时参考手册应对即可。
(4) 危机发生时,个人会自动采取行动。
(5) 组织知道如何操纵媒体。
(6) 危机发生时,最重要的是通过公关及广告活动维护组织形象。
(7) 危机发生时,最重要的是确保组织正常运营。

危机管理的最好结果是消除危机,而危机预防工作是消除危机最好的方法,因此必须重视危机发生前的预防工作。危机管理的最佳方向是凡事做最坏打算但做最好准备。

5. 缺乏危机管理知识

危机管理是组织为应对各种危机情境所进行的决策规划、动态调整、化解处理及员工培训等活动过程,其目的在于消除或降低危机所带来的威胁和损失。但人们通常并不重视这项工作,认为危机管理是很复杂的过程,还是做自己熟悉的事比较简单。

应该认识到,即使缺乏危机管理的全方位知识,组织也应该积极采取适当行动以应对各种不利形势。

6. 危机管理不利于组织进步
(1) 过多的安全需求会阻碍组织进步。
(2) 我们没有多余的经费支持危机管理机制。
(3) 危机管理会占用组织发展及壮大的宝贵时间。

忽视安全且具有危机倾向的组织,如果再充斥着自我膨胀或自我退缩的组织文化,其必然会发生意外。不允许组织人员开展危险活动,并不意味着阻碍组织的成长与进步,要认清两者之间的区别。

此外,组织应随时做好防范突如其来的危机的准备,事前预防花费的成本要远低于事后

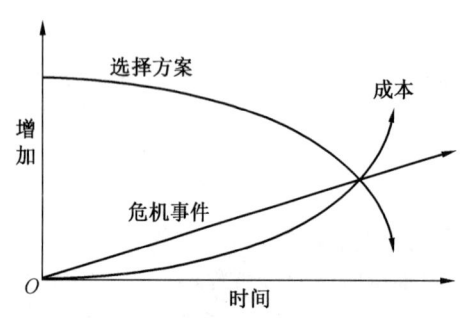

图4-7 处理危机事件的成本与选择方案的关系

处理。从图 4-7（Regester M，Larkin J，2002）可以看出，危机事件发生后，随着处理时间的增加，危机应对成本与可供选择方案的关系：总的来说，危机事件处理时间越长，可供选择的解决方案就越少，所花费的成本越高。

4.5.2 危机预防的陷阱

危机预防有许多陷阱，这会导致组织内部出现问题，主要体现在主观回避危机、对危机的片面认识、技术决定论和个人情绪阻碍危机管理 4 个方面。因此，要认清危机本质，避免掉入危机预防陷阱，同时还要培育良好的组织文化并扫除系统障碍，这样才能有效执行危机管理工作。

1. 主观回避危机

主观回避究竟是如何阻碍危机预防的呢？在进行危机预防时，很多个人或组织觉得危机发生的概率应该很小，其实这都是偏向自己内心的主观看法。因此，在危机管理中一定要跳出固有思维，采取客观方法对可能发生的状况做风险评估，逐个分析并区分其轻重缓急。

2. 片面认识危机

很多组织主管在处理危机时只考虑自己了解的部分，这种片面认识会使危机处理缺乏全局考虑，从而导致组织状况更加严重。因此，管理危机中需要开拓全方位视野。

3. 技术决定论

不可否认，先进的技术有助于降低危机发生概率或对快速解决危机有很大帮助。然而，危机管理除了技术层面外，还包括政治、医学、社会、管理、组织、道德、科学等许多方面，当今社会仅依靠技术不可能解除或避免所有危机。

4. 个人情绪阻碍危机管理

当危机发生时，许多人会拒绝与外界对话，因为危机本身已经使其产生焦虑，与外界对话可能促使其面对更多焦虑，这表明危机与情绪之间存在着密切联系。情绪压抑的人害怕受到外界干扰，几乎会断绝与外界所有接触。相反，正向自我关注的人会认真审视自身不足并努力了解危机的破坏性，以此来更好地认识危机现象并明确自己面对危机时的责任（Pauchant TC，Mitroff II，1992）。

阅读材料

日本福岛核事故

2011 年 3 月 11 日，日本东北太平洋地区发生里氏 9.0 级地震，继发生海啸，该地震导致福岛核第一核电厂 6 台机组停止运转。其中 1~3 号机组虽立刻进入自动停机程序，但由于当时机组与电网连接大规模损毁，只能依赖紧急柴油发电机驱动电子冷却相关系统完成停机。海啸随即淹没了紧急发电机室并损毁发电机，这使得冷却系统停止运转，反应堆开始出现过热现象。之后的几小时到几天内，1、2、3 号机组的堆芯相继熔毁，反应堆温度飙升并在高温下陆续爆炸，部分金属保护壳破裂，致使辐射物质外泄。事故期间东京电力公司（简称"东电"）员工虽尽力冷却反应堆，但由于当时发生了几次氢气爆炸，致使无法阻止辐射外泄事故的发生。

本次事故不仅导致该核电厂 6 台反应堆全部报废，还造成福岛地区产生严重电力缺口和放射污染，大量放射性物质进入土壤与大海。日本政府在距离核电厂 30~50 千米的区域，检测出了超高浓度的放射性铯，这对当地农业经济造成极其严重的伤害。核电厂半径 20 千米内的居民也因此被迫疏散，造成超过 10 万人处于避难状态。

除人员伤亡和经济损失外，本次事故也以环境灾害形式持续蔓延。事故发生后 2 年多，东电在各方压力下才承认核电厂放射性污水在泄漏后流入太平洋，多达数百吨的高放射性污水因储存槽变形而外泄。外泄污水足以危害员工健康，被评定为国际核事故分级表中的第三级。这迫使日本政府采取紧急措施并投入数百亿日元经费用于阻止污水外泄、建设冻土墙与除污装置，以及将完好但停机的其余反应堆也进行销毁。

在核事故发生前，东电分别在 2007 年、2009 年估算过，如果福岛县海域发生里氏 8.3 级规模的地震，袭击福岛第一核电站的海啸高度最高可达 15 米。为节省建厂成本与巨额的冷却电费支出，在比较反应堆与发电机等设备安装的难易度之后，东电决定大规模开挖，将原始厂址高度由 35 米降低至 10 米。然而，东电因为成本问题没有加高海啸墙，这使得本次海啸成功侵入发电厂并损毁了相关设备。

任何组织在预测到危机存在时，除了强化生产系统外还需对破坏系统的因素进行充分考虑，而不能将相关预防工作从成本角度进行取舍。东电建厂时，认为当地最大海啸高度不会对发电厂构成威胁，因而没有增高厂外防海啸墙甚至将发电机等重要设备布置在地下区域。这导致在极具破坏性的海啸发生时，组织缺乏足够应变能力而被迫面对更严峻的灾难。

【本章重点】

1. 前危机时期最为重要，也是最容易处理的阶段。此时虽有症状却不明显，因此多数人不易察知。或者，虽已发现但主观上不接受或受制于其他因素，迟迟不行动坐视危机发生。

2. 墨菲定律：可能出错的终究会出错！

3. 多米诺骨牌理论认为事故发生是因人、机、环、任务、管理五者间的关系无法调合以及互相牵绊导致。事故发生是由一连串普通程序性错误结合所致，只要排列中一张骨牌被推倒就会产生连环倾倒的结果。

4. 错误链理论认为，事故发生并非仅由单一原因造成，它是由一连串事件所组成的环环相扣的链节造成，只要打破其中一个链节危险事件就不会发生。

5. 奶酪理论认为，每一片奶酪都是有孔洞的，其代表每一环节可能产生的失误。当一项失误发生时，失误就会穿过该片奶酪的防线；如果与第二片奶酪的孔洞位置正好吻合，失误就会穿过第二片奶酪；当许多片奶酪刚好形成串联关系时，失误会完全穿过所有奶酪，这就表示事故最终发生了。

6. 圆盘漏洞理论认为，构成系统运转的数个基本要素"人、机、料、法、环"，就像数个穿在一根轴上又按照各自规律运转的圆盘。每个圆盘上存在不同的漏洞，当5个圆盘的漏洞在某个时机正好对齐时，光线就可以穿过圆盘组合，这时事故就发生了。

7. 预防接种理论认为，提前告知危机的相关信息可使目标对象预先产生危机抗体。一旦危机发生，目标对象就会形成一种免疫状态，从而免遭危机的刺激与影响。

8. 煮蛙效应认为，安逸的环境容易沉迷其中，最终让组织慢慢消沉与堕落。人们对突如其来的危险有着极高的警惕性，但对那些不太明显的危险警惕性往往不够。如果不能时刻对周围的危险保持警觉，则可能给自身带来灾难。

9. 破窗效应认为，环境中的不良现象如果被放任就会诱使人们仿效，甚至变本加厉。

10. 危机预防策略包括拒绝危机、避免危机、延后危机、分散危机、补偿危机、增加危机、转移危机、降低危机等8个选项。它们虽然各自独立或各具不同含义，但选项间的界线并不太明确，彼此之间互有重叠。这些重叠最主要的用意在于建构一个缜密的防护网以达到不遗漏任何策略的目标。

11. 危机预防方法与途径共有45项，主要可划分为危机减缓工程改良、危机减缓措施强化、危机减缓作业流程优化、危机减缓的危险暴露限制、危机预防人员选拔、危机预防教育与训练、危机预防警示与标识、危机预防多渠道激励、危机预防能力保护与恢复十大类组，以此寻求大涵盖面的安全防护网并提供危机管控措施。

【本章习题】

1. 试述墨菲定律的启示。
2. 试述错误链理论的启示。
3. 试述煮蛙效应的启示。
4. 试述破窗效应的启示。
5. 危机预防有哪些陷阱？
6. 组织避开危机侵袭的两个要点是什么？
7. 组织应从哪些方面提高能力并建构危机预防机制？
8. 建立危机预防机制的步骤是什么？
9. 说明危机预防策略中的避免危机策略。
10. 说明危机预防策略中的转移危机策略。
11. 分散危机策略包括哪两个方向？
12. 危机补偿策略包括哪两个层面？
13. 说明危机预防策略中的增加危机策略。
14. 以降低危机策略作为危机预防方法时，可通过哪4个方向进行思考？
15. 列举危机减缓的工程改良中有哪些方法？
16. 列举危机减缓的防护措施强化中有哪些方法？
17. 列举危机减缓的作业流程优化中有哪些方法？
18. 危机减缓的危险暴露限制可运用哪3个方向思考危机预防方法？
19. 危机减缓人员选拔归纳了哪些选拔标准？
20. 危机减缓警示与标识归纳了哪些预防方法？

5 危机准备

组织可能遭遇不同种类危机的侵袭，其后果取决于危机发生的概率与严重程度。因此，危机管理人员应当理清哪些是易于给组织带来损害的危机，在危机评估及排序的基础上根据可能性与严重性拟订危机管理计划等。事实上，对所有危机做好准备是极其困难的，但针对任意一个危机群组或每一种危机类型中的某个危机做好准备，在某种程度上却是可以实现的。

危机准备依其周密性可分为低阶、中阶和高阶3种层次。其中，低阶层次的危机准备多限于传统的消防灭火及安全措施等；中阶层次的危机准备通常针对自然灾害（风灾、水灾、地震、海啸等）或事故灾难（火灾、爆炸、有毒气体泄漏等）建立一个被动式的响应计划，该层次准备对上述事故灾难以外的危机是不做防范的；高阶层次的危机准备，则体现为组织对每一个危机或每一种危机类型中的至少一个危机做出计划及准备，且至少采纳所有应对措施中的一种进行反复演练及修正。

本章介绍的危机准备，其相关实务要求主要包括成立危机小组、挑选及培训发言人、研拟危机管理计划以及危机应对模拟演练等。

5.1 危机准备的内容

5.1.1 危机准备的层次

有的组织的危机准备只关注两点，即财务评估和责任与法律问题，这便造成只要发生危机就去找律师。一些组织则将保险与危机管理混为一谈，认为危机管理只是被动响应，在危机发生之前做准备就像买保险一样是成本浪费。事实上，这些观念忽略了危机管理的竞争优势，即组织面临危机的严重程度通常与其危机准备成反比。危机准备依据准备的周密性可分为低阶、中阶及高阶3个层次。

1. 低阶危机准备

危机准备的低阶层次多指传统救火及安全措施等工作，其应用范围有限。该层次危机准备中，组织虽有预防计划，却很少有危机响应计划，并且未建立组织恢复系统。采用这种危机准备层次的组织，是不会从过去的错误或从其他案例中进行反思与学习的。

2. 中阶危机准备

危机准备的中阶层次对自然灾害（风灾、水灾、地震、海啸等）、事故灾难（炸弹威胁、爆炸、火灾、毒气泄漏等）有被动的响应计划，然而，组织对这些灾害以外的危机并没有防范措施。尽管这类组织可能拥有灾害预防及恢复的机制和措施，但并未针对其他类型危机提出应对计划，如勒索、信息外泄、著作权侵犯等经济类议题。他们也不会分析各种利益相关者如何导致危机或受到主要危机何种影响，其危机管理计划的内容仍着眼于组织内部人员。

3. 高阶危机准备

危机准备的高阶层次是指组织至少针对每一种危机类型中的一个危机制订响应计划并做好准备。这类组织至少会采纳所有应对措施中的一种并进行反复的演练与修正。危机准备的高阶层次中包含早期预警机制，该机制规范了各类预防行为。同时，建立较完善的危机预防机制，能在一定程度上提高组织人员的风险意识与应对能力。高阶层次危机准备的特点与能力如下：

（1）具有评估潜在危机的能力。

（2）可识别监测早期的危机征兆。

（3）能迅速将危机征兆列为优先处理项目。

（4）能精确识别个人、组织和技术产生危机的原因。

（5）拥有处理危机的必备能力。

（6）不会轻易忽视或否认危机的存在。

（7）具备法律、伦理及人道关怀意识。

（8）拥有反应迅速且可有效决策的危机管理团队。

（9）具有调查和评估危机发生可能性及概率的能力。

（10）拥有配套设施，组织在面临危机时能正常运作。

（11）具备与政府、媒体及利益相关者有效沟通的能力。

（12）拥有恢复机制，有助于尽快恢复常态。

5.1.2 危机准备的工作

组织通过弱点分析找出得分最高，即发生可能性和冲击力最大的危机，然后针对性开展危机准备工作。危机准备工作包括但不限于成立危机小组、挑选及训练发言人、判定危机管理计划及危机模拟训练等。组织应时刻警惕，做好危机准备以随时应对危机。危机准备的 6 项工作如下：

（1）确定危机类型。

（2）评估危害与重要性。

（3）组成危机管理小组并开展培训。

（4）挑选及训练发言人。

（5）制订危机管理计划。

（6）开展仿真模拟训练并检查沟通体系。

组织可能遭遇不同类型危机的侵袭,因此必须认清哪些危机容易造成损害。发生概率和严重程度预示着危机的重要性,在完成危机评估并进行排序后,组织应依序展开危机准备工作。

针对所有危机做好准备非常不易,但就每一危机群或每种危机类型中的某一危机做好准备,是相对容易的。如果损害是由不同类型危机所导致,这时只针对某一危机做准备,作用就很有限了(Mitroff II,Pearson CM,1993)。

5.2 危机管理计划的制订

20世纪80年代末期,有超过50%的大型组织拥有危机管理计划,令人遗憾的是,这个比例如今也只停留在60%左右。许多组织认为,完成危机准备就能确保万无一失,事实上危机准备之后还有大量具体工作要做,危机管理计划、危机小组、危机征兆或危机沟通体系都只是整个管理过程的一部分。在此专题介绍危机管理计划,理论上一个良好的危机管理计划具备以下特征(Mitroff II,Pearson CM,1993):

(1) 通过现有危机预测其可能衍生的危机。如果不能妥善处理现有危机,则可能导致其他衍生危机的发生。

(2) 可以发现早期危机征兆。

(3) 尽可能地进行危机预防准备。导致危机发生的原因来自很多方面,如人为、机械、环境、技术、管理及其他组织等内、外部因素,应提早做好准备。

(4) 找出可能影响危机或被危机影响的利益相关者。

实践表明,大多数危机管理计划无效的原因是不能正确响应危机,不考虑其基本特征,任何危机管理计划实施都可能导致更多损害。不重视整个管理过程,组织就无法从危机管理计划中获益。

5.2.1 危机管理计划的主要构成

危机的类型、阶段、系统及利益相关者(Stakeholders)是危机的4个主要构成要件,也是危机准备的主要思考方向。表5-1列出了这4个构成要件涵盖的问题及要点(Mitroff II,Pearson CM,1993),它们彼此紧密相关,在拟订危机管理计划之前应逐一探讨其在危机事件中的作用。

表5-1 危机管理计划相关议题及事项

类型
□组织危机响应计划的范围是什么
□判断危机的标准是什么
□组织应该为哪种危机做准备
□组织可以忽略哪些危机
阶段
□所有危机经历的时间阶段
□每个阶段的详细活动是什么
□每个阶段需要进行哪种管理
□应该采取哪种响应模式:主动或被动

表 5-1（续）

系统
□ 哪些变量会引发危机，应该如何预防
□ 哪些资源可以管理这些变量
科技
组织结构
人为因素
组织文化
情绪因素
利益相关者
□ 哪些人会影响危机管理
□ 哪些人受到危机管理的影响
□ 如何系统地分析利益相关者

1. 类型

潜在危机很多，即使经费再充裕的组织也不可能针对所有危机做准备，因此组织必须知道要为哪种危机做准备，哪些危机一定要被放在计划中而哪些不需要，这些要有明确的选择界定。

2. 阶段

大部分危机都会经历特定的发展阶段，每个阶段都有特定的活动及处理方式，组织不能仅是被动应对危机。图 5-1 为主动与被动反应下危机的冲击程度随时间变化的关系，由图可见，降低危机冲击必须依赖于组织主动应对。

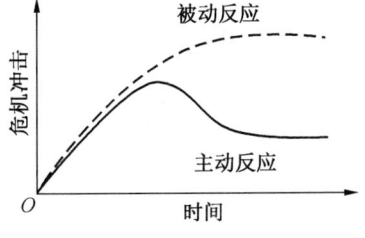

图 5-1　面对危机的主动与被动反应

3. 系统

一些变量在危机的起因或起源上扮演着重要角色，这些变量包括技术、组织、文化以及情感等层面因素，它们被统称为系统。这些变量的内容是什么，彼此间关联如何，哪些技术应当加强训练，正确处理或无效处理差异在哪里，其具体内涵、相关联系都必须明确。

4. 关系

关系指利益相关者，该方面应重点关注哪些团体、个人、组织或机构可能影响危机管理，或容易受到组织危机管理的影响，以及可否系统分析利益相关者在危机应对中的重要性及参与度。

5.2.2　危机管理计划的组成要素

危机准备是危机管理的重要一环，而危机管理的首要条件是危机管理计划，在此简要罗列危机管理计划（附表 12）的必备要素如下：

（1）对组织危机管理哲学和危机管理计划重要性的描述。

（2）对组织制订危机管理计划的事件、状况或问题做明确界定。

（3）列出影响组织潜在危机的情形及未来可能面对的危机类型。

（4）组织整体目标与危机管理目标。

（5）危机管理团队人名单、手机、座机、传真号码以及其他联系方式。

（6）危机响应程序。

（7）紧急情况下需要接触的新闻媒体。

（8）组织第一及第二发言人名单。

（9）危机中需要立即采取的行动步骤。

（10）危机发生时及结束后所需要的关于组织或其他方面的危机征兆与背景数据。

（11）最新的员工名单。

危机准备应持续改进和完善。危机准备各项要素随着组织本身、人员、环境和科技等因素的变化而变化，因此组织应及时检验和修正危机准备要素。所谓修正，包括更新危机管理计划、授予危机管理小组最新技能、重新评估危机管理组合与改善危机沟通体系。因此，危机管理计划还包括如下工作程序（Caponigro JR, 2000）：

（1）指派专门负责人。

（2）编列专门预算。

（3）将危机管理列入年度计划。

（4）组织内部成立危机管理团队。

（5）设立指挥中心、媒体接待室、信息中心与私人访谈室等。

（6）每年至少进行一次组织内部弱点分析。

（7）针对发生概率最高的危机设想最坏情景，并拟订计划进行防范及管理。

（8）每年定期更新组织的危机管理计划。

（9）为相关人员准备危机响应手册。

（10）针对重要危机拟定情况概述、背景说明书、备忘录、新闻稿与立场声明书草稿，危机发生后进行快速针对性修订。

（11）听取组织外部顾问的建议，外部顾问包括法律以及危机管理等专业人士。

（12）拟订危机模拟训练计划并定期实施演练。

（13）指派专人接受媒体训练。

危机响应手册应根据危机管理计划中每一责任人的工作内容和职责加以制定，以此作为危机发生期间具体行动指南（附表13）。有效执行危机管理计划应具备的条件包括：

（1）专人负责将危机管理计划融入组织整体计划并将此作为决策者工作职责和业绩评定的重要部分。

（2）召开中高层管理人员研讨会，审查危机管理计划并讨论各自危机应对角色。

（3）安排专人与危机管理计划接受人员面对面会谈，确认并听取专家意见建议以改进计划。

（4）确保危机管理团队会议检查和讨论危机管理计划并实施修订。

（5）危机响应手册。根据危机管理计划中每一责任人的实际情况，制定其具体行动指南。

5.2.3 危机管理组织架构与小组设置

组织高层领导应全力支持危机管理团队建构与小组设置，应指示并授权各部门负责人参与危机预防机制的贯彻执行，并成立跨部门的危机管理工作小组。小组成员人数视组织规模及相关资源而定，人员越广泛对组织内部危机预防理念的建立越有帮助，危机预防计划拟订过程也就更能做到集思广益。

危机管理工作小组包含多个不同功能的部门及领导层，小组设置可结合以下组织功能：

（1）高层领导成员。负责统筹危机管理计划的全部事宜，指导并授权中层领导成员及各部门执行计划。高层领导成员要具备强烈的危机意识，为潜在危机做好准备，着力强化全员危机意识并领导建构组织危机管理体系。

（2）中层领导成员。中层领导成员要根据上级要求对各部门进行管理，充分发挥各部门功能来执行相关任务，并提供相关信息以利于计划的落实；同时，发挥沟通桥梁作用完成上传下达工作，及时向高层领导汇报危机状况并督促下级执行部门履行危机应对职责。

（3）劳动保障部门。负责危机预防宣传工作，让所属基层人员了解危机预防的重要性，使每一位成员能依照危机预防机制执行相关措施，促进组织危机管理文化的建立。

（4）人力资源部门。人力资源部门应妥善规划组织内部的人力资源，在危机预防工作中分工合作并各司其职。同时，检视内部人力资源缺口，针对性规划内部需求或寻求外部支持，以弥补相关专业的不足。

（5）工程及维护部门。组织内部负责工程及维护的人员应提出相关专业意见，并根据工作特性、资源及人（物）力情况规划人员危机预防任务。

（6）安全、卫生及环境部门。组织内部负责人员安全、卫生及环境控制的部门，应掌握组织内部编制情况及专业能力，以确定其能否处理相关紧急情况，并为危机管理工作小组提供专业咨询。该部门工作尤为重要，组织应不定期对其危机应对能力进行评估，找出不足之处并督促改进。

（7）新闻部门。新闻部门负责提供媒体应对、发布新闻稿等专业服务，掌握并运用媒体资源支持组织危机管理工作。在危机管理过程中，新闻部门应建立舆论监督与预警长效机制，并确保其全程充分发挥作用。

（8）值班室。危机发生时，值班室发挥着支持与协调功能，为组织应对危机提供重要人力支持。值班室人员在危机发生时积极参与应对，危机解除后协助组织其他部门开展恢复工作。

（9）社区委员会。社区委员会要加强与其他部门的互动，强化相互交流以促进资源共享。平时应做好与外界的联络工作，在危机爆发时应积极动员周边群众协助开展危机应对。

（10）市场营销部门。市场营销部门应充分掌握市场规律，针对危机要素及种类研究营销策略以应对危机。

（11）司法部门。司法部门应从法律层面寻求合理合法的危机解决方案，在危机管理理念引领下，司法部门的危机价值观逐渐由咨询救助向危机预防转变。

（12）财务及采购部门。财务及采购部门应投入专门力量，调查组织财务状况及紧急采购能力，以确定其能否应对危机以及及时申请并获得外部经费物资支持等。

5.2.4　危机管理工作规范

危机管理小组成立后，高层领导成员应明确规范小组功能及定位并形成文字规范，使每个部门及参与者了解其身份角色以及组织危机管理工作的预期目标。高层领导成员在危机预防计划制订中所扮演的角色十分重要，他们能使内部人员了解组织对计划的重视度并满足各部门全力支持计划小组的需求，使计划小组得以充分行使其职权并获得所需信息，从而使组织的危机预防计划更加完善。组织应明确规定小组成员与领导成员之间的权责与业务，以确保内部反应的危机征兆拥有畅通的沟通渠道。组织领导人应发布组织任务主旨，这代表着组织对施行危机管理行为的承诺，其内容应包含下列两项：

（1）制订组织危机预防计划所要达成的目标，坚定组织全体人员为实现目标全心投入。

（2）明确规范计划小组的职权与组织架构。

有上述准备后才能使组织内部在制订危机管理计划时有所依循并达成共识，从而激励组织成员全力支持组织危机管理的准备工作。此外，在支持计划小组方面，组织应提供相关预算来支持小组工作，如研究经费、文书印制、研讨会、咨询服务及其他在危机计划过程中的必要花费。组织应根据计划小组要完成的任务制订工作进度表，包括在哪一个阶段应取得哪些具体的成果，督促其在规定期限内完成拟订的组织危机预防计划。期限也可根据小组需求及任务执行情况灵活调整以使小组有足够时间完成计划拟订工作。

5.3　危机预防计划与准备

在完成对组织内、外部环境评估后，预防计划小组接下来的任务就是拟订危机预防计划，将相关专业观点诉诸文字并依既定程序及规划期限按时完成。危机预防计划经严格程序审核后便可形成定稿并颁布实施。

5.3.1　危机预防计划的组成

1. 执行摘要

执行摘要的重点是简要阐述危机预防计划目的，指定相关负责人员在组织危机管理机制中担任重要职位，列出潜在危机及预防行动的执行要点。

2. 紧急管理要素

组织在危机发生时的核心管理机制，其相关管理机制要素包含组织在应急响应时采取的管制措施与处理方法、对内与对外的沟通渠道、人员安全保障、财产保护、外界影响因素、行政及后勤支持、危机后组织恢复等。紧急管理要素的确认是危机预防计划拟订的基础，也是组织保护人员生命及财产安全必须要考虑的内容，只有恰当的危机管理措施和明确的应急响应步骤才能使组织得以继续正常运转。

3. 应急响应程序

紧急应对程序有助于组织针对特定危机采取制式化的应对措施，危机预防计划应尽可能地将应对程序明确列出并说明其运行方法，帮助高阶领导人迅速做出决策，其目的是在最短时间内控制危机。

4. 支持性文件

危机发生时，相关支持文件是必要的，完善支持文件有助于加强危机管理机制的完整性，相关支持文件包含下列两项：

（1）紧急通讯簿。紧急通讯簿在危机预防计划中不可或缺的，主要包含相关人员、内部应对单位、外部支持单位及24小时均能提供协助的危机支持单位，应尽可能将通信名单制作成可随身携带的小卡片供相关人员随时使用。此外，要对紧急通讯簿进行定期更新与修订，并配合相关不定期演练计划来测试其准确程度，从而确保危机发生时应急通讯的畅通。

（2）资源清单。其明确列出危机发生时需要装备、支持及服务项目，这些资源如何紧急获得且是否有难行之处，是否需要其他外部单位的支持或政府部门的协助等，都是危机预防计划小组必须研究的重点。

5.3.2 危机预防计划编制

1. 确定优先级

首先要确定计划方针及执行目的，将目标列出并加以说明，执行要项人员及相关重要小组成员要从脆弱性分析中发现的重要资源短缺等问题提供具体解决方案。

2. 撰写

计划小组成员根据专业分工合作撰写相关计划内容，统一格式并制订进度表以掌握各分组的撰写进度，其进度规划可分为下列7点：

（1）初稿，即第一次写出并未定稿的稿子。

（2）初稿审查，即对初稿进行调查并评定其是否正确、妥当。

（3）复稿。

（4）复稿审查。

（5）定稿，即修改后确定文稿。

（6）印制。

（7）发送。

3. 规划训练进度

危机预防计划中必须对组织内部人员的教育和训练进行妥善规划，该工作由组织内部特定成员或部门负责。

4. 协调外部组织

组织应定期与外部组织或政府相关部门进行协商，相互分享资源、建立并完善危机管理机制及整合通报体系。此外，组织应指定内部特定人员或部门负责与外部单位保持联系，并掌握有联络关系的外部组织单位、人员姓名、职称及个人电话等，建立相互支持机制并定期开展整合演练。

5. 检视计划、执行推演及修正计划

计划初稿完成后，应每人一份下发给计划小组的成员，全员参与进行全面性的初审工作并进行必要性修改。初审完成后，复稿部分应召集组织内部领导阶层及危机管理机制内的主要成员共同研讨，根据不同状况与情境进行推演，并审视计划内容是否足以应对各种状况，分析其利弊、模糊及重复部分，对复稿做最后检查，同时对缺失部分加以补充以使计划更加完善。

6. 定案

计划复稿审查工作完成后，要执行最后的定案工作，相关人员应将计划主要部分以简报的形式向组织领导阶层说明。在获得书面批示与许可后，组织可依计划内容展开组织危机管理行动。

7. 发送计划

计划完成定案后，组织要开始印制工作并决定哪些单位及人员应持有危机预防计划，统计所需份数及持有（保管）人名单，安排好计划发送时的签收工作。计划发送的相关单位及人员包括首席执行官及资深领导者、组织危机管理机制内的重要成员、组织内各部门、相关小区及政府相关组织及部门等。就外部单位而言，组织须对预防计划内的机密数据做好保密工作并妥善管理。组织重要领导成员应备份以应对突发危机的需要。另外，领导阶层应告知全体员工计划的大纲及训练规划的内容，以使组织内部成员对危机管理达成共识。

5.3.3 危机管理常设机构

有效的危机管理计划不仅需要合适的组织架构，还需要奖惩制度来支持危机管理活动。组织必须设立一个危机管理小组专门负责处理重大危机。危机管理小组实行集中式的权力架构，在危机发生时迅速制定与执行决策。危机管理小组成员必须经过组织的精挑细选和严格训练。精挑细选是为了选择最合适的人选，而严格训练则有助于提高组织人员应对危机的能力，使其更加熟悉重大危机的应对过程。

危机管理小组一般是以总裁或副总裁为召集人，公共事务部门主管为副召集人，小组成员可能包括各部门高级主管，如法律、财务、市场、安全、环保、厂务、行政、公关、人力资源等，他们负责向董事长或董事会报告、拟订危机管理计划与应急响应程序，定期进行相关危机的模拟演练，同时还要学习如何处理危机发生时的信息以及过重的情绪负担。危机管理小组工作内容如下：

（1）拟订危机管理计划或应急响应程序。

（2）通过危机模拟与演练发掘组织弱点及危机管理计划中的漏洞。

（3）实施危机管理计划，包括危机预防与准备。

（4）应对计划外的危机，提出计划范围内没有包含的建议。

挑选小组成员不仅需要发掘哪些人适合加入，还要考虑将组织中哪些功能领域纳入应急小组，并且小组成员必须能代表组织各个功能或部门。例如司法、生产、营销、营运、安全维护、公共关系、材料采购、品质管理与首席执行官等。这些部门的纳入有些基于知识、有些基于技能，也有些基于组织权利关系。危机小组最基本的构成如下（黄丙喜、冯志能，2012）：

（1）首席执行官。负责启动危机处理机制与下达危机决策，并在危机期间指定一名资深、熟悉跨部门事务和有对外沟通经验的副总裁为事件指挥官，执行应急响应程序。

（2）事件指挥官。站在第一线负责指挥危机的重点工作，包括危机处理与运营复原的执行及整体人力、物力等资源的调配。

（3）发言人。一般由公共事务部主管兼任，负责说明事件的来龙去脉、关键议题、舆情分析及主要争议，并撰拟新闻稿、立场声明等文件，以便与媒体、小区及员工等内外部人员进行沟通。

（4）外部顾问。一般包括律师、危机管理与公共关系专家，站在第三者的立场分别运用法律、公关及危机管理的知识提出建议并协助执行。

危机应对过程中的4项工作包括（Coombs WT, 1999）：决策、团队合作、实施应变计划、聆听。小组成员需具备相应的决策能力、团队合作特质、耐心和抗压能力、聆听技巧等条件。

5.3.4 危机管理发言人

发言人是组织处于危机时的代言人，训练不良或能力不足的发言人只会加速危机的恶化。危机发生时由谁担任发言人，这取决于危机的特性和严重程度。以下是对发言人进行有关媒体方面知识的培训时应该注意的重点事项（Caponigro JR, 2000）。

1. 发言人的职责

发言人的主要职责是正确传达与组织有关的危机信息，在发言时做到前后连贯。任何组织都应有一个或多个发言人，以防危机发生时该发言人不在或危机持续数天需要24小时或48小时的持续投入。

组织中不是只有一个发言人才能统一口径，不同发言人也可以做到口径一致。危机发生时媒体希望找到权威人士进行访问，但事实上没有人能成为全方位的权威，因此在记者会上组织可以安排多个发言人，每个问题都由最合适的人作答。应注意的是，每位发言人都必须在事前做好准备，所有相关信息也都必须要互通并且回答一致。

2. 发言人的态度

发言人在聆听与回答问题时，必须以合适的态度面对媒体。如果不明确问题，就不可能有适当的答案来回答。回答问题需要有敏锐的逻辑思考能力和一定的抗压能力，不能让外界压力影响到发言人应对媒体的态度，因此发言人必须善于缓解压力。

发言人应接受媒体训练，练习如何与媒体沟通，发言人在回答媒体问题时绝对不能回答"无可奉告"或"不予置评"。"无可奉告"等回答会带来以下不良印象：

（1）大部分人会认为是组织承认错误了。

（2）给人一种知道实情而又不屑说明的高傲形象。

（3）"无可奉告"等是一种非常消极的响应，它代表组织允许状况不明、错误信息、制造流言或对组织不怀好意的人来代替组织透露危机事件的信息。

3. 发言人的媒体任务

发言人传递危机征兆信息或回答问题要做到主旨明确、前后一致，发言重点是让相关人士了解发言内容。因此，发言或回答问题时要简洁有力、焦点集中。为了让发言内容清楚具体，发言人必须使用新闻媒体和公众易懂的语言，少用组织术语或是过于技术性的语言。发言人的媒体任务如下：

（1）在媒体面前展现亲和力。
（2）回答问题时语言简洁有力。
（3）清楚地表达危机征兆。
（4）回应遇到的困难或棘手问题。

4. 常见的棘手问题

组织与外界沟通风格会影响危机征兆被接受的程度，发言人在镜头前要神情淡定，展现关怀、友善且态度坚定，千万不能发泄情绪或是与记者争论。但这并不意味着发言人容许有错误危机征兆信息的存在，当被问到的问题有错误或信息不正确时，一定要迅速更正。发言人常见的棘手问题如下：

（1）冗长而复杂的问题。可要求记者再讲一次、再描述一下或是稍做解释。
（2）包含很多答案的问题（主问题中包含许多子问题）。可选择想要回答的部分作答，而这部分应包含组织最想传达的核心信息；也可以提出所有主问题及子问题的答案，但应对各个问题具体展开并逐一回答。
（3）微妙而尖锐的问题。发言人必须让听众认识到这是不容易回答的问题，因此需要比较长的时间回答；当这个问题暂时无法回答时，必须解释无法回答的原因。
（4）基于错误信息提出的问题。一定要当面提出信息的错误之处，同时确保错误信息已从媒体的数据中剔除。
（5）难以选择答案的问题。有些答案的选择会使组织陷入冷酷无情或是愚蠢不堪等境况，发言人必须判断这些可供选择的答案是否合理说明不合理之处，并针对问题给出答案。

5. 应对问题的技能

发言人认真聆听记者提出的问题才能针对性地进行回答，否则很容易答非所问。遇到不知道答案的问题时，发言人应及时承认并承诺得到答案后就立刻告知大众媒体。发言人应对困难问题的技能如下：

（1）认清困难问题的症结所在。
（2）以反问问题作为回答。
（3）机智地回答困难问题。
（4）指出问题中的错误部分。
（5）解释为何问题无法回答。
（6）评估同一问题不同答案的优缺点。
（7）用多种方法回答同一问题。

6. 避免内容生疑

好的表达技巧可以使危机征兆描述产生加分效果，不恰当的技巧会使公众对发言人传达的内容产生怀疑。因此发言人必须接受训练，合理运用表达技巧。如下几种情况容易让人对发言内容生疑：

(1) 目光很少与对方接触或很少直视对方。
(2) 说话支支吾吾。
(3) 手或手臂有不自然的动作,看起来焦躁不安。
(4) 使用手势的次数太过频繁。

7. 掌控传达技巧

发言人可以用如下 5 个技巧来增进发言时专注、友善的感觉,同时让人看起来更可靠:
(1) 经常与观众保持目光接触,至少 60% 的时间看着他们。
(2) 懂得如何运用不同手势强调重点。
(3) 用抑扬顿挫的声调,以免太单调。
(4) 脸上的表情要有变化,不要面无表情或有不恰当的表情。
(5) 避免运用太多如嗯、噢、嘿等口语虚词。

5.4 危机紧急应对准备

安环(安全、健康与环境)、应急响应与危机管理三者之间关系密切,但其意义及范畴有所不同。安环强调防止意外事故的发生,应急响应侧重于事故发生立即采取行动以防转变为危机,而危机管理则强调危机发生前的预防工作,一旦危机发生就能够快速有效地处理,减少其带来的损害并开展危机过后的恢复工作,其范畴涵盖事件发生前、中、后的整体管理过程。

5.4.1 应急管理手册编制

组织制定应急管理手册是为了在危机发生时能够有自信、有能力地应对。应急管理手册的价值在于,在危机发生时指派谁做什么事,确定应对先后顺序,这些措施能提高组织应对危机的速度与效率。此外,应急管理手册还可以使组织响应更系统、更高效、更及时地挽救生命、降低风险,并采取补救措施。一个完整的应急管理手册必须满足以下 4 点要求:
(1) 应对方案、沟通程序和责任划分务必明确。
(2) 给现场处理人员的指示要准确。
(3) 协助发言人应对媒体,并满足其需求。
(4) 明确组织内外可用的其他紧急资源。

应急管理手册是预先拟定好的应急响应操作流程及沟通方法,是为防止事故损失扩大或将损害降到最低的预防性计划。图 5-2 所示为一个良好的应对程序规划,手册完成后需要通过模拟演习以对其进行检查与矫正,并经过管理阶层的审核进行持续改善。为达成上述目标必须做好以下工作:
(1) 监测及筛选危机。持续监测并指派预警工作负责人。
(2) 确认危机种类、成因、损害程度及影响对象,找出具体潜在危机与风险区。
(3) 成立危机小组/应急中心。确认危机处理小组启动应对机制,负责执行、追踪、检讨与修正危机处理对策。

(4) 确定危机处理对策、执行方案。事先取得应对方案的执行许可。

(5) 列出应通知的相关人员名单。评估利益相关者,并按评估结果将其排列优先级。

(6) 列出媒体列表并准备数据。提前列出媒体名单,并对组织产品的相关数据进行汇总、整理。

(7) 指派发言人。对发言人进行有关媒体方面知识的训练,并预先准备好发言稿。

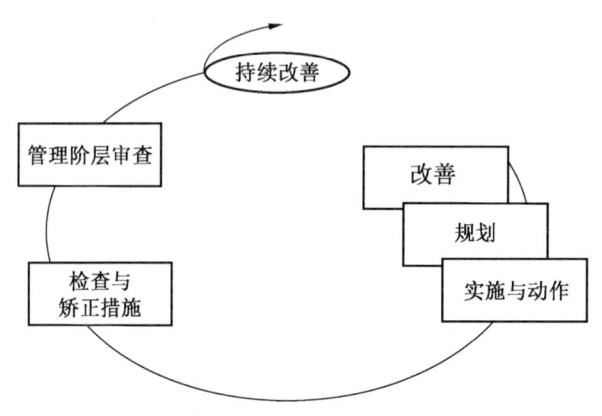

图5-2 良好的应对程序规划

媒体可能会向组织询问技术问题,所以组织要列出相关领域专家的名单,如药师、建筑师等涉及安全结构或健康的专业人员。紧急事故可能会使整体或部分作业中断,应急管理手册中应涵盖运营恢复计划。运营恢复计划主要内容如下(黄丙喜、冯志能,2012):

(1) 确认核心运营受损情况。

(2) 确认危机恢复所需的资源与时间。

(3) 评估外部资源紧急调度的可行性。

应急管理手册是一份沟通文件,其内容包括该做什么以及如何做,和谁接触以及如何接触,也包括危机发生时该说什么或不该说什么。其组成部分如下:

(1) 危机门槛。什么状况或事件的发生将启动危机应对机制。

(2) 危机小组成员名单。列出所有危机小组成员名单以及这些人员完整的联络信息。

(3) 危机指挥中心。指挥中心成立后,小组成员必须知道集合地点,并得到通知后应迅速抵达。

(4) 应对分工。小组成员应该做哪些工作,这些工作的程序或步骤是什么,与哪些人接触、沟通其目的和方式是什么。

(5) 危机的风险评估。评估每一种危机的可能性和严重性,表达组织危机管理的决心。

(6) 相关人联络程序。接到利益相关者电话时的特定应对程序,如详细说明来电要转至何处,由谁回答。此外也应详细记录,包括人、时间、渠道、询问内容、答复内容及是否有承诺事项等。

（7）演练（演习）。确定演练的项目、规模及日期等，制定必要的教育训练内容。

应急管理手册应注明修订日期，确保其已包括最新的信息。必要时可注明机密等级及数量编号，并通过在确认页签名的形式保证相关人员已经读过并了解应急管理手册内容，提醒相关人员正视危机管理以及危机准备的重要性。除此还应有其他拟定应对事项的准备：

（1）确认客户信息或相关重要数据都定期予以备份并确保存放安全。

（2）设立免付费电话，它是危机发生时需要回答大量询问并取得回馈信息时的一个有效沟通渠道。

（3）利用网络、简讯、行动装置、交互式语音响应系统等传递实时消息，在危机发生时，传递危机核心消息、减轻发言人的负担。

（4）研拟在危机发生时可快速更新填写的文件，如新闻稿、立场声明书、道歉函、问答集及给主要群众的书信草稿等。

5.4.2 危机应对教育培训

制订危机应对计划后，组织还要促使全体人员达成共识。在危机准备实施中，教育和训练扮演着十分重要的角色。教育训练的目的在于建立组织危机意识与危机文化，并针对各部门专业意见开展演练，进而审视计划的适用性。计划施行不但要重视演练，还要弥补组织在检讨和演练中发现的不足，这样将演练与内部训练相结合才能做到资源的充分利用。

领导阶层应将危机管理的观念融入组织文化中，使人员对所属环境保持警惕，主动汇报异常。在危机预防行动方面完善制度开展教育活动，并进行相关训练，这不仅能使组织全员参与，还能结合外部社会组织与政府部门共同参与规划、演习与修订，促使危机管理观念成为组织内部人员日常工作理念的一部分。

组织内部危机准备的工作重点在于教育与训练，每位员工都必须明确其负责的工作内容，了解危机发生时处置程序及个人所扮演的角色。组织里每一个部门的相关成员都接受训练后，可进一步开展整体组合训练。以下是执行危机训练时应考虑的基本因素。

1. 计划考虑

指派相关人员负责训练计划的拟订，训练内容应以员工的专业为主轴。相关训练计划应考虑的要素主要有训练人员层级不同（领导阶层、一般员工、客户、供货商等）、工作环境不同、组织内部与外部（地方及政府部门）等。此外，训练计划应明确制订全年度的规划。

2. 训练规划六阶段

训练活动与内容的规划可依组织形态的不同而不同，一般可分为表5-2范例所示的6个阶段：

（1）倡导教育阶段。倡导教育阶段是针对全体员工制订训练规划并提供相关信息，运用文宣、刊物等宣传工具来达到宣传效果，同时设立统一窗口来解答员工的疑问并满足其合理需求。

（2）研讨推演阶段。这一阶段应将组织危机管理团队的成员进行有效的整合，共同研讨危机处理时各自的职责分工，每个成员也应检查是否有不足或重复之处，在制定进一步的演习之前做好调整。

（3）基础演练阶段。在基础演练阶段中，组织应动员危机管理团队各部门必要的成员参与演练。这一阶段要比研讨推演阶段投入更多的时间与资源，需要通过动员主要成员来进一步带动组织内部人员共同重视相关演练。

（4）功能演练阶段。这一阶段是针对组织内部特定部门的功能进行独立演练，如医疗部门的急救演练，通信部门的紧急通信及沟通演练等。演练后由各部门分别进行总结成效并加以改进。

（5）综合演练阶段。综合演练就是将组织内部各单位整合起来，对设想的特定状况进行演练，全体人员共同参与，使每个成员都能清楚认识到面临危机时各自的职责所在，以此促进部门间的交流互动以建立危机意识，提高全体人员的应变能力。

（6）整体演练阶段。整体演练阶段是危机预防演练的最终阶段，所谓整体是指演练主体包含组织内部与外部的相关单位。这一阶段以最真实的情境来模拟状况，尽可能检视外部的支持情况与配合程度，相关资源是否能实时提供、是否有难以解决的问题等，这个阶段的演练，应重视外部单位的参与，并保持内外部单位之间的正常互动。

表5-2 全年度训练计划

阶 段	1	2	3	4	5	…	12
倡导教育	■						
研讨推演			■				
基础演练				■			
功能演练					■	■	
综合演练						■	
整体演练							■

3. 员工训练

对于组织内部员工，组织应制订定期训练计划，从训练倡导活动到每个人的实地演练，每一个阶段都应有具体的规划与进度安排，其主要的目的是让每一位员工都能明确自身角色的重要性，并对各种危机采取不同的应对措施。领导阶层认为只有将危机管理文化落实到组织里的每一位成员才能发挥出危机预防与处理的最大功效，因此训练员工所需的投资是必要的。

4. 计划评估及修订

任何计划都应进行定期评估以判断其是否适用于现况，每年应至少召开一次正式的审核会议以审视计划内容的适用性，参与这项活动的成员必须包括组织各部门的代表，同时外部单位也要共同参与评估。会议的重点在于演练，或通过已发生的真实情况来验证计划能否发挥作用、计划中的相关内容是否应做更新及修正、相关的预防机制是否有漏洞等。

除了每年固定的审核会议外,在重大演练后、危机发生后期以及组织内部有重大变革时都可以对原有计划的适用性进行仔细审查。

5.4.3 危机应对模拟演练

一般情况下,组织仅有危机应对程序是不够的,因为危机管理计划无法详细列出所有状况,所以危机应对小组还要根据突发状况对其进行调整。此外,危机响应程序必须进行定期检讨,如每年或至少每两年检讨一次以做必要的更新。如果没有实际演练,计划只能沦为文书作业而失去其价值,所以组织应通过仿真演练发现计划的漏洞,在危机发生前对其进行补充或强化。通过定期的仿真演练,学习应对危机的重点、了解危机应对计划能够实施到什么程度,比较真实的演练能帮助组织在真实危机中发挥作用,并帮助组织改善危机应对计划。

1. 演练的定义与价值

演练的初衷是可以测试验证危机发生时所需的应变能力,进而开展高质量的演练活动,通过演练有效验证训练成效、多功能多层次活动的协调性以及应对计划的合理性。

2. 应对演练的目的

(1) 应对各方需求。

(2) 提高组织应对危机的能力。

(3) 增进协调性及其应对危机的熟练度。

(4) 找出组织需要改进之处。

(5) 验证现有方案的有效性及可行性。

(6) 体现安全承诺。

3. 演练计划与涵盖层面

图 5-3 所示是应急演练流程,包括设计阶段、发展阶段、执行阶段、评估修正现有应对计划及计划新的演练。此外,演练计划应涵盖:行政层面、规划层面、技术层面及其他层面 4 个主要层面。应急演练规划的摘要如下:

(1) 应对需求评估、能力评估。

(2) 制订有效的演练计划。

(3) 确定符合自己需求的文件。

(4) 进行准备工作。

(5) 引导作业。

(6) 评估计划。

(7) 控制者/评量者/模拟者的训练。

(8) 演练实施。

4. 应急演练的要点

大部分的危机模拟训练集中在团体层次上,重点是如何实施危机应对计划。尽管团体层次的训练很有用,却有可能会忽视个人层次的训练,即没有对个人在危机处理中所需具备的知识与技能进行检视和有效的强化训练。成功的危机模拟演练应该包括以下几点:

(1) 仿真的危机情境需与组织的弱点高度一致。

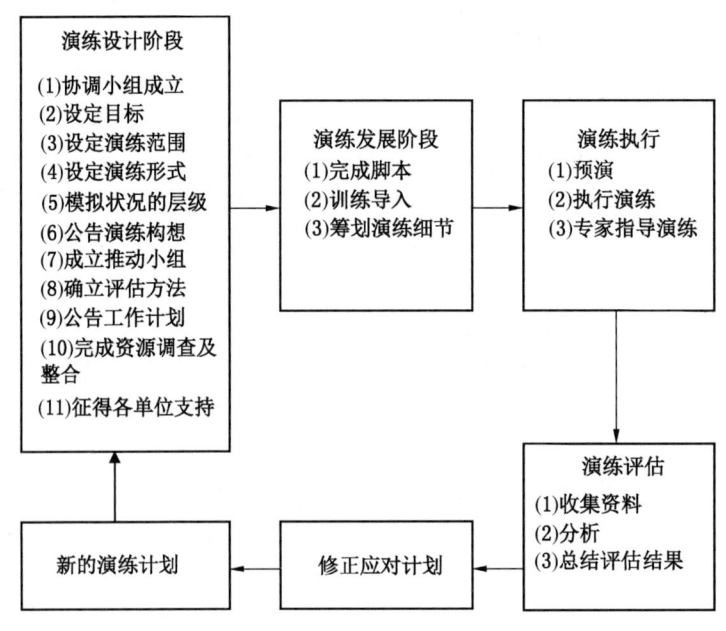

图5-3 应急演练的流程

（2）采用复杂度适中且与组织内部员工有关的情境，训练真正危机发生时组织的应对能力。

（3）有充分的时间进行有效的演练训练。

（4）尽可能协同危机处理人员参与训练。

（5）进行主要关系人的角色扮演，如客户、群众、政府官员及新闻媒体等。

（6）安排仿真媒体访问。

（7）对演练及训练过程录像以便于后续检讨。

（8）指派专员观察、评估演练成效并提出改善建议。

（9）事先准备与演练目标一致的评估指标及表格以便评估者进行填写。

5. 应急演练分类

演练依特性及规模不同可分为专题研讨会、技术操练（Drill）、桌面推演、功能演练及全面演练等5种类型。

（1）专题研讨会。通过专题研讨会方式向参与人员介绍情况。

（2）技术操练。针对某些特定技术或技巧的反复训练。

（3）桌面推演。参与演习人员以各单位主管为主，训练内容、达成目的、参演状况拟定皆以会议的方式进行，在会议桌上设定情境剧本并采用"情景～响应"的模式开展演练。

（4）功能演练。这种演习是前述桌面演练的进阶操演，可视为正式演练的核心部分，参演的人员仍是各单位主管，演练的方式仍是采取"情景～响应"模式，主持人由总指挥担任。

（5）全面演练。全面性演练将演练规模放到最大，动员所有人员参与，提供演练所需的所有物资装备以求熟能生巧，以便在真实情况发生时发挥最大力量。

6. 演练中各角色的功能与定义

应急演练计划中可依不同的功能与规模安排不同的参演角色，这些角色一般包括控制人员、催化者、评估人员、模拟人员、模拟室、演练人员、观摩人员与演练协调员 8 种，分述如下：

（1）控制人员。这一角色在各种类型的演练中都会出现，他们负责主导演练活动的流程、节奏与进展，让参演者在预设的情况下按时完成各项操作。

（2）催化者。一般是在桌上模拟演练（Tabletop）中出现。

（3）评估人员。这类角色在各种类型的演练中都会出现，他们的职责是观摩参演者的活动，并评估这些参演者的应对行为是否能够达到预期的效果。

（4）模拟人员。这是说明模拟状况的角色，在各种演练中经常出现。

（5）模拟室。一场规模比较大的演练中有很多的模拟者，因此必须在不同的时间点根据演练参演者的状况进行设定。在模拟室中通常由一位资深的模拟领导人来整合不同功能的仿真者。

（6）演练人员。演练的主角。

（7）观摩人员。在各种形式的演练中都会出现。

（8）演练协调员。协调危机处理全部事宜。

阅读材料

印度洋海啸

2004 年 12 月 26 日发生在印度尼西亚，规模为 9.0 级的强震引发了巨大的海啸，震波穿过孟加拉湾并以时速 500 千米的速度冲向斯里兰卡和印度等外围国家，甚至波及东非的索马里等国。最大受灾区印度尼西亚苏门答腊岛更是因强震而移动了 30 米，这次地震所释放出来的能量相当于 16000 颗原子弹爆炸后产生的能量。

最靠近震源中心的印度尼西亚苏门答腊岛西边的亚齐省，直到 27 日 8 时 8 分地震才逐渐停止，之后连续几小时里仍有 5.7~6.3 级的大量余震发生。地震发生后，民众惊慌地往街上逃窜，但他们不知此时才是这场浩劫的开始。地震结束后不到 16 分钟，就引发了浪高 15~30 米的巨大海啸，第二波巨大海啸高度更是达到了 51 米。海啸淹没了亚齐省的 17 个村落，造成 23 万人死亡。除印度尼西亚受到重创外，孟加拉国、印度、马来西亚、缅甸、新加坡和泰国等东南亚国家无一幸免，各国遭灾人数都在万人以上，难民多达数百万人。

专家后续研究发现，本次印度尼西亚海啸的成因，可能和喀拉喀托火山（Anak Krakatoa）爆发造成海底山体崩塌及潮汐大涨有关。火山爆发引起的海水位移、边缘塌陷以及火山岩浆库爆发或陷落等都是地震和海啸爆发的主要原因，而潮汐则扩大了原有灾害规模并使其发展成了极为罕见的超级海啸。

在苏门答腊岛地震前，科学家团队就预测印度尼西亚周边有发生大地震和海啸的可能。如果能做好相关危机准备，是可以大幅减少人员伤亡与财产损失的，但当地人对海啸没有亲身遭遇和认识，也无法通过各种征兆判断海啸是否逼近，只能在大难临头时坐等被海浪与恐惧吞噬。

此外，印度洋沿岸各地区也不太重视海啸的威胁，没有建立有效的海啸预警系统。死伤最为惨重的印度和斯里兰卡在海啸发生时都未加入"国际海啸预警系统协调小组"。印度尼西亚和泰国虽属该组织成员，但泰国没有在西海岸安装海浪测量器，印度尼西亚也没有建立因海底山体崩塌或针对海底火山所引发海啸的早期预警系统，因此无法对周边海峡爆发的海啸发出预警。这便造成无法判断海啸袭往哪个方向，也错失了预知海啸与紧急撤离的先机。比如，地震后位于震源中心以南的一个海浪观测站曾测出有海啸向澳大利亚南部移动，却没有料到海浪侵袭了泰国西海岸，并造成了新一波惨剧。

由此可见，危机准备对危机管理而言极为重要。有些组织会忽视一些发生概率低的危机，也不会将危机严重性列入考虑范围，加之缺乏必要的沟通、准备程序和演练机制，在此情况下极容易受到巨大的冲击和损失。印度尼西亚等国的漠视以及与民众沟通的欠缺，给我们敲响了警钟。

【本章重点】

1. "成功在于转机，失败在于危机"。当危机发生或某些可能引发危机的征兆出现时，如果有很好的处理机制危机就可以变为转机。也就是说，组织若有危机准备，就可使组织应对的成功概率大幅增加。

2. 危机准备依周密性可分为低阶、中阶及高阶3种层次：

（1）低阶危机准备只限于传统的救火及安全措施等工作。

（2）中阶危机准备对于自然灾害（风灾、水灾、地震、海啸等）或事故灾难（炸弹威胁、爆炸、火灾、毒气外泄等）有一个被动的响应计划，然而这类组织可能对列表以外的危机不做任何防范。

（3）高阶危机准备方面，组织在每一种危机类型中，至少针对一个危机加以计划及准备。在所有应对措施中，其至少选择一种计划并反复演练及修正。

3. 组织应专门设立危机管理小组，其主要功能是建立一个集权架构以便危机发生时快速制定与执行决策。

4. 危机管理小组的工作内容有：

（1）制订危机管理计划，以及危机响应程序。

（2）危机的模拟与演练，以发掘组织的弱点及危机管理计划的漏洞。

（3）实施危机管理计划，做好危机的预防及准备工作。

（4）应对计划外的危机，提出计划未涵盖的工作建议。

5. 发言人是组织处于危机时的代言人，其训练不良或能力不足会使危机情况进一步恶化。发言人的主要职责是正确传达组织信息,并在发言时做到前后连贯。组织应指定多个发言人,以防危机发生时该发言人不在或危机持续数天的情况。

6. 组织必须拟定危机响应手册,其价值在于危机发生时已事先指派人员、任务、优先级,这些都将加快危机处理速度。

7. 一份完整的危机响应手册应坚持以下 4 项原则:

(1) 应急方案、沟通程序和责任划分务必明确。

(2) 为现场人员提供指导。

(3) 为发言人提供面对媒体的支持与协助。

(4) 找出组织内外部可用资源。

8. 演练旨在通过测试来验证危机发生时所需的应急能力,其包括验证训练成效以及应对程序的合理性等。通过仿真演练,组织可以了解人员能将危机应对计划实施到何种程度,高仿真、近实战演练能够帮助组织在真实危机中发挥作用并进一步改善危机管理计划。

【本章习题】

1. 危机严重程度与准备程度是什么关系?
2. 说明危机准备的低阶层次。
3. 说明危机准备的中阶层次。
4. 危机准备高阶层次的内涵是什么?
5. 危机准备的六大项工作是什么?
6. 一份完备的危机管理计划具有哪些特征?
7. 危机管理计划的 4 个变量是什么?
8. 危机管理计划的必备要素有哪些?
9. 紧急通讯录包含哪些信息?
10. 危机管理小组工作内容有哪些?
11. 危机管理小组最基本的编制是什么?
12. 发言人的任务是什么?
13. 发言人用"无可奉告"或"不予置评"回应,将带来哪些不良后果?
14. 发言人何种情况会让人对其产生质疑?
15. 哪些表达技巧可以提高发言人的掌控力及可靠性?
16. 完整的危机响应手册应坚持哪些原则?
17. 危机响应手册包括哪些基本组成?
18. 演练的目的是什么?
19. 应急演练的种类有哪些?

6 危机处理

危机管理重在事前化解而非事后处置,即预防胜于治理。换言之,组织一旦意识到危机有可能发生,应积极行动而非坐等其爆发乃至升级。通过采取主动措施解决危机,是危机管理最重要的环节。

本章主要介绍危机爆发后的积极应对策略和方法等,包括两组危机处理工具:

第一组是危机反应策略(CRS)。主要包括移除危机、隔离危机、稀释危机、转移危机、迂回、寻求支援、妥协、补偿及变革创新9个危机反应策略选项。这些选项的功能虽各有不同,但各选项之间却没有明确的界线,其所重叠的部分建构起了一个多层次的防护网,以实现查缺补漏。

第二组是形象修复策略(IRS)。主要包括直接否认、责任回避、降低冲击、修正行动及后悔道歉5个危机情形下形象修复策略选项。不仅提供了组织在遭遇危机时对外发声的思考方向,还给出了组织在处理危机时的行动指导。多数情况下危机难以完全移除,但却有可能大幅降低危机带来冲击。

6.1 危机爆发

危机经常发生在下列情况下:
(1)缺乏警觉。
(2)非工作时间。
(3)距离总部很远。
(4)该地可用于处理的人力不足。

这些都是非常棘手的状态,有时即使庞大且具有能力的组织在面对这些状况时也束手无策。不幸的是,尽管大部分危机爆发时初始的情境不尽相同,但仍都无法避免危机初期的混乱性。因此,组织应建立一套完整的危机处理机制,以能够正确、迅速地应对危机。在开展行动之前,必须先判断所发生的事件是不是一个危机事件,如果是,就需立即做出反应;如果不是,则不需浪费太多资源,继续监测即可。

6.1.1 危机判断依据

判断某一事件的发生是否为危机事件，需要使用一个过滤机制（Screen）来判断组织是否需要立即做出响应。过滤标准一般将危机的重要特性作为其简单定义，包括事发突然、后果严重、价值观冲突、时间短促4项。

1. 事发突然

事发突然是指在没有防备的情况下事件突然发生。在危机突然发生时，组织第一反应是立即竭尽所能地进行应对，特别是应对想尽快知道事件情况的大众传播媒体。

2. 后果严重

危机总是伴随着严重后果，一旦爆发，具有破坏性的能量就会被迅速释放，如果不能迅速处理，危机情况将持续恶化，导致严重后果。危机爆发的具体时间、实际规模、具体态势以及影响范围是无法预料的，因此，组织很难事先设想其带来的后果。

3. 价值观冲突

黑天鹅事件是指事情发生后所产生的观感与事情发生前的看法之间存在着巨大反差或矛盾。人们来到澳大利亚塔斯马尼亚岛后，才惊奇地发现世界上除了白色竟然有黑色的天鹅。黑天鹅事件正是形容这些在预期之外且又具有极大冲击的事件，更正确地说，因为偏异值太大即与价值观念有严重冲突人们才选择视而不见。

4. 时间短促

危机事件发生后要在非常短促的时间内做出决策，这也就是危机的紧迫性。不管是否喜欢、是否愿意、信息是否充分，组织必须在有限时间内做出选择或决策，也没有太长时间对决策产生的影响进行详细评估。

6.1.2 危机处理的目标

组织危机管理范畴包含预防、安全与管理机制，而危机处理是整体危机管理体系中的一个环节。在整个危机管理体系中每一个环节都非常重要，都会影响组织整体的危机管理工作。一般而言，有效的危机处理策略必须要达成以下几项目标：

（1）确保组织人员安全。
（2）维护组织声誉。
（3）避免危机事件扩大。
（4）与外界（媒体）达成良好互动。
（5）确保组织财产安全。
（6）符合保险及相关法规要求。

这些目标不仅是组织面临危机时的实时反应和处置方法，更是组织平时统筹管理和维持纪律的重要因素。组织危机处理策略与组织风险管理及相关管理机制之间的关系是十分密切的，它们包含在组织危机管理范畴中。

一般而言，危机管理可分为发生前、发生时、发生后3个处理阶段，也可将其分为潜伏期、爆发期、善后期和解决期4个过程。危机的发生大多是由自然界或企业业务出现严重问题引起的；危机的扩大往往是因为人际或公共关系处理不佳。在危机发生前应提高敏感度,敏锐觉察问题的症结所在,设法事先消除。一旦危机爆发,组织应保持警觉状态,并进行迅速有效的处理以避免事态继续恶化。如果危机已发生,并且已造成初步伤害,组织可以应对当事人或受害者动之以情,换取谅解。虽然不一定能挽回颓势,但至少不会动摇根本,争取危机后恢复的机会。

6.2 危机处理的原则

媒体公关是否处理得当是影响危机处理的重要因素。因此,组织必须将媒体公关的处理列入危机处理原则之中。如图6-1所示,组织在处理危机时要把握行动原则与传播原则两项,其中行动原则包括及时、诚实、负责、同情;传播原则包括一致与沟通。

6.2.1 行动原则

1. 及时——在黄金时间内做出回应

组织不及时回应问题会使危机情形更加严重。赢得时间就意味着减少损失,包括迅速了解情况、迅速找出事实真相、迅速召开记者会或发出声明、迅速做出判断及迅速控制事态发展等。在媒体到达前收集所有与危机有关的信息并确认状况(5W1H分析)。媒体可能提出的问题如下:

(1) 发生了什么事件?是什么原因造成的?
(2) 有多少人伤亡?
(3) 对财产和周围环境会造成什么影响?
(4) 对大众健康是否会造成负面影响?
(5) 如何执行援救行动?
(6) 在法律、经济等方面会造成什么后果?
(7) 谁是肇事者或事件中的英雄?
(8) 还有哪些目击者、专家、受害者可能会接受采访?

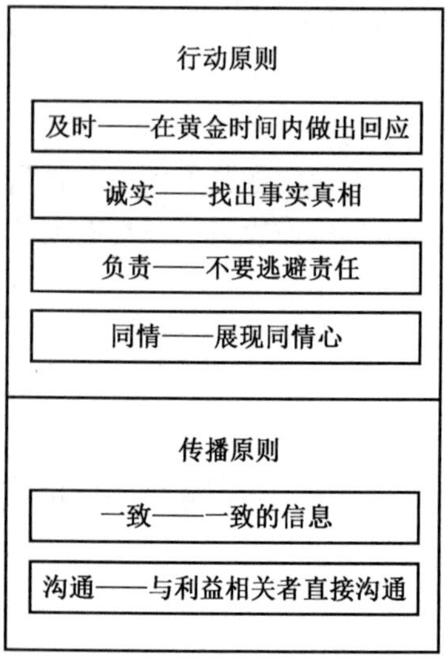

图6-1 危机处理原则

2. 诚实——找出事实真相

如实公布危机相关信息,让公众及时了解危机事态的严重性,使其知道组织正在尽职尽责努力地处理。如果隐瞒事实或封锁消息,反而会引起新闻界及公众更多的猜疑与反感。所以,如实告知媒体消息是挽救组织声誉最有效的方法。此外,在危机期间也必须随时跟踪媒体报道,一旦发现有错误或不实的报道应立即反映并要求更正。

3. 负责——不要逃避责任

公开道歉会更容易获得媒体和大众的谅解与欣赏。应从大众利益出发,展现积极承担社会责任的良好形象。越是防卫心态越容易遭到舆论攻击,若以组织利益为先而置大众利益于后,只会加重组织面临的危机。组织的态度应秉持三不原则:对危机事件不回避;对造成的后果不避重就轻;对所应承担的责任不推卸。

4. 同情——展现同情心

展现同情心更能赢得公众的认可。尽可能使用诚恳的语气和温和的措辞来对受伤的民众及其家人表达深切的慰问，切忌与受害者在现场发生争辩。

6.2.2 传播原则

1. 一致—— 一致的信息

信息一致就是统一口径（One Voice）。组织回应内容应一致：尽量由同一发言人对外发言；当有不同发言人时也应提供一致的信息给所有发言人。此外，前后一致也是本原则的重点，这样才能避免大众产生疑虑。以下所列是本原则应注意的事项：

（1）尽量减少媒体与受害者家属、朋友和组织员工的接触，以免产生说法不一致的情况。

（2）对事件的背景资料应有十全准备并充分表达，如果不知道问题答案，应诚实回答道："我不清楚，但我会尽快想办法查出来。"

（3）采取由外往内看的方式，即从利益相关者的角度制定沟通策略。

（4）千万不要和记者争辩。如果记者提出不合理的要求，应礼貌性地拒绝并告知原因。

（5）尽量避免接受非正式的访问。非正式的访问有很多缺点，首先由于没有其他人在场，访问及回答内容无法对证；其次，在回答问题时可能表达不够严谨或未做充分准备。

（6）对组织的处置行动和应对措施要表现出高度的自信。

2. 沟通——与利益相关者直接沟通

除媒体外，政府、员工、消费者、股东、经销商、供货商等相关人也应被纳入组织的信息沟通网络，并随时告知他们事件最新进展。当意外或事故发生时，组织内部员工通常是直接相关或受影响最大的人，他们也可能会成为媒体追踪报道的对象，私下也会受到邻居或亲友的关心和询问。因此，组织应通过内部渠道让员工充分了解事件真相。

如果产品出现瑕疵或遭下毒，消费者、经销商、医生及受害者都会急于了解真相。20世纪80年代美国强生公司的沟通方式非常值得学习：在第一起泰乐诺胶囊造成的死亡案例公布后的一天之内，强生公司发出了50万份警告电报，每位分公司的员工都收到两封信，信中告知他们事情最新状况并感谢他们的支持。之后，强生公司设立免费消费者热线，在一个月内接听了3万通以上的询问电话，并且消费者的来信都得到了回复。

6.3 危机处理的程序与关键点

6.3.1 危机处理程序

危机发生后，组织领导人应立即启动危机处理机制。召集危机小组全员，相关人员须24小时待命，第一线主管必须立即到位，各级主管之间应保持通信畅通，并能随传随到直至危机被完全控制住。在危机发生时应注意以下几个要素：

（1）灵活的通信系统。

(2) 成立危机处理小组。

(3) 分工合作。

(4) 正确面对媒体、注意肢体语言、备妥书面资料。

(5) 运用谈判技巧。

(6) 善后与检讨。

组织在危机处理时应以顾及全局制订最小损害方案，以解决危机并恢复组织声誉，同时要防止危机事件再度爆发。在危机处理的过程中必须谨慎小心，否则会失去内部人员及公众的信任，使危机进一步恶化。危机处理也可以说是一项系统工程，忽视任何一个环节都可能产生失误甚至导致失败。复杂多变的危机将给决策者带来了很大压力，组织应重点考虑如何应对危机才能使损害降到最低，以下是组织应采取的危机处理程序（图6-2）。

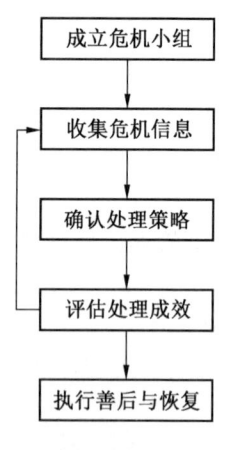

图6-2 危机处理程序

1. 成立危机处理小组

初步确认危机的事实、影响及原因后，应立即向组织领导人及其他相关人员通报，并成立危机处理小组。紧接着设置应急响应中心或决策总部、进行动员分工并指派对外发言人等，以确保危机在第一时间获得适当的响应，防止危机恶化。

危机处理小组必须具备危机领导的应变能力，包括权变领导能力、根据正确信息做出合理判断的能力、指挥协调的能力与整合资源的能力。此外，组织还必须具备危机沟通能力，包括与社会大众的沟通能力、与媒体沟通能力及与内部同事的沟通能力。在危机处理的指挥管理方面，危机处理指挥体系必须在被明确之后才能上令下达、驱策群力，使组织成员朝一致方向共同努力解决危机。反之，如果指挥体系不明且权责不清可能导致组织内部冲突，甚至出现相应抵触的力量。以下是危机小组执行机构的大致分工：

(1) 危机指挥中心。负责各项事宜及处理工作。

(2) 危机新闻中心。设置在交通便利的地点，提供相关通信设备与必要物品。

(3) 发言人。必须全面了解危机事件各个方面及其之间的关联（如与科技有关，可考虑指派受过训练的技术专家担任发言人）并依前述的传播源发布信息。

(4) 危机监测系统。负责对危机状况与发展监测追踪并向指挥官汇报最新信息。

(5) 资源管理系统。负责处理危机时所需资源的获得、安置与分配。

2. 收集危机信息

收集信息的渠道非常广泛，必要时需协同专业单位调查事故原因，分析其对人身、工厂、小区安全的影响。此外，要立即获得政府单位如公安、应急、环保等部门紧急对策报告，分析媒体的采访与报道，了解事故权益损害、可能赔偿范围、其他重要公共政策以及可能衍生的其他危机，如检举、投诉、恐吓等行为。

没有信息就无法辨识组织危机产生的原因，也无法拟定后续危机处理策略。信息收集是危机处理的第一步，危机处理小组必须从内外两个方面收集危机相关信息，然后通过对这些信息进行小组专业评估和分析来掌握危机根源及其威胁程度。此时，用简明的报表与图形沟通是最佳选择，这样有利于小组相关人员立即掌握重点并清楚概况，帮助组织拟定后续策略。

3. 确认处理策略

针对危机事件，组织应汇报整理并确认处理对策、目标与方针。控制危机并使其不持续扩大是危机处理的关键。危机发生时，组织对内需立即达成危机处理小组与领导人的行动共识，对外需及时获得受害者及受影响民众等利益相关者的谅解，且要在极短时间内得到外界认可。由于危机8小时黄金时间的需求（黄丙喜、冯志能，2012），就使确认处理策略显得特别重要。

危机处理策略要以减少伤害为主，因此决定策略的团队或个人应把握危机中的一切机会，从危机管理机制的各种行动方案中选择较为合适的一种，下达决策并宣布实施，这是最理想的执行方式。方案未必是毫无缺点的，应尽可能地在实现目标方案中运用多重选择的方式予以完善，从而成功地解决危机。

4. 评估处理成效

当组织确定处理危机的策略后，危机处理小组一方面要落实策略执行，另一方面应积极评估危机的处理成效。在这个阶段，组织可以通过本身建立的反馈系统获得各部门执行情况，并对内说明处理状况。同时也要随时注意公众及媒体的反应，依实际情况调整策略。在执行成效不明显或察觉处理策略不妥时，应立即反应至决策中枢，必要时要重新搜集、整理相关信息再拟定正确的处理策略。

5. 执行善后与恢复

当危机得以控制后，组织应立即着手后危机时期的善后与恢复工作，并适时向政府主管机关与媒体说明事后处理方案和防止危机再次发生的对策。

危机处理最忌拿不定主意、见招拆招等策略。处理危机事务具有紧迫性，在危机处理阶段，组织已没有充分时间检测采取的策略是否正确。如何"转危为安"，依赖于组织实行何种危机处理策略。危机处理策略若不正确，可能导致本应重整旗鼓的组织因错误策略而一蹶不振，最后不得不走向破产。鉴于危机的威胁性、复杂性与扩散性，组织实行的危机处理策略应在顾及全局的前提下采取绝对的主动攻势来达成组织目标，其中包含任务分配、资源调度及处理目标优先级划分等。

危机的可能结果包括3项：完全恢复、部分恢复和恢复失效。危机演化为不同结果的问题在于，组织做对了吗，是否有效控制危机使其不再扩大。通常导致危机扩大的原因如下：

（1）组织内部存在问题或危机处理能力不足。

（2）不当发言或反应损害组织正面形象。

（3）媒体或政府机关过度关注。

（4）组织（公关）与媒体记者敌对。

6.3.2 危机处理的关键

危机处理能力包括领导者的个人能力和整个系统的能力。系统能力体现在如何防止危机扩大，而防止危机扩大的关键在于迅速抓到重点。因此，在危机爆发时，组织处理的关键是抓住重点与速度这两项。

抓住重点指的是当危机出现时能判断并优先处理会对组织造成最大冲击的问题。在危机发生时，组织可能有十几件事情要处理，其中也许只有两件最重要，在千头万绪中人的注意力不可能照顾到全方面，因此要找出这些最重要的事并立即处理。

速度是第二个关键内容，如果处理速度不够快，危机就会扩大甚至失控。此外，人在压力下容易焦虑，在危机初期，人通常表现要比平常更好。压力会随着时间的推移而增加，其情绪及思路会受到影响，反而会降低自身判断力及执行能力。

此外，组织内产生危机必定是因为原来的制度或系统有疏漏，在处理危机时，必须找出制度和系统中不健全的部分。当组织再次处理危机时，不能再按照之前的方式操作系统，一定要在很短的时间内绕过已经不健全的系统，并且不要把已经出现问题的系统保留下来。有问题的系统是不可能有效解决危机，应急小组要另建一个更简捷、更有针对性的指挥系统。

6.3.3　危机处理对外发言的观念

危机处理有两个要务，首先要尽快解决危机以降低损失；其次是重拾利益相关者信心并恢复声誉。一旦发生重大危机事件，首先尽快成立危机应对小组，开设应急响应指挥中心，立即制订应对计划；其次，危机领导人在事件发生后的黄金时间内，必须妥善消除受害者、员工与小区、上下游厂商等利益相关者的疑虑，以负责任的态度执行可行的应对和恢复方案。然而，许多组织现存的对外发言模式仍有部分老式观念，必须建立新的观念才能有效适应信息高速发展的时代。

1. 老式观念

（1）仅由总部与媒体沟通。

（2）在发生危机时第一线人员不得任意发言。

（3）不轻易提供任何消息，不予置评等于没消息或是默认。

2. 新式观念

（1）与总部联络后并主动与媒体沟通。

（2）在事件现场必须展现负责任的态度。

（3）将区域主管视为首席发言人并对其进行培训。

（4）任何情况下总部均为最有效的反应中枢。

6.3.4　危机处理发言关键时点

危机沟通应体现组织负责任的态度，表达组织的关切及悲痛，为组织树立最可靠数据源的形象，并关注危机事件发展及媒体的后续报道。目的在于防止危机扩大，尽力将危机化为转机。以下是必须把握的关键性时点：

（1）事件发生1小时内总部要有声明。

（2）事件发生1.5小时内当地要有声明。

（3）事件发生3小时内要有新闻简报。

发言人在发言及回答问题时必须具有发言素养且贯彻3C原则：关切（Concern）、合作（Cooperation）与慰问哀悼（Condolence）。事件带来的长期影响比其发生时的短期影响更重要，而有效沟通正是转危为安的关键。因此，组织必须提供信息来还原事件真相并保持组织的正面形象。

一般而言，媒体在短时间内都期待获得下列信息：
（1）是否因为组织过失而导致危机，如果不是，从何得知它不是。
（2）不管它是不是组织的过失，你的组织将如何处理此状况。
（3）你的组织是如何知道危机发生，在第一时间做了怎样的紧急处理措施。
（4）危机发生之前是否有危机征兆，如果有，是否采取过一些预防措施。
（5）如果无危机征兆，没有采取预防措施的原因是什么。

针对上述这些问题，以飞机失事为范例，如航空公司在危机发生后应通过获知失事初期的关键信息来确定发言的重点，包括事项是否可以向公众公开。发言时掌握以下要点将会避免后续许多负面影响：

1. 回答问题的主轴
（1）想尽一切办法协助事件中涉及的人员，并持续提供消息给他们的亲人及朋友。
（2）民众的安全永远是最优先考虑的内容。
（3）与有关单位合作，尽可能地协助确定事件发生的原因。
（4）不能揣测危机发生原因，否则将干扰调查且误导遇难者亲友。

2. 关于整体事件
1）不可公开的事项
（1）未经确认的事件原因需以调查报告为准。
（2）调查过程中需保密的相关事项。否则容易干扰调查，如误导目击者访谈时的证词收集。
（3）错误的责任追究。需以调查报告为准。
（4）赔偿范围。由于失事原因尚未确定，所以组织赔偿责任所占的百分比也无法确定。
（5）未经确认的遇难者。易引发不必要的恐慌。
（6）未经审核的改正措施。新的想法或措施必须经确认是否符合相关法令或规则。

2）可以公开的事项
（1）各种基本数据。
（2）如何帮助遇难者及亲友。
（3）如何与相关单位合作。
（4）单位过去的优良记录。
（5）单位同事的敬业精神及专业程度。

3. 关于飞机
1）不可公开的事项
（1）维修记录中的特别数据。容易使大众产生与事实无关的揣测。
（2）与事故无关的飞机特性。容易误导大众认为失事与飞机设计制造有关。
（3）臆测系统或零件故障的可能性。在最终报告确认失事原因之前，这将产生不必要的干扰因素。

（4）残骸形状或断裂情况。这些是失事调查的证据，在调查报告终结前不适合公布。

2）可以公开的事项

（1）机型机号。

（2）编组日期。

（3）机队数量。

（4）机上乘员人数。

4. 关于机员

1）不可公开的事项

（1）失事前机员的操作。容易误导社会大众对失事原因的判断。

（2）机员训练与失事间可能的关联。在事实尚未查明前容易造成误解。

（3）机员为防止飞机失事可能采取的行动。极易令人产生如果换成另一位机员就不会发生失事的联想。

（4）否认或淡化机员可能存在的错误。将会造成逃避责任的观感与负面影响。

2）可以公开的事项

（1）个人资料。

（2）任职时间。

（3）所飞机种。

（4）工作时间与已飞航段。

5. 关于失事

1）不可公开的事项

（1）最后一刻的具体情况。这是失事调查范畴。

（2）调查重点及如何实施。在调查报告终结前应严格保密。

（3）机场设施及保障能力。容易让外界认为失事原因与机场有关。

（4）气象及航管的规则。容易让外界认为失事原因与航空管制或天气报告有关。

（5）对任何事物的指责。容易误导社会大众对失事原因的判断。

（6）亲友名单。许多人不希望因曝光而造成困扰。

（7）身份鉴定程序。对惨不忍睹的画面进行联想，容易对搭机产生恐惧。

（8）遗留物状况。这些是失事调查证据。

（9）死亡通知。让亲友知道就好。

（10）事后发表看法。容易误导社会大众观感。

2）可以公开的事项

（1）单位被通知时间。

（2）单位反应（亲友协助及与调查单位合作）。

（3）一般情况。

6.3.5 危机处理 5W1H 分析

当危机事件发生时，社会大众的第一反应是惊讶和恐慌。大众、媒体、政府机关，甚至组织内部都想知道现在是什么情况。他们的关注焦点第一时间会放在"为何发生"（Why），与"如何确保危机受到控制并不再发生"（How）两大问题上，这是组织不能忽略的首要重点。然而，组织中的危机处理者必须明确，除上述两个问题之外还有其他4个基本问题也是必须了解的（附表14）。分析问题的基本重点包括以下6项（表6-1）：是什么灾难或危机（What）；危机何时发生（When）；危机为何发生（Why）；何处受到危机影响（Where）；谁将受到危机的影响（Who）；如何确保危机得到控制且不再发生（How）。任何有效处理危机的措施都必须先针对这些问题进行分析，并尽快找到答案。

表6-1 5W1H 分析要项

分析要项	说明
What	是什么灾害或危机？
When	危机何时发生？
Why	危机为何发生？
Where	何处受到危机影响？
Who	谁将受到危机影响？
How	如何确保危机得到控制且不再发生？

1. 何事（What）

发生了什么事，它到底有多严重，有人员伤亡吗，组织财产损失有多大。在实际情况中，危机并非呈现足够多的信息供大家分析。因此，组织必须对后续发展进行推测，应从两个极端开始分析危机，首先最坏情景会是什么，其次我们期待的最好情况是什么。

在大多情况下，危机并不会单独发生，而是由其他危机的连锁反应引发。若从最坏情景开始分析可了解当前的危机是否由组织内部的危机所引发。如果是，组织应该扮演什么角色，采取什么措施进行处理；如果先前行动是错误的，那么组织应该如何改正，危机发生初期的信息通常是不完整或是错误。无论从哪一个角度考虑，组织都应深入应对，直到危机状况能够完全被控制。

2. 何时（When）

事件什么时候发生，它是突然爆发的事件还是隐患长期累积的结果。然而，大部分危机在发生前都会有危机征兆，组织必须了解这个危机征兆是从何时开始，如何逐渐变成现在的危机。这些都是媒体或是法官可能提出的问题，如组织是什么时候开始知道内部有问题，当时采取了什么措施，为什么当时没能察觉发生了问题，当组织知道存在问题时为什么不采取行动等。

3. 为何（Why）

各种危机发生的原因是什么，是否因为风险管理系统有缺陷才导致问题存在，是否被故意破坏，是否设计不当。必须找出意外的原因，针对这些原因提出具体改善建议，并进行完善，以防止类似事件再次发生。查找危机原因不仅关系到装备、设施及系统的进一步完善，同样也是法律责任取证的基础。由于现代技术及设备极为精密复杂，要确定事件真相及引发原因并不容易。事故调查系统虽是为了查出事件的真相、找出引发原因，但其最终目的是促进危机预防工作的改善。

4. 何处（Where）

事故发生地点在哪里，它可能影响的范围有哪些，如果是程序出现错误，是哪个环节出错。如果能精确地知道哪里出错或哪里将受到影响，组织就能够集中资源全力控制。但如果无法精确地知道，组织的资源就无法集中到危机焦点。

5. 何人（Who）

哪些组织成员会导致危机发生，有哪些人会受到危机的影响，面对特定情境，哪些员工应特别注意，谁负责在危机发生前监测危机，组织内外有哪些人应该参与处理危机，谁负责预防其他连锁危机的发生，在采取行动时必须先了解谁是利益相关者。

6. 如何做（How）

是否需要立即处理危机。危机处理得当的一个重要指标是速度，但有时不考虑后续就处理行为，并非是对资源的最佳利用。此时，组织内若具有危机管理计划，它将为组织应对危机提供指导。

6.4 危机处理行动策略

在理想状态下，通过对危机分析，发现任何危机都会有一个或数个合适的应对办法。成功的危机处理需要谦虚与耐心。因为危机可以管理却不可能被完全掌控（Alsop RJ，2004），如果傲慢地以为人可以控制一切并结束危机，或者对其视若无睹，只会使问题更加严重。

组织可选用的危机处理策略包括两组常用的工具，其一是危机反应策略（Crisis Response Strategies，CRS），危机反应策略中有 9 个主要选项，这些选项为组织处理危机提供了行动指导。在大多数情况下，完全消除危机是不可能的，但却有可能大幅降低它的冲击力；其二是形象修复策略（Image Repairing Strategies，IRS），形象修复策略中有 5 个选项可供选择，它为组织提供了遇到危机时对外发言的思考方向。

危机反应策略涵盖了 9 个主要选项，包括移除危机、隔离危机、稀释危机、转移危机、迂回策略、寻求支援、妥协策略、补偿策略及变革创新（附表15）。这 9 个选项虽然各自独立且具有不同功能，但选项间并没有非常明确的分界线，所以彼此之间互有重叠。这就建构了一个多层次防护网，在这个绵密的防护网下尽可能地查漏补缺。

6.4.1 移除危机

移除危机是将引发危机的部分切除，并保留其正常的部分，从而消除危机使组织可以正常运作。表面上，移除危机似乎是一个最直接的做法，但问题在于如何才能将危机移除。若危机与组织关联性很强，那么在移除危机的过程中组织必须要做出重大牺牲。因此，移除危机并非像其表面字义是一个简单思考策略的过程，尤其在涉及情感因素时，容易令决策者犹豫不决。

移除危机虽然是一种牺牲的做法,但它也是一种保存实力的必要措施。尽管有时无法让组织完全恢复,但至少可使状况不再持续恶化,帮助组织中的正常部分继续运作。同时移除危机还要求组织选择好移除时机。例如更换人员应该当机立断,但有时要等危机告一段落后再执行;在媒体大众还在关注期间更换招牌名称,不良口碑还会如影随形地跟着新名字。以下所列是移除危机策略的提示与范例说明:

(1)切除。切除有问题的部位、换人、革职、职务调整、裁撤部门、裁员、牺牲部分产业。

(2)放弃。放弃原有产业、放弃部分或全部市场、放弃攻击、放弃削价竞争(价格战)、停火、撤军、换招牌、倒闭。

(3)逃离。脱逃、走为上策、另起炉灶。

6.4.2 隔离危机

隔离危机与移除危机的概念非常相似,它们都是要求采取行动保护尚未受危机影响的部分。与移除危机这种永远放弃的策略相比较,隔离危机只是暂时性地让受危机影响区域与不受危机影响区域分隔开来,封闭两者之间的通道或断开连接关系。

组织在采取隔离策略时必须非常迅速,否则一经犹豫就会错过良机。当情况不是很明朗时,隔离危机是最先被采用的做法,如若不迅速隔离,将会影响到整个组织。因此,待情势被控制后,再开启两者之间的连接通道。这种权宜之计虽不是通过直面危机来解决源头问题,但它限制了危机的影响范围,提供了必要的保护机制,避免危机进一步扩大而造成毁灭性的灾难。以下所列是隔离危机策略的提示与范例说明:

(1)空间隔离。开辟防火巷、建立防护层、实施封锁、加大安全距离。

(2)系统隔离。切断计算机间的连接。

(3)资产隔离。资产保护、脱产、信托。

(4)声誉隔离。划清界限、切断关系。

(5)其他隔离。时间隔离、疫情隔离、通信隔离。

6.4.3 稀释危机

稀释危机策略与危机预防中预防主选单(MOL)中的分散有许多相似之处。当危机焦点非常集中时,其破坏性也非常大。稀释危机是让危机作用力减轻的有效做法,如稀释危机的杀伤力、稀释大众对危机的注意力及稀释危机的后果等。首先,可以在希望稀释的方向或部位添加一些其他元素使危机能够被中和,从而降低其破坏性。例如释放正面危机信息以中和负面消息,以此来降低组织责任的占比。此外,也可运用添加物的特性使危机看不清目标,如乌贼遇到危险时会喷放墨汁,削弱危机锁定目标的能力来增加自身逃生的概率。

除运用添加物稀释危机外,稀释危机策略的另一个方向是将危机集中力分散为较小的作用力。由于这些小的作用力是可以被承受的,不具有集中的杀伤性或致命性,因此比较有把握渡过难关。例如具有核辐射污染的清除工作,稀释危机的做法可将该任务调整为更多人员轮流执行，让每一位执行人员的辐射暴露时间减少至 15 分钟内。以下所列是稀释危机策略的提示与范例说明：

（1）添加中和物。中和危机征兆、行善、捐款、将功补过。

（2）使用干扰物。乌贼战术、障眼法、伪装、诱饵、噪声、金蝉脱壳。

（3）分散集中性。责任稀释、分散注意力、麻痹敏感源、增加轮替人员。

6.4.4　转移危机

转移危机有两层含义，首先是将面对危机的人、事、时、地、物予以转移；其次是改变危机的方向，如转移注意力或关注目标，甚至运用危机双面性转移危机后果。将杀伤力变为助力，如开拓新市场、改造组织、拓展知名度以及塑造组织英雄形象等化危机为转机的方法。

人、事、时、地、物都可以运用在转移危机策略上，并且在转移的同时，该危机的破坏性也可能将随之转移。因此，转移危机策略是危机管理者得到高度肯定并经常使用的策略。但仍需注意，在危机发生时转移危机策略无法将危机从组织内完全消除。因此，在转移过程中不要使公众对组织产生推诿责任的误判，否则组织的整体形象会因危机转移而获得更糟糕的舆论评价。以下所列为转移危机策略的提示或范例说明：

（1）转移至其他组织。断尾求生、代罪羔羊、李代桃僵、责任转移。

（2）转移至其他事件。挑衅事件、建构另一项冲突事件。

（3）转移至其他时间。延后大选、截稿前发布消息（对手需隔一日才能回应刊报）。

（4）转移至其他地点。记者少的地方、进出入通道多的地方。

（5）转移至其他系统。使用替代品、操作机器人、无人遥控飞机。

（6）转移危机后果。运用危机双面性并把握机会进行组织整合、苦肉计博取同情、塑造英雄形象、转守为攻。

6.4.5　迂回策略

迂回策略是指组织在面对危机时，不进行正面处理，而是以迂回的方式解决它。例如，通过采用别的路径或使用不同的方法，无须在过程中直接面对危机。也就是在目标不变的前提下，将操作过程做一个有利调整以使作业在较低威胁的情况下顺利达成目标。

迂回策略具有多样性且构思灵活多变，它是危机管理者高度认可并经常采用的方法。例如有数种可以解除危机的方法，在决策时可以选用伤害最轻的，这就是所谓的"最保守行动法则"，即使可能将付出额外的时间与成本，但它却是诸多方法中最万无一失的。这样的思考模式是以一种避免与危机相遇或产生正面冲突的方式处理危机，选用此方法可避开与危机的症结点碰触。以下所列为迂回策略的提示或范例说明：

（1）回避正面攻击。以空间换取时间、缓兵之计、攻击弱点。

（2）采用别的路径。围魏救赵、远交近攻、顺藤摸瓜。

（3）使用不同方法。预防注射、消毒、麻醉、反并购。

（4）运用计谋。瞒天过海、暗度陈仓、偷梁换柱、引蛇出洞、瓮中捉鳖、美人计、空城计。

6.4.6 危机中寻求支援

由于组织本身规模或能力的限制,要独自对抗危机并获得全方面的胜利并不容易。如果能够寻求更具力量、特殊技术或公信力的单位协助,让组织获得充分的资源与环境,使组织更有把握对抗危机。获得的外援方式如借助专家的知识、经验与技术,盟友支持,资金的注入等。通过对时机的配合与掌控,将这些资源整合并协助组织抵御危机,使组织损失降至最小。

组织面临危机时最容易想到的支持是来自外部的,如可能会在危机准备中与邻近的伙伴签订支持协议。但是,一定不能忘记组织内部的支持信念才是对抗危机最基本的保证。在思考支持策略时,激发内部支持力也是一个不容忽视的方面。以下所列为寻求支援策略的提示或范例说明:

(1) 委外操作。专家、学者、危机管理师、公关公司、会计、律师。
(2) 外部支持。供货商或客户支持、同行支持、政府支持。
(3) 内部支持。员工支持、股东支持。

6.4.7 危机中的妥协策略

直接面对危机的后果通常是两败俱伤,采取妥协策略也许是明智之举。危机妥协的前提在于看清事实,尤其是看清后果,若这个后果是不愿意接受且比妥协更糟的,那么妥协会是一个较好的选择。虽然妥协表面上看似乎是认输的做法,但它与投降却迥然不同的。通常来说,投降的后果是全盘皆输、任人宰割,而妥协却可以运用谈判技巧获得更多利益,在实际运用时它是一种有效的方法。

当战胜危机的概率不高时,保存实力的方法就是妥协。虽然它看似是失败的形象表征,但它可能是诸多方法中收益最高的一种。有时寻求最少损失也是获得最高收益的最有效方式之一,这让长期建立的基业仍能继续发展,不至于功亏一篑。以下所列是妥协策略的提示与范例说明:

(1) 合作。合资、策略联盟、合并、并购。
(2) 交换。交换人质、相互撤军、相互撤除导弹。
(3) 谈判(交涉)。通过谈判来终止纷争。
(4) 和解。接受条件、和谈、调停、协议。

6.4.8 危机中的补偿策略

危机爆发后的补偿策略包括两层含义,其一是补偿被危机影响的人或系统,如针对受害者给予特别赔偿,针对系统而言,则是运用紧急预备金或备份系统来弥补遭受损伤的系统;其二则是重复保险,即构建更多防护屏障,通过多重防护网的功能最大限度地避免危机发生。

在正常情况下,一层防护网就可防止意外事故发生,但任何防护网本身都会有缺陷,可能会产生防护漏洞。当意外事故穿过漏洞时必然直接引发危机,但此时如果有第二道防线，危机则很可能在第二道防线被挡下来。多重保险是通过多重防护网来提高组织防护能力。危机爆发后，公众及主管机关最想知道的是"发生了什么事""为什么会发生"，以及"它的影响是什么"。除此之外他们想要了解的另一个重点是"如何预防危机再次发生"，多重防护网可以快速寻找此问题的答案，迅速回应公众的需求与疑虑。以下所列是补偿策略的提示与范例说明：

（1）补偿受影响的人或系统。赔偿、抚恤、加薪、津贴、奖金、奖章、奖状、储备金。

（2）构建多重防护网。平行防护、非平行防护。

（3）保险。责任险、意外险、产物险。

（4）后援。预备人选、替代方案、预备系统。

6.4.9 危机中的变革创新

危机爆发有时是因为组织长期积弊，当弊病积累到一定程度时，一个很微小的事件就能引发危机。运用高压方式使危机恢复平静通常是决策者最直接的想法，但如果能够花一些时间明确问题症结（5W1H 分析），也许会发现变革创新是让问题迅速平息的必要做法。否则日后还将出现许多新漏洞，疲于奔命的结果仍是难逃溃堤的命运。

然而，变革之举绝不可轻率，许多灾难都是由变化引起的。变革时决策者的思路必须非常清晰，在变革之前最好先分析变化风险、变化障碍及变化的后果，千万不能急于解决问题而骤然进行变革，未经深思熟虑的变革往往会为日后埋下产生更大的隐患，以下所列为变革创新策略的提示与范例说明：

（1）创新研发。新产品与市场、改变配方、变化流程、寻找出路、开辟新局。

（2）思维变化。改变主张、改变想法、改变信念、改变目标、改变思维模式。

（3）组织变革。组织改造、制度变革、人员变化。

6.5 危机处理常见问题与形象修复

6.5.1 危机影响分析

在危机处理策略拟定后，组织要开始对这些策略的影响进行分析。合适的策略选择可以让组织迅速有效地化解当前危机，不合适的策略也可能会解决问题，但有可能在其他地方引发新的危机。因此必须谨慎考虑不同层面相关的因素，以便全面应对危机（附表16）。相关考虑因素主要包括下列几个层面：

1. 安全层面

安全影响是危机处理首要考虑的因素，也是一般大众普遍的社会价值观念。只有在确保人员安全后才能将危机对人员的心理影响降至最低，换句话说，有了安全层面的前提，其他层面的考虑才有意义。

2. 心理层面

除安全层面的问题外，危机对人员心理层面的影响也不可忽视。危机发生后，必须对组织内部人员及外部人员的心理反应和变化都加以注意。

3. 法律层面

在处理危机时应考虑相关法律层面的问题。相关决策是否与法律有所抵触,组织做法是否受到相关法律的保障,做与不做的法律后果分别是什么,由于法律牵涉到专业的层面,且不同国家的法律体制也有所不同,因此,请求法律专家的协助是非常必要的。

4. 社会层面

组织在处理危机时,除考虑危机对组织造成的影响外,也应注意危机事件对公众的影响,这在一定程度上可以体现出危机的破坏力度。

6.5.2 化"危"为"机"的关键要素

临危不乱并保持冷静的思绪是衡量组织领导者基本素质的一项重要标准。危机发生后,组织领导者具有的策略思维和自信心不仅有助于组织在紧急关头占据主动地位,还有助于其下属坚定工作目标。这种策略思维和自信心源于平时准备,提前准备能使人们在遇到危机时集中精力解决问题,并为必要行动提供思路架构。以下为化危机为转机的关键要素:

(1) 面对危机应考虑到最坏的可能并采取行动。
(2) 在危机处理完成后应吸取教训并以此教育其他人。
(3) 制订危机管理计划。在危机管理计划中尤其需要考虑的是:在紧张时刻人不可能理性地行事。
(4) 在危机发生时最先考虑大众利益。
(5) 在传播沟通中掌握报道的主动权。
(6) 善用媒体与公众进行沟通。
(7) 危机发生时以最快的速度设立危机处理中心,并指派训练有素的专业人员实施危机控制与管理计划。
(8) 设立专线电话接收外界的来电,并指派训练有素的专业人员处理热线电话。
(9) 倾听大众意见。
(10) 设法拉拢受危机影响的公众站到组织的一边,并帮助组织解决相关问题。

6.5.3 危机处理常见问题与错误

在危机处理方面,组织常将解决危机视为组织中公关部门的工作,还有许多人认为媒体可以决定危机结束的时间。他们普遍认为,公关人员对媒体处理具有丰富经验与资源,能在危机爆发时提供一系列服务帮助组织立即解决危机沟通事宜。危机处理是一项专门事务,但非全由公关人员来承担。许多危机的基本假设前提是,组织危机除了来自危机本身,还来自大众传播媒体,因此应将危机处理责任交给公关部门。但在实际状况中,当危机爆发后,原设有公关部门的组织通常会认为,公关部门仅是针对媒体的对口单位,在实际专业上并不足以处理危机,尤其是在技术密集型或知识密集型产业中所爆发的危机。归纳这些因素,组织在危机处理上易犯的错误可分为下列3项。

1. 领导阶层不信任

在危机处理过程中，组织领导阶层常常不认同公关部门是危机公关的专业人员，这导致他们常对公关人员掣肘，甚至在最后关头突然接手危机公关工作。在各方面的巨大压力下，他们所做的决定从专业角度来看往往是欠缺公关考虑的。

2. 部门间结构冲突

许多研究指出，当危机发生时，在组织内部各部门间的结构冲突中，最严重的是法务部门与公关部门在危机处理方式上的冲突，如高级主管应该对记者说多少、说什么、说到什么程度等。针对这些问题，法务人员和公关人员有不同的建议。由于法务人员通常只关心组织日后可能会牵涉到的法律纠纷问题，因此对高级主管的建议是对媒体讲得越少越好。然而，绝大多数的公关人员是以比较宏观、长远的角度来评估而不是仅仅局限于组织的当前利益，所以他们不断提醒高级主管应告知公众事实真相，或将公众迟早会知道的危机信息尽快告诉媒体，以凸显组织诚实负责的形象。若高级主管采纳法务部门建议，则将打击公关部门士气；反之，若是采纳公关部门建议，则将打击法务部门士气。

3. 沟通系统障碍

公关人员在短时间内能否得到完整准确的危机信息是决定公关处理成败的关键。如果平时公关部门就与其他部门存在沟通问题，那么在紧急时刻，掌握消息的部门就有可能因为时间不够或担心公关人员告知媒体而不提供信息。在危机应对的关键时刻，缺乏信息会使组织错失危机处理的黄金时间，以致削弱组织响应危机的能力。

除非能够扫除上述3项系统障碍，否则将危机处理的职责完全移交由公关部门是不合适的，尤其是在组织高级主管不信任以及部门间的结构冲突并不容易解决的情况下。组织应明白，在危机处理进行分工时，公关部门仅是危机处理的重要部门，但绝非是承担危机处理全责的部门（朱延智，2003）。

6.5.4 危机对外发言及形象修复策略

危机发生时，除公众想立即知道相关信息与影响外，政府主管机关也必须被告知组织处理的做法与决策等。公开与勇敢的态度是面对危机的最好方式，任何高压、抵制与欺骗的手段都会让组织声誉受损，且需要漫长的时间进行修复。组织内的发言人员，无论是首席执行官还是指定的发言人都必须深入了解形象修复的策略和理论，以防止负面形象逐渐侵蚀组织。以下介绍5项具体的形象修复策略（Benoit WL，1995），在运用这些策略前必须要深入了解危机引起攻击或抱怨的条件，包含组织的冒犯行为和要求组织响应两个方面。但是，这两个条件都是感知，不一定是事实中客观存在的。也就是说，即使事实不存在，无论消息来源是什么或正确与否，当公众已感知到组织的冒犯行为时，组织形象必定遭受严重威胁。反之，当公众认为组织没有冒犯行为存在时，组织形象便不会受到威胁（附表17）。

1. 直接否认

告知公众这些消息的错误之处，否认有任何冒犯社会大众的行为。部分组织甚至会转移焦点，推卸责任，把错误源头指向他人，如竞争组织宣称自己也是受害者并以某种形式转移不利因素，让自身形象免受威胁。针对不实指控，如谣言、蓄意中伤等，直接否认的正面效果必定比不予理会要强许多。许多高层主管认为，对不重要的小威胁高调否认会提高公众对问题的关注程度，但他们忽略了这些不实消息的影响。如果消息是错误的，组织不必太过担心因否认行动而造成的社会观感。相较负面观感产生的可能性，有时否认行动反而会加强正面观感，同时也会增强组织对潜在谣言伤害的免疫力。

2. 回避责任

负责是危机处理的重要原则之一，负责任的态度也是树立正面形象不可或缺的要素，然而这并不意味着组织要被贴上全盘责任的标签。有时，组织说明造成问题的原因反而可以获得社会大众的谅解，同时也可以降低承担责任的占比，并让整体责任分散到较小范围。责任回避策略涵盖了如下4种方法：

（1）他人挑衅。宣称是对他人攻击行为做出的合理响应及正当防卫。

（2）无能为力。声称是在不知情的情况下或因无法掌握的情况下而导致，且危机状况已超出组织能力范围，以现有的制度或技术已无力应对。

（3）声称意外。若组织能说服大众相信事件导因是由于意外（非蓄意），那么组织的责任关系就变小，其形象损害也就越少。

（4）出自善意。提出组织行为动机是出于善意而非故意冒犯大众。

3. 降低冲击

当事件责任已非常明确时，推诿反而会招致更大的反感，降低事件冲击往往是减少负面印象的最佳策略。其涵盖的6种方法如下：

（1）强调正面。增强公众的正面认识、放大组织其他优点并缩小缺点。

（2）减少负面情绪。减少大众对于危机冲击组织的负面认识，不用刺激性语言。

（3）剥离负面形象。与其他负面形象切割，将冒犯的行为和其他更严重的行为做区隔，不要产生关联性。

（4）超越层次。将冒犯行为引向可原谅的方向。

（5）攻击指控者。针对指控者的形象弱点进行攻击，降低指控者的行为正当性及言辞可信度。

（6）表达同情。与社会大众具有一致的价值观念并对受害者表示同情与关切，在合理范围内帮助他们减轻痛苦或解决问题，并以实际行动补偿受害者。

4. 修正行动

危机发生后，一般人都想知道组织会采取什么行动来降低风险。组织应让民众知道危机事件的具体问题，并尽力恢复到以前的状态。承诺未来不会再次出现冒犯大众的行为，向公众保证会继续尽最大力量保护人民生命财产安全。同时，组织应立即查明原因并公布调查结果，采取修正行动避免类似的事件再度发生，恢复民众信心。

5. 后悔道歉

组织承认问题并寻求大众的原谅。虽然这可能需要担负一定的赔偿责任或面临诉讼问题，但拖延、拒绝道歉或敷衍是绝对行不通的。成功道歉的要素包括将心比心、勇于承担，这两个要素可阻止伤害继续扩大。道歉不仅不会降低自己在他人心目中的地位，还会被冠以负责任的美誉并获得大众谅解。组织不应轻易道歉，但只要自身有错，即使这项错误所占比例很小，组织也不应该敷衍了事。

> **阅读材料**
>
> ### 丰田汽车暴冲事件
>
> 　　2010年3月美国盛传丰田汽车易发生暴冲，且52人的死亡可能与暴冲事件有关。根据当时一名丰田车用户的说法，其驾驶2009年购买的丰田汽车在自己家附近街道行驶时，汽车突然加速到每小时24千米，且在踩下刹车后好几秒没有停下，这起突发事件差点使他的汽车冲过堤岸。在运输部和相关团队介入调查前，丰田公司将突发事件原因归咎于一般机械故障，甚至是客户操作错误。
>
> 　　经调查，丰田汽车零部件供货商CTS公司提供的油门踏板疑似有瑕疵，认为脚踏垫可能卡住油门。在外界巨大压力下，丰田最终采取了全球性召回措施，其召回检修的汽车数量高达850万辆。
>
> 　　大规模召回事件促使美国国会召开了3次听证会，也迫使北美丰田负责人以及社长丰田章男相继出面并接受各方强烈谴责。尽管丰田章男做出了严格处理质量监管问题并全力配合调查的承诺，但其先前拖延处理的做法已严重损害了丰田的安全和质量信誉。听证会后丰田收到的投诉数量也大幅增加，其中也包含牵涉到车主伤亡的巨额诉讼，导致丰田损失惨重。
>
> 　　由于丰田的故障车型、数量以及受害规模广泛，美国汽车安全监管机构甚至一度考虑要求丰田为其所有新车强制安装"黑匣子"。此后，丰田采用信息完全透明的电子记录器，如实记录车辆发生故障时的详细状况。
>
> 　　这些举措促使丰田下定决心如实面对自己的产品问题。
>
> 　　自此，丰田展开研究，期望研发出更优的油门与刹车踏板布局，以降低结构间互相干涉的可能；同时，也优化了车辆搭载的电子系统，为车辆不正常加速增设了另一道防护。除产品设计变化外，董事会成员数量也在事件调查期间减半，以加快对突发状况的识别与决策速度。
>
> 　　这次事件对丰田公司的信誉是一次极大的考验，危机管理应被视为一项常态化工作贯穿于组织发展始终。由此可知，唯有及时处理危机、表现诚意才能有效遏制情况恶化，从而避免在后续损害积累下付出更为惨痛的代价。

【本章重点】

1. 危机处理是指危机爆发后由组织响应而发展出来的应急行为，通过深入分析归纳危机处理的原则、程序与策略，可为危机管理后续工作提供思路和方法。

2. 判断某一事件是否归属于危机范畴或组织是否进入危机状态，以及是否需要立即回应，需要一个过滤机制来评判。这个过滤标准一般来源于危机重要特性，主要包括事发突然、后果严重、价值冲突、时间短促4项。

3. 组织在处理危机时应把握的原则包括行动原则与传播原则两大项，其中：行动原则包括及时、诚实、负责与同情，而传播原则为信息一致与直接沟通。

4. 移除危机是指将引发危机的部分切除，以使危机随切除部位一起远离组织，而保留其他部分使组织正常运作。

5. 隔离危机与移除危机的含义相似，它们都是采取行动保护尚未受影响的部分。不过，与移除这种永远放弃的策略不同，隔离只是暂时让受危机影响的区域分隔开来，封闭通道或连接关系。

6. 当危机比较焦点时，其破坏性也更大。稀释危机是使危机破坏力减弱的有效做法，其具体做法有稀释危机的杀伤力、稀释大众对危机的注意力以及稀释危机的后果等。

7. 转移危机有两方面意义，一方面是将面对危机的"人、事、时、地、物"加以转移；另一方面是让危机改变方向，如转移注意力或关注的目标，甚至根据危机两面性特点来转移危机后果，使危机的杀伤力变为助力来化危机为转机。

8. 迂回策略是指面对危机时不做正面攻击，而是以绕过方式回避它。例如采用其他路径或使用不同方法，过程中不与危机直接相遇，却仍可以顺利达到目标。换言之，在目标不变的前提下，将过程做一个有利调整以使组织在较低威胁情况下顺利迈向目标。

9. 危机中寻求支援。由于自身规模或能力的限制，组织独自对抗危机时想要有十足胜算并不容易。如果能够寻求更具能力、特殊技术或公信力的单位协助，获得充分资源的组织会更有把握对抗危机。

10. 妥协表面上看似乎是认输的做法，但它与投降却截然不同。投降的后果通常是全盘皆输、任人宰割，而妥协却可以运用谈判技巧来获得更多利益，因此实际妥协策略是一个很常用的方法。

11. 补偿策略包括两层含义，第一层含义是补偿被危机影响的人或系统。例如针对受害者给予特别赔偿，使用紧急预备金或备份系统来补偿遭受损伤的系统。第二层含义则是重复保险，即构建更多的防护屏障，通过多重防护网让危机事件不发生。

12. 变革创新策略要求针对变化开展变化风险、变化障碍及变化后果的分析。具体可以在新产品与市场、配方改变、流程改变、寻找出路、开辟新局等方面创新研发，在改变主张、想法、信念、目标、思维模式等方面变革思维，在组织改造、制度变革、人员变化等方面进行组织变革。

【本章习题】

1. 判断危机的标准有哪些？
2. 危机处理目标是什么？
3. 危机处理行动原则有哪些？
4. 危机处理传播原则是什么？
5. 通常导致危机扩大的原因是什么？
6. 危机期间不可与记者争辩，如果记者提出不合理要求，发言人应如何做？
7. 危机期间是否应尽量避免非正式访问？为什么？
8. 危机期间危机监测系统负责的事项是什么？
9. 危机期间资源管理系统负责的事项是什么？
10. 发言及回答问题时的3C原则是什么？
11. 危机行动策略涵盖哪些主要策略？

12. 说明危机处理行动策略中的"隔离危机策略"。
13. 说明危机处理行动策略中的"转移危机策略"。
14. 说明危机处理行动策略中的"迂回策略"。
15. 说明危机处理行动策略中的"补偿策略"。
16. 形象修复策略包括哪五项策略？
17. 形象修复策略中的"回避责任策略"涵盖了哪4种方法？
18. 形象修复策略中的"降低冲击策略"涵盖了哪6种方法？
19. 危机影响分析考虑的因素主要包括哪些层面？

7 危机沟通

良好的形象和声誉是组织生存、发展及取得成功的关键。组织内外进行充分沟通不仅能有效维持组织声誉，也是组织与公众进行交流的前提。

危机发生时，组织最紧迫、最关键的任务是危机响应与沟通。适当的沟通可以避免或降低危机对组织造成的负面影响，减少组织的直接损失或形象损害。组织在危机发生时沉默不语，是绝不可取的。然而适时、恰当的发言也非易事。就危机沟通而言，组织需要针对不同情况选取恰当的策略，如通过运用一些工具方法迅速形成发言通稿等。

本章主要探讨组织危机沟通的策略方法和关键点，主要包括快速控制局势、指挥工作开展以及基于组织计划进行内外部沟通等，此外还包括4R4P模式、PASS模式以及4C模式3种协助组织检核发言内容的工具。

7.1 危机沟通概述

组织处理危机事件时，除了需要事先掌握危机情况对症下药外，还要以公开、坦诚的态度接受媒体采访，不可有大事化小，小事化无的心态。例如组织处理危机沟通事务时，由公共事务、法规事务、消费者关系以及在生产方面有丰富经验的经理人组成的危机公关小组，对于可能危机扩大的议题都要保持警觉。他们会评估每项议题并找来专家解决问题，并与消费者、政府机关、媒体等任何受该议题影响的关系人直接沟通以达成具体共识。

无论危机为何发生，组织发生危机面临的首要问题都是如何应对事件发展，如何做好内部与外界的沟通。本章针对危机管理议题中组织面对危机沟通应重视的要项，进一步讨论了面对危机时，组织如何在第一时间掌握情况、主导发展，并依据计划对内及对外进行沟通。

7.1.1 危机沟通重要性

2001年9月11日，恐怖分子攻击纽约世贸大楼和五角大厦给危机管理带来了新的警示。忽然之间，世贸大楼附近以及1609千米以外的许多组织都需要制订一套应对计划。

由于这场灾难摧毁了组织与客户、组织与员工之间现有的沟通渠道,迅速拟定组织内外部沟通策略成为高层管理人员的重大责任。灾难发生时,政府该如何与民众沟通以抓住民心提升士气;所有有线和无线通信网络都被摧毁后,组织又如何利用其他通道与员工传递危机信息等。假设没有一个有效的沟通策略,人们会陷入持续恐慌、组织员工精神也会受创并产生困惑,最终导致政府组织陷入停顿与失序状态。因此,"9·11"事件更加凸显出危机沟通的重要性。

危机沟通与传统意义上的人与人之间的沟通不同,其涵盖范畴包括所有利益相关者。危机沟通较为错综复杂也更为专业,是任何组织都应长期培养的专业素养,并将其运用于危机发生前、中、后的持续性工作中。

以美军为例:越南战争以前,基于国家安全问题,美军从来不担忧外界批评。无论是报纸、广播还是电视、电影等各种大众传播媒体,对军队的报道都以正面居多,民意总是站在军方这一边。但是,由于越战期间美军刻意掩盖战况,致使报道内容严重失真,引起国内新闻界和一般民众的强烈反感,军队无法取信于公众。军队失去民意支持后,引发国内反战高潮,国会大量裁减国防经费,这在某种程度上直接或间接导致越战失败。战后,美军决心改进公共事务的工作做法。公共事务从军中新闻发展而来,军中新闻原指文宣,而今其功能更为强大,包括了对内与对外的公共关系,其工作内容为以下几点:

(1)引导舆情走向。
(2)评估军方各项涉及民意的政策及其推行进度。
(3)依据评估结果,向相关官员提供意见。
(4)在顾及国家安全、新闻质量的前提下,结合现行政策,执行军方各项对外公关活动。对外公关活动包括对外发布消息、媒体关系和小区关系。
(5)执行内部沟通工作,帮助官兵、文职人员、退伍人员及其家属获得充分信息,促使他们成为军中大家庭的一分子,达成美军为美国全体人民的共识。

组织应以诚信、公开及负责的态度进行对内及对外沟通时。在美国强生公司泰诺胶囊危机中,组织所采取的透明、一致、诚实、关怀的媒体策略可称为典范。除此之外,组织必须分析传播媒体的意见,了解媒体的立场与观点,评估媒体对公众的影响。危机沟通策略方面,组织应建立制度,以强化专业人员应对媒体的能力,积极经营组织与媒体的关系,促使媒体成为组织危机处理的助力。

与上述概念相比,大部分组织会存在一些错误观念,如好的信息可以平息组织危机、危机就是报纸头条新闻,或危机处理就是让组织在媒体上消失等。诸如这些过分重视组织形象的错误观念,只会使组织及其产品与公众脱节,设计出和真相毫无关联的危机信息,甚至可能会为组织埋下更大隐患。例如,美国联合碳化物公司毒气外泄之前,印度博帕尔市居民一直以为该组织是制药厂(Mitroff II、Pearson CM,1993)。

大部分危机无法靠组织自身解决,因此组织必须与各种类型的利益相关者联系和沟通以获得必要的援助,联系对象也可以是其他同行或客户。例如将组织特性、危机管理计划等信息告知附近居民;与当地社会团体、警察机关、医院、消防队或政府其他部门等接洽;与地方媒体定期保持联系并告知其组织危机管理的做法告诉记者。

7.1.2 危机沟通的准备

危机沟通是以沟通为手段化解危机与避免危机,以达到解除危机的目的。危机沟通属于一门以科学为体、艺术为用的伐谋,它可以增加危机内涵中的机会成分,降低其危险成分。

组织开始处理危机问题后,要决定与员工、客户、主管机关、股东、新闻媒体以及其他重要群众的沟通程度。沟通过程必须公开透明、诚实可靠。如果组织无法达到不同群众所预期的沟通程度,将会给组织带来更严重、更长期的问题。对内沟通包含组织内部垂直纵向沟通以及水平的横向沟通,对外沟通包括组织与社会大众、利害关系人和大众传播媒体等的沟通。图7-1概略表示了组织对内及对外的沟通关系。

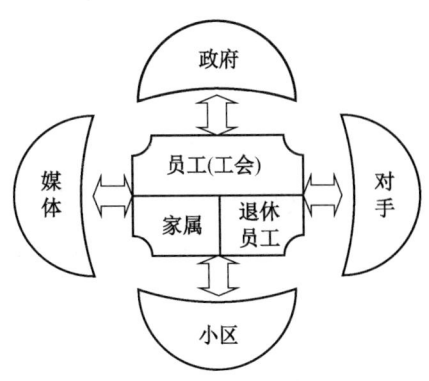

图7-1 组织危机沟通关系图

准备危机沟通的相关事宜有助于组织避开危机、化解危机,通过危机沟通可以缓和危机冲击、减轻危机对组织的破坏、修补组织的破损形象。组织针对危机沟通应有以下准备:

(1) 挑选一位发言人。选择一位具有专业知识、掌握全部情况的人员代表组织发言并对其进行培训,沟通技巧是选择发言人的首要标准之一。

(2) 诚实守信,提高组织声望。

(3) 率先承认公开问题并坦诚以对。

(4) 公开已采取的危机处理措施。组织诚实主动地将面对危机所采取的处理措施告知媒体,最大限度地降低危机对组织造成的负面影响。

(5) 预期最坏情况并事先做好准备。

(6) 通过新闻稿及广告表明组织立场,并公布发言时间。

(7) 避免发言人光芒盖过所要传达的信息。

(8) 接受专业人士建议(如心理专家、网络专家等)。

7.1.3 危机沟通的指导

危机发生后,组织处理危机的时间具有紧迫性,必须理性面对并保持沟通渠道畅通、决策果断。组织进行危机沟通时应明确以下几点内容:

(1) 寻找受危机负面影响或希望获得信息的群众,向其传达重点信息并加强与主要群众的持续沟通,保证危机顺利解决。

(2) 不要说谎、隐瞒,告知媒体已经查证属实的危机信息。危机管理主体应尽可能公正、公开、透明地发布信息,公开突发事件应对的实时动态,避免社会公众猜疑。

(3) 以平易近人的态度传递信息,不要说无可奉告。

(4) 不要对假设性问题提出个人看法。

（5）把已证实的坏消息一次性说出来，并证明组织已尽全力寻找问题根源并在设法解决。

（6）通过各种渠道收集公众意见。近年来，网站、论坛、社区以及"两微一端"（微博、微信、新媒体客户端）等新媒体不断兴起，在危机管理中发挥着重要作用且影响巨大。它们凭借迅速、便捷、广泛覆盖的优势，通过官方渠道与非官方渠道，以个人化、情绪化等表达方式发布信息，实现危机信息的快速传播，极易引发危机管理客体的情感共鸣。

（7）收集、整理文件记录，制成文件并归档，如电话接听、会议召开内容等。

（8）监控并评估危机发展状况。对危机发展状况进行全方位、全过程的跟踪监督，进一步评估可能产生的后果。

沟通行动必须善于运用各种传播渠道，如第一线接触利益相关者的组织人员或免费电话渠道。这些渠道可以使组织获知发生问题的地区，并得知危机来源区域的特性。沟通渠道不应局限于组织内部，要分布于组织内外且善用人际关系，沟通内容不应只关注损失金额或会计、营销等报表的统计数据，诸如情感等无形因素发挥的效果更能帮助人们积极接受主要危机信息。此外，组织也要在一些需要特殊处理的危机方面与新闻界进行良好合作并声明有关理由，赢得新闻界的同情，避免负面报道。

7.2 危机沟通规划

危机沟通规划是组织面临危机可以遵循的标准作业程序和应对媒体及外界的沟通规范，也为组织提供沟通策略及持续性计划。

因此，建立危机沟通规划的主要目的是让组织随时做好准备，在危机发生时能够迅速做出反应并采取措施。危机对组织的生存、发展及声誉具有严重威胁，因此制定媒体策略十分必要。组织危机通常会引起媒体的负面看法，尤其在危机爆发后组织无法第一时间回复媒体时，公众会认为组织对危机没有做出及时反应，以致其对组织评价也大打折扣。

7.2.1 危机沟通团队工作

危机沟通团队是组织面临危机时成立的对内和对外专业沟通小组，主导组织对内及对外的信息传递。沟通团队除了决定组织所采取的媒体沟通策略，还要负责组织对内和对外的沟通策略研究、执行与评估的工作。

1. 决定策略

危机沟通团队是决定组织对外沟通策略的主体，团队成员包括组织首席执行官或指定代理人、公关部门与其他各部门资深主管（以遭受危机波及的部门为主）、安全主管及律师等。团队每一位成员均有各自的任务与职责，并且每一位成员要指定一个代理人代理其职务。团队成员应事先针对不同危机状况拟定相应的沟通策略，并以最快且最有效的方式与外界进行沟通。策略内容应包含相关可行的对内及对外沟通方式，如个别及团体会商、传统书信、电话、电子邮件、传简讯、传单及电子或媒体广告等。根据危机发展状况，评估所有可行的沟通方式并选择最佳策略，把握执行沟通计划的最佳时机，做好充分准备后以最迅速、最明确的方式下达决策。此外，要实时监控执行成效，为后续沟通策略的制定和执行奠定基础。

2. 发言人

沟通团队的另一项工作重点是选择发言人，发言人在危机处理时代表整个团队面对媒体发言并回答相关问题。除了指定正式发言人外，组织还应任命预备发言人，以防发言人因故无法出席。除了发言人，小组中每一位成员都有可能在危机处理过程中面对媒体。因此，团队成员及发言人都应接受专业的应对媒体训练，避免在处理危机时与媒体产生不利互动，对组织造成不可估量的负面影响。

媒体采访形式包括广播节目、电视节目、与记者面谈或面对群众发表演说等。接受采访的准备工作需注意的内容：了解节目主持人的主持风格，是温和还是具有攻击性的；主持人是否常常打断受访者的回答；访问气氛是否友善且轻松；如果是参加座谈性质的节目，是否有对手；如果有的话，是否有对方的背景资料。尤其是面对特定的危机情景时，组织需要依据发言人专门安排团队，为其提供专业知识或技术性咨询，如财务危机、工程技术危机等。团队应为发言人实时提供所需信息，并对媒体或约访者做相关调查，帮助发言人充分掌握媒体信息以应对媒体提问。

3. 评估结果

组织在执行危机沟通计划时，沟通小组应随时掌握并评估沟通计划的执行情况及结果，或者由专业人士或机构进行评估。此外，也可以通过电话访谈、一对一面谈、媒体评论及网络留言等方式获知沟通计划的执行结果。执行过程中，组织应持续关注相关建议以及公众的反应和情绪，为后续调整沟通策略提供依据。组织可通过下列方式进行调整：

（1）提高或降低对员工、客户、供货商、社区管理者、新闻媒体等其他群众的沟通程度。

（2）合理指派发言人，精简关键信息及优化传达方式。

（3）运用新的策略对危机的监测、评估和报道。通过适时、快速、准确以及点面结合的方式，监测危机动向，监督危机处理措施的实施为危机管理提供启示。定期发布监测通报与危机状况报告，进一步评估危机可能产生的后果，根据情况选择合适的渠道进行报道。

危机沟通的有效管理也是同样的道理，组织必须制定完善的危机监测机制，迅速收集危机演化信息并进行分析，帮助组织做出最佳决策。并且，组织要在评估过程中随时做出调整，不能因已有危机沟通策略就认为组织足以应对危机情况的变化。不愿保持弹性的组织终究会发现现所面临的危机，甚至比当初试图控制时还要难以应付。（Caponigro，2000）

7.2.2　危机沟通关键任务

危机发生时，组织如何依据危机沟通计划进行沟通，可参考以下几点做法：

1. 列出所有利益相关者

危机发生时，组织沟通的首要工作是列出所有利益相关者，针对性地采取不同沟通策略，包括如何与他们取得联系，由谁负责传递信息或担任发言人，我们应该优先与哪些人进行沟通（附表18）。

2. 证明组织已设法解决

如果组织内、外部的人员认为组织在解决问题上缺乏诚意，他们会对组织产生猜疑甚至反感。面对危机时，组织应认真检视问题并展现解决问题的诚意。

3. 向利益相关者传达核心信息

组织应尽早锁定核心信息并进行反复沟通，以最合适、最通俗易懂的方式将信息传达给利益相关者。

4. 告知已查证属实的信息

组织应依据已知情况证实部分信息，不要臆测其他情况。一旦臆测结果被证实错误，将会严重影响组织声誉。组织可以用非常有效的方式传达一些经过查证的信息，但绝对不要用臆测方式传达不确定信息。

5. 绝对不要说谎

除了避免臆测之外也绝对不能说谎。为了修饰先前所扭曲的事实，就会需要更多的谎言，这是组织在危机发生时为了保护与维持组织声誉易犯下的最严重错误，一旦谎言被拆穿对组织的损害将会远远超过其他错误。

6. 将负面消息一次性说清楚

卸下沉重负担后，事情将比较容易推动。组织要尽可能将所有负面消息一次性说清楚，避免因每次传达的消息有误或群众猜测出的负面信息而导致声誉受损。

7. 不要对假设性问题提出个人看法

危机处理过程中，新闻媒体经常要求组织回答一些假设性问题，组织应训练相关发言人不要对假设性问题做出任何评论。

8. 表达强烈沟通的意愿

危机刚发生时能够证实与讨论的事项并不多，在这样的情况下，组织必须明确目前能传达与不能传达的事项，以平易近人的态度面向公众并采取诚实、开放的沟通措施，这也是有效处理危机的重要因素之一。

9. 果断

危机需要组织领导阶层迅速做出正确决策。如果组织已经做好了万全的应对准备，就可以非常果断、自信且有计划地行事。危机早期阶段，组织证明其处理的决心和掌控情势的能力是非常重要的；处理危机时，一旦组织产生负面形象，大众心中再建立正面形象就会十分困难。

10. 保持冷静

组织应训练发言人或代表人学会控制情绪，避免让他人感受到其恐慌情绪。发言人也必须向社会大众冷静地传达已经掌握的情况，并提供其中的关键信息。

11. 征集内、外部意见

危机发生时，如果组织未能做到充分的双向沟通就会导致组织与重要利益相关者之间的互动受阻。因此，组织不能满足于已掌握的信息，应接受更多意见，让组织内、外部人员都能有所反馈。

12. 记录文件

危机处理阶段，组织要确保所接听的电话、召开的会议及相关的沟通活动都能制作成文件或数据并归档。组织的法律顾问、公关人员以及其他相关人员都需要以这些信息为参考。哪一类群众极度不满，访问组织的记者是谁，组织在何时通知哪些人，这些记录文件在未来危机处理工作中十分重要。

13. 监控并评估情势的发展

信息如何传达，被成功传达出去的信息是哪些，组织接收到的问题是什么样的，这些问题答案将如何协助组织在沟通过程中进行调整。

14. 持续沟通

许多组织常常会犯的错误是在危机被控制后就开始松懈，且认为不需要再进行进一步沟通。危机被控制后，组织虽然不需要完全按照危机发生时的沟通方式进行沟通，但完全停止沟通是极其错误的，持续加强与社会大众的沟通，可能将顺利解决危机。因此，组织要在危机得到控制后继续加强与社会大众的沟通，并寻求进一步强化的方法。

当查证确实是因组织过失而导致危机事件时，如何审慎处理以避免造成更大危机是十分重要的。大多数案例中，公众易对承认过失且有诚意面对并解决问题的组织产生同情与谅解，一味逃避责任且把过失归咎于他人的组织终将会引发社会大众的愤怒和指责。任何组织都有可能犯错，面临如此情形时，可参考以下几种做法：

（1）承认错误。"诚信为上"，发现危机事件源于组织本身时，组织应在第一时间承认错误并制订补救方案。

（2）诚恳致歉。对于错误所造成的负面影响，组织不可推诿过失，应诚恳地向受害者及公众道歉，并以负责的态度向外界说明情况，积极与受害者沟通获得谅解。

（3）表达遗憾与失望。组织应通过媒体发表声明，表达对所犯错误的遗憾并对内部所造成问题进行诚心检讨。

（4）展现解决问题的诚意。承认错误后，最重要的是组织要立即提出相关方案，对内部和外界说明组织后续的弥补工作，并给公众一个明确交代，以体现组织解决问题的诚意。

（5）保证不再犯。除了痛定思痛，组织还要尽快改正内部错误，向外界表明组织对相关问题的重视，并声明今后将尽可能地防止类似事件发生。

（6）感谢支持者。危机发生后，组织应对内部及外界反应进行观察，对支持者的声援进行公开感谢，并持续寻求外界支持与谅解，这将有助于组织声誉和形象的重建。

7.2.3 危机沟通媒体政策与程序

组织制订危机沟通计划时，应明确媒体政策，包括沟通小组的设立、人员训练计划的制订等。并且，要对组织与媒体之间的互动制定标准作业程序，选择合适场所作为媒体中心。媒体中心除了召开记者会，还可以成为组织危机处理时与媒体进行直接互动的场所。媒体中心位置的选择不可离危机发生地点太近，避免造成媒体争相拍摄及采访的混乱场面；也不宜太过偏远，这样容易误导媒体，让其认为组织要掩盖相关事实，产生不必要猜忌，还会影响媒体前来采访的意愿，转而寻求其他渠道获得相关信息，最终导致出现错误的报道。因此，要让媒体感觉组织在面对危机时的态度是诚实、公开的，而不是有所隐瞒。组织对于媒体采访应注意下列事项：

1. 避免非专业人员接受访问

与组织相关的各类人员都有可能接受媒体记者的采访。因此，内部媒体政策应明确指出，不可轻易对媒体发表个人意见，统一由组织内部指派的专业发言人接受媒体采访。

2. 准备响应外界的问题

接受媒体采访前，组织应站在媒体立场分析整个事件，明确外界媒体所关心的事项，准备应对媒体提出的具有攻击性的问题，顺势主导采访议题，引导媒体谈论有利于组织的议题，尽可能掌握采访报道主控权。

3. 备妥声明稿

组织在接受媒体采访前应备妥相关声明稿，稿中明确说明整个事件发生的原委、组织处理的态度，促进公众了解组织处理危机的决心。

4. 备妥专业说明资料

准备组织的背景数据并根据最新情况进行更新，相关专业资料应包含专业名词解释，以及对组织的专业性事务流程的详细说明，以减少外界疑惑。促使组织与媒体沟通，让媒体能在最短时间内掌握组织状况，促使双方达成共同认知。

5. 提供媒体所需资源

组织应在规划的媒体采访中心（公关室）为媒体记者备妥相关设备，如传真机、电话、简报数据，以方便他们使用。营造和谐的沟通气氛。

汲取经验及教训是组织在危机沟通上必须掌握的法则，对瞬息万变的危机状况应有明确的政策作为指导。组织应定期检视危机沟通计划，对于不合理的策略应立即提出检讨，并保持最佳状态以处理危机事件。

7.3 组织内部危机沟通

7.3.1 危机中与员工沟通的价值

员工应被列为组织面临危机时的第一沟通对象，因为他们是最值得信赖的伙伴。但若欠缺沟通，他们也可能是最具破坏性的角色。一般情况下，大众认为内部人员很容易掌握组织内部相关信息，并觉得他们是对组织最忠实的人，组织需要时他们一定会挺身而出。实际上危机发生后，组织内部人员通常是所有沟通对象中最敏感的群体，他们通常认为自己有权利了解组织遭到的所有情况，以及组织在危机处理中所采取的策略与行动。

一般而言，组织内部人员对组织都具有认同感和归属感，并认为组织发生的一切都与他们息息相关。他们担心自己的工作是否能保得住，危机是否影响团队士气及合作气氛，及担心自己是否会被解雇或减薪等情况。总而言之，组织内部人员担心的重点是危机事件对组织产生的负面影响，这将间接影响他们的正常工作、生活质量、经济收入及对家庭与社会的责任。因此，组织做好对内沟通工作能有效缓解内部人员情绪上的不安。组织面临危机时，若内部人员对组织保持认同感及信心，就会成为组织最忠实的支持者，反之将是组织在处理危机时的最大阻力和威胁。组织内部沟通的要点内容有以下几个方面。

1. 员工是优先沟通对象

危机沟通中，组织应优先对内部人员进行沟通，对内部人员想知道组织所面临的问题而不予以说明是严重错误的。即使人员可以从其他渠道得知组织所面临的处境，但对内部人员的沟通工作仍是必要的，否则员工对组织将会失去信心并产生怀疑与不安。

2. 可以建立信心

组织与内部人员沟通的目的是让他们感受到组织对其的重视，凝聚内部向心力。组织应诚实、公开地向内部人员说明事件经过，使其对组织处理危机保持信心与认同。

3. 可以寻求支持

获取内部人员对组织的信任后，组织应将这股力量运用于支持组织危机处理的各项措施中，这样不仅促使组织人员对内相互团结一致，对外也能发挥巨大影响力。

4. 寻求安抚与心理恢复

组织应为受到影响的内部人员提供实时帮助，安抚其情绪并提供专业心理咨询服务。对当事者家属也必须以负责任的态度为他们提供相关咨询与帮助，善尽赔偿义务，化解内部的不安情绪。

危机发生期间，通过向员工及其他群众强化关键危机信息，使其支持组织立场、坚守岗位，对客户、上下游厂商和其他员工保持积极的态度。如果无法满足员工期望会导致员工士气低弱，还会增加组织管理事项的复杂性与困难度。组织与员工有效沟通的关键如下（Caponigro，2000）：

（1）危机发生时要保持固定且畅通沟通渠道，以适当方式与员工沟通并向他们提出行动呼吁。沟通过程中，关键技巧是学会倾听：一是用心体会倾听的重要性；二是从肯定对方的立场去倾听；三是摆正心态，不能有经验主义；四是学会给对方以及时的、合适的反应。

（2）以通俗易懂的语言说明组织的关键信息并进行强化。

（3）与员工分享所获知的信息，保证他们持续获知事件的最新情况，危机处理中，有"一小时黄金原则"，即危机爆发后组织在一小时内给员工带来第一手信息，就可以掌握危机沟通的主动权。因此，组织应该尽快选择合适的人出面向员工解释，防止事态恶化，将舆论造成的影响最小化。对于不能公开的机密问题，组织要以真诚的态度向员工说明原因以获得员工谅解。

（4）解释制定决策的原因。如果宣布的是一项痛苦的决策，应将心比心，通过温和同情的方式向员工陈述。例如组织缩编。

（5）确定所有员工在同一时间被告知重要危机信息，并为员工提供询问、反馈、建议以及表达关切的机会。

（6）选择合适且具影响力的沟通人员。为了对危机事件进行有效沟通，组织必须选择合适人员与员工进行沟通。

（7）组织必须遵守诺言。组织要严格遵守承诺，增强员工的信任度。

7.3.2 危机中与员工沟通的方式

危机发生时，组织可以采用多种方式与内部人员进行沟通，最终目的是将重要信息直接而明确地传达至组织的每一位员工，让其了解事件原委及组织处理事件的态度。组织可依据工作形态及沟通对象的不同而采取下列不同的沟通方式：

1. 员工会议

整合组织全体员工召开大会，明确阐述组织处理危机的策略以及相关事实，并促使组织内部全体成员达成共识。

2. 部门会议

组织内部可以根据各部门任务性质的差别，分别召开会议，以达到与内部人员有效沟通的目的。组织领导阶层应于事前召集各部门负责人共同研究，达成共识后再授权各部门分别执行。

3. 面对面会谈

对于规模较小的组织而言，领导阶层可以与内部人员进行面对面会谈。这是最直接且最明确的方式，不仅可以表明组织立场，也可以解决内部人员疑虑以达到直接互动的目的。

4. 内部文件

组织内部的流通文件可以在领导阶层与内部人员沟通时发挥作用，利用内部文件传递系统或定期刊物，组织领导阶层将信息迅速、明确地向内部人员传达。

5. 书信

考虑事件整体特性，若影响层面涉及人员家属等，组织可以通过书信方式将信息邮寄至内部人员住所，与员工家属建立相互沟通的渠道。

6. 电话

组织内部沟通小组可通过电话与内部人员或家属沟通，直接说明组织处理危机的方式，并表明组织保护员工的立场与决心。

7. 公告栏

将重要信息以书面形式公布，利用内部活动的广告牌或公告栏将信息传递给内部人员。

8. 录像说明

组织通过制作录像的方式向全体人员说明危机处理立场时，应注意信息传达的时效性，避免错失与内部人员沟通的最佳时机。

9. 网络

利用组织内部网络系统，以诚实、负责的态度将领导阶层的信息传递给每一位员工。此外，可通过网络留言板了解内部人员的想法及其对组织的建议并及时采取应对措施。

10. 其他

其他方式包括上班时间向员工留言、员工通报、特刊等。

组织应鼓励内部人员勇于发表意见并采取措施，让所有人都有同等机会表达自己的意见以促进组织内部的沟通与互动。总之，组织内部的危机沟通是不可忽视的，内部人员是组织最重要的资产，是组织在面对危机时正常运作的基石，也是在危机处理中与外界沟通的最佳亲善大使。与员工沟通注意事项如下（Caponigro，2000）：

（1）将员工区隔：决定出各区隔小组主要联络人和传达的核心危机信息。

(2) 注意文件内容，即使是内部文件也很可能流落到他人手中。
(3) 语气切勿轻浮、嘲讽或故作俏皮，避免有人误解其含义。
(4) 强化核心信息。
(5) 以将心比心的态度安排足够时间倾听员工心声、征询员工意见及回答员工问题。

7.3.3 危机沟通寻求员工协助

危机处理时，良好的内部沟通有助于维持团队士气，进而为组织危机处理增添助力。当内部人员感受到被组织尊重且能随时获得充分信息时，组织在处理危机上就能满足内部人员期望、缓解内部人员的不安与负面情绪。组织在处理危机的同时也必须兼顾与内部人员的沟通并获得其积极帮助。

1. 支持组织立场

内部人员感受到被组织所重视时，他们会有强烈认同倾向并支持组织立场，自然能凝聚成一股强大的助力。就好比家庭成员一样，如果每一位成员都能感受到家庭的温暖与重视，当家庭面临危难时，每一位成员会尽其所能地捍卫家庭。因此，重视组织内部成员的感受十分重要。

2. 避免谣言散播

组织与所属员工进行充分沟通后，组织成员自然会对组织产生认同感，并且会尽力消除可能伤害组织的谣言及传闻，避免组织遭受不必要的伤害。处理危机时，组织应对负面消息的能力非常薄弱，任何负面消息都可能成为组织的致命伤。内部人员认同组织有利于控制有损组织形象或破坏内部团结的谣言，使内部由上到下均能保持相同立场、秉持共同信念来共渡难关。

3. 信任组织高层的领导

组织内部人员士气低落通常是由于他们对组织领导阶层缺乏信任，有时是因为对决策不满或是领导阶层对其沟通缺乏诚意。因此，组织面临危机时，维持内部信心十分必要。只有让内部人员感受到组织领导阶层的沟通诚意，才会认同组织高层领导的相关决策。

4. 有助于核心信息的传递

若组织在危机处理过程中获得内部支持，相关信息就能由上到下顺利地传递给每一个人。这种情形下，内部人员较容易与组织合作，帮助组织对内与对外进行沟通，有助于组织核心信息的传递。

5. 坚守工作岗位

危机来临时，维持组织内部稳定十分重要，只有内部稳定，组织才能"无后顾之忧"并全力以赴处理危机。良好的内部沟通有助于稳定人心，只要内部人员对组织充满信心，即使面对危机冲击，组织为了自身工作保障与未来发展也会保持坚定的态度，履行每日职责并完成使命。

6. 保持正面的态度

组织处理危机时需要内部支持，一旦内部人员认同组织处理危机的态度，他们自然就会对组织保持正面态度，进而感染周围人使其有相同感受。此外，内部人员还会主动协助组织处理外部利益相关者的沟通工作。

7.4 组织与外部危机沟通

危机影响层面通常不只是单纯的内部问题，还涉及组织与外部的沟通工作，组织有义务向外界说明情况。对外沟通的首要任务是认清对象，在与组织外部沟通上，包含了利益相关者（政府、媒体、同业及公众等）。利益相关者随着组织形态不同也有所差异。组织应随时备妥危机沟通计划，根据不同状况执行不同计划，在日常工作中完善准备并重视对其所属人员的教育训练，协助组织执行全面性的沟通计划。

7.4.1 危机中与对手沟通和谈判

谈判是促使组织在危机情境下转危为安的重要环节。危机引发冲突后，卓越的谈判能创造出双赢的契机，促使冲突转变为合作。谈判是高度智慧、耐心与技巧的表征。综合古今中外实例，卓越的谈判至少满足3个条件：达成默认目标、交易成本极低、没有后遗症。当组织遇到的危机状况与特定的对象有关联时，应随时准备与其进行沟通与谈判，相关谈判技巧如下：

1. 知己知彼

了解自身实力、立场与整个事件的脉络，分析危机事件发生的原因；确立目标，了解对方的动机、实力和决心，确定自己的机会、威胁及优劣势，制订有效的危机处理方案及谈判策略。

2. 创造双赢

沟通准备必须了解对方关心的问题，并在形势得利时为对方保留退路。危机沟通只懂得一味威胁是不可取的，这可能会迫使对手走投无路，采取激烈手段，最终扩大危机。因此，解决危机的最终目标是"化干戈为玉帛"而不是消灭对手或制造更大的潜在危机。

3. 软硬兼施

在危机谈判与沟通过程中，组织不应设限或僵化于单一策略，谈判者通常所犯的错误就是只采取一项策略且不知变通。为避免进一步的冲突与争端，解决危机的理想策略要遵循弹性原则。

4. 行动前的模拟

谈判准备应保持"凡事预则立，不预则废"的心态，任何谈判技巧的应用都需要提前进行模拟演练与沙盘推演，假设各种可能出现的状况并预拟应对措施，避免谈判过程中出现意料之外的状况。当然，要将所有状况全部列出几乎是不可能的，但可以通过模拟，从类似状况中做出一定的实时反应。

固执与无知是谈判的致命伤，机灵巧变、知己知彼则是卓越谈判的关键。无法充分了解彼此的信息可能会导致组织误判整体形势或加深彼此的对立，这将会促使危机风险升高。因此，危机沟通中要与对方保持畅通的沟通渠道。

7.4.2 危机中与客户的沟通

组织出现严重问题时，何时是告知客户的最恰当的时机；客户是否已听说这件事；如果我们是客户,我们希望组织先通知我们吗;如果我们要传达信息给客户,我们需要告知他们什么内容。组织应主动出击并以直接的方式传递信息。

1. 应该传达何种信息

危机期间组织应传达何种信息给客户,以下是传达信息的基本内容:

（1）发生了什么危机。

（2）危机是如何发生的。在调查清楚危机事故原因和真相后,组织须对客户坦诚相待,以得到客户的支持和理解。

（3）危机对组织造成的影响。

（4）组织要有信心掌控全局。

（5）组织要采取措施避免问题再次出现。

（6）对客户的任何疑问都愿意详细回答。

（7）告知客户情况变化。

（8）对客户持续不断的支持和忠诚表示感谢。

（9）必要时请求客户协助并提出行动呼吁。

2. 如何区分客户

危机期间,组织需要分清主要客户和次要客户,针对不同客户拟定不同的沟通内容及方式。以下是区分客户的六种基本方法:

（1）客户规模。

（2）客户受危机影响程度。

（3）客户受媒体采访的可能性。

（4）客户与危机冲击市场的距离远近。

（5）客户是组织盟友。

（6）客户对组织的不满程度。

3. 与客户沟通的方式

客户被区分后,危机期间维系客户关系的方式通常取决于组织类型。组织要决定由谁负责沟通,沟通频率是多少,沟通方式是什么,各种沟通方式有什么不同。以下列举了几种常用的客户沟通方式（陈思、张尚尚,2011）:

（1）私人会谈。这种形式一般在面对大客户时经常使用。安排充分时间与那些对组织产生严重影响的重要客户进行私人会谈,第一时间快速有效地了解客户的想法。沟通前,组织可运用情景法,预拟客户可能提出的问题并解答,当客户深入追问时,应配合逻辑图表法提高沟通效率。面对面交流有助于组织与客户之间相互理解,减少沟通过程中不必要的误解和疑虑。

（2）电话联系。危机期间需处理的事情众多且能利用的时间非常有限,通过打电话向最重要的客户说明现况与亲自拜访具有同样沟通效果。

（3）邮寄信件。当重要客户不属于私人会谈或电话联系等优先处理的对象时,可通过邮寄信件的方式与客户保持沟通,若情况紧急且时间有限也可选择传真方式。

（4）电子邮件。电子邮件具有传递快、避免强行牵制对方时间,方便性和不拘泥于形式的优势。运用电子邮件将信息传达给重要客户是告知其的有效方式。电子邮件收到响应的概率也会比纸质信件高出许多。

（5）客户通报或特刊。危机期间，组织通过印制公告等形式向特定客户传递实时信息，可强化核心信息的传递效率，也可体现组织对问题的重视程度。

（6）网站。网站是一种媒体，组织也可将网站视为一种信息传递工具。它具有招揽及服务客户的功能，尤其是次要客户或主动性强的客户，他们很有可能通过直接查阅组织网站以了解组织立场，组织也可通过网站对有关问题进行说明。

（7）客服专线。客服专线在整个危机沟通中扮演非常重要的角色，一般情况下，客户首先接触的是处在第一线的客服。客服专线的设置不仅为客户解答疑惑，还能够立刻收集客户的问题与需求，并快速地提供解决方案。

4. 与客户沟通的重点

危机期间，组织更应该虚心接受负面批评，以诚实而负责任的态度面对自身过失，这常常是化解危机的最佳途径。在与客户沟通时不要做不合理的要求，避免负面信息传播造成更严重的危机。以下是与客户沟通的重点与诀窍（陈思、张尚尚，2011）：

（1）迅速将组织的危机情况告知客户，并把坏消息一次性说出来。组织危机发生时，客户产生不信任心理会导致公众内心恐慌，如果组织没有迅速地与客户进行信息沟通，不表明态度、立场和未说明将采取的危机措施，最终会导致客户对组织的极度不信任。

（2）不断地强化核心信息。

（3）找出最佳盟友。

（4）不要忽略媒体。通过记者采访，可以告诉客户必要的信息，让公众及时了解组织处理危机的进展情况。

5. 成功的客户沟通

组织与客户的沟通是否成功，以下问题可以作为判断与客户沟通是否成功的标准：

（1）客户是否继续询问已经回答过的问题。

（2）客户是否已经对组织失去信心。

（3）组织的业绩是否下滑，在短期内是否有回升的迹象。

（4）是否从其他渠道听到关于客户不满的传言。

（5）客服专线通话数量是否每天呈现增长状态。

（6）虽然接到客户来电但业绩是否仍然不理想。

7.4.3　危机中与相关群体的沟通

次要群众可能会对组织产生影响，因此，危机期间组织要加强与次要群众的沟通，在他们做出结论前迅速与其取得联系，并给予行动呼吁。次要群众主要包含以下几类群体：

（1）财务经理人。

（2）市场分析师。

（3）其他组织领导者。

（4）政府、工人及委员会官员。

如何与次要群众进行沟通？组织在危机准备程序中应询问群众代表喜欢以何种方式接收组织信息。组织与群众有多种沟通渠道，包括电话、传真、电子邮件、信件以及互联网等，可通过正式、非正式的方式来完成信息传递。

7.5 媒 体 沟 通

危机沟通是危机管理中的重要环节，危机管理计划应包含完整的危机沟通计划，危机沟通计划的好坏经常是决定组织受危机影响程度最重要的变量。组织必须确认是否在危机发生前、中、后已拟订适当的计划，并执行沟通活动。无论是对内或对外的沟通都应让对方感受到组织的诚意。危机沟通的三步法则如下：

(1) 快速响应。掌握先机并在第一时间响应。

(2) 明确交代。将事件发生原委以及组织处理态度向外界全部说明。

(3) 开诚布公。把危机事件的真相交代清楚，并对外界的质疑进行适当回应。

完善的危机沟通计划应着重人员教育训练，规划人员参与公关训练、媒体训练以及沟通技巧训练等专业课程，通过定期模拟演练验证训练成效。明确规定对内外沟通活动的专责人员所需掌握的沟通策略，并根据成效调整策略。此外，对于危机沟通而言，诚实是最佳的策略，是创造出转危为安的契机。

7.5.1 大众传媒概述

大众传播媒体的职责是真实报道重大事件，满足公众知情权并教育民众。危机是具备冲突性、影响性的新闻要件，本质上容易吸引记者。媒体报道将会影响公众对事物的看法，若组织在处理危机事件时未通过正确方式将信息告知公众，而是掩饰错误、保守秘密或延迟发布消息等，都会使组织受到不利影响。

各团体（利益相关者）在处理危机时都希望争取到媒体解释权，努力占领有利地位。这种情况下，媒体成为各利益团体竞逐的舞台，媒体报道增加了组织危机处理时的难度。当危机由传播媒体发布并成为公众关注的焦点后，影响大众对组织形象的认知与评价，危机对组织的负面影响就更严重。

科技加快了媒体传播速度并能实时提供答案。如今的媒体在任何时间及地点基本都可做实况转播，大部分记者只具备新闻专业却不具备产业专业，喜欢另类观察、同情弱者，在总编压力、截稿压力与同业竞争压力下没有时间深入了解问题本质就进行报道。因此，媒体也有可能成为危机事件发生的催化剂，对危机发生具有推波助澜的作用。

新闻媒体包括记者、编辑、摄影、电视台工作人员、评论节目主持人以及网络评论家。新闻指的是最新的、极大或极小的、奇特且变化多样的事物，也就是所谓的"新极奇变"。写新闻是记者职责所在，他们会想尽办法争相报道独家消息。

任何人都可能牵涉到危机中，媒体数据来源包括目击者、生还者、当事人亲友、警察、救援单位、专家、社会团体、离职人员、官方、工会、互联网。许多记者在报道不涉及调查工作或毫无争议的新闻时，都会获得组织配合。然而，当记者受到极端不配合的情况，他们会设法使用各种手段从信任的人身上获取信息。就危机管理的角度而言，组织对新闻媒体应有以下认知：

(1) 媒体是具有竞争性的产业，各家都想要独家报道。

(2) 危机期间，媒体会在具有新闻价值时做出较多的评论。
(3) 媒体本能上对组织保持怀疑态度。
(4) 媒体想确定组织的现状。
(5) 不要假设媒体对组织或产业很熟悉。
(6) 媒体重视最新与实时新闻。
(7) 组织想要打赢媒体战争极为困难。

7.5.2 危机中面对媒体

媒体对于危机的报道既可能有助于组织解决问题，也可能使组织危机情形恶化。组织所具备的应对媒体的能力的不同将会产生截然不同的后果。媒体可能会赞扬组织有绝佳的应变能力，也有可能使个人名誉或组织声望都受到无法挽回的损害。以下是组织面对媒体时必须注意的事项（Alsop RJ, 2004; Caponigro JR, 2000; 黄丙喜、冯志能, 2012）。

1. 运用媒体的原则

(1) 媒体既不是敌人也不是朋友。
(2) 媒体有权要求组织快速响应问题。
(3) 必须事先准备，不能临场应对。
(4) 被报道后，组织有权做出反应及澄清。

2. 面对媒体的最佳方式

(1) 设身处地、将心比心。当他们不断提出疑问或没抓住组织发言的重点时，组织要展现出耐心与包容，避免出现受到威胁的情况或是做出充满恐惧的表现。
(2) 迅速并诚恳地回复来电。视他们为值得尊敬的伙伴而非敌人，接到来电时迅速回应并展现真诚。
(3) 透露随处可得的信息。为了减少公众对危机管理过程中暴露出的问题产生的消极影响，企业需要有分寸地向媒体透露信息。
(4) 帮助他们了解组织及其产品。通过简单直接、浅显易懂的语言帮助他们了解组织及其产品，避免产生不必要的误会。
(5) 准确掌握必须更正的错误。组织需及时掌握并澄清媒体报道的错误信息。

3. 与媒体沟通的方式

(1) 新闻稿。新闻稿是由组织自己拟定、宣布信息和立场的新闻报道，是关于危机情况最明确的新闻信息。
(2) 记者会或媒体简报。记者会是满足新闻媒体和危机管理者沟通需要的最重要的途径。如果能够运作得当，记者会可以提供给媒体和组织管理者都认同的信息，成为最公平的消息来源。
(3) 个别媒体采访和媒体联访。当媒体想获取最真实的第一手资料，而不是被采访者预先准备好的回答时，个别媒体会采取当面采访的形式。
(4) 电子邮件。这种沟通方式要注意书面语言和口头语言，保证信息的准确传达。
(5) 拜访编辑或致函编辑。组织要通过各种活动和措施加强与记者或编辑的联系，时刻掌握他们对新闻报道的筛选内容，及时与编辑沟通组织想法，争取将重要的信息进行及时、全面的报道。

4. 是否接触媒体的考虑

危机发生后，组织第一时间要想办法做好沟通，特别是判断媒体会提出什么问题及应如何回答。媒体问题也是大众关心的焦点，躲避媒体绝对是最差的办法，可以少讲但不能不讲。下列 7 项问题可以作为是否接触媒体的参考：

（1）组织是否能从采访中获益，如果组织在此采访中无法得到什么，就不要接受此次采访。

（2）有什么风险；媒体友善程度；将由谁接受采访；准备是否充分；是否明确法律相关责任；若不接受访问，是否会对组织产生不利影响。

（3）关键信息是否可被有效传播，即媒体是否能将组织关键信息有效地传递给社会大众。

（4）能否有效接触组织的目标群众，即这一媒体是否可接触到组织需要的目标群众。

（5）管理阶层反应如何，是否已经仔细评估采访中可能遇到的变量，并向高层管理人员解释说明相关的建议方案与行动策略。

（6）组织的法律责任是否远大于社会大众的兴趣，这种情况非常罕见，但若涉及重大的法律责任时，一定要谨慎考虑是否接受访问。

（7）有没有更好的方法，尽管媒体是组织与大众进行沟通的最快方式，但如果媒体采访无法实现有效沟通，就应采用别的方式。

5. 新闻发布注意事项

（1）做好新闻分析，注意新闻报道内容。新闻报道内容要充分准确，集时效性、重要性、真实性于一体。

（2）与其他承办单位协调。

（3）与高层管理人员之间进行理念沟通。

（4）任何媒体都没有义务配合组织行动。

（5）注意新闻写作规范，导言 50~80 字。

（6）对待媒体一视同仁。在危机沟通中，不要只接受少数记者访问而得罪多数人，不要随意提供独家新闻。不论是中央媒体、地方媒体或是专业媒体的记者都应该一视同仁。

（7）若事先保密，事后最好举行记者会发布新闻。

6. 如何与媒体打交道

很多组织容易在陷入麻烦时指责媒体。若组织在媒体过分渲染事实时攻击媒体，看起来可能像是在躲避责任。组织想要在危机发生时得到媒体的友善对待，应努力建立良好的关系，并以专业态度迅速响应其需求。组织可通过以下几种方式协助组织与媒体打交道：

（1）建立发言人制度，确定各级主管的授权范围。需要事先准备好发言内容模板，危机发生后，组织只需要根据危机内容在模板上填空。此外，发言人也需要根据组织具体情况和危机严重程度提前确定发言内容。

（2）认识报道记者。主动与媒体保持联络，确认重大消息后能够迅速有效传递信息给记者。

（3）协助记者建立专业权威，不传递虚假或未确定的信息。
（4）在适当时机让董事长接受记者访问。
（5）理解什么是新闻。
（6）指出问题所在，引起关注。
（7）以专业知识获得尊重，建立平等互惠的关系。
（8）熟悉记者的写作内容，尽可能传达自己意见。
（9）通过征询方式进行沟通。
（10）消除通过控制媒体摆平问题的观念。
（11）诚实并以理说服而非送礼摆平。

7. 如何应对媒体负面报道

如果媒体在报道危机时采取不合适的方式，将会让组织声誉受损，组织一般做法如下：

（1）置之不理。暂时不予回应并持续观察。
（2）以合作的态度与记者交谈。如果对报道感到不满并应更正时，一定要将焦点集中在事实错误部分并与报道记者充分讨论，而不要先找编辑。
（3）写信给编辑。坚持事实并尽可能找出证据，但不要让强烈的情绪流于字里行间。

8. 面对媒体的其他重要事项

（1）清楚媒体的截稿日期、作业流程、分工情形工作习惯。
（2）尽可能帮助媒体了解组织的产业和产品。
（3）将核心信息限制在5项及以下，并持续强化核心信息。
（4）面对记者和编辑时态度要坚定，但要避免敌意和冲突，绝对不要威胁记者或编辑，出现激进言论。
（5）不要暗示新闻报道与组织支持两者有关联。
（6）接受访问时不要先看记者的稿子。
（7）不要询问记者或编辑是否可先行阅读报道。
（8）不要企图捏造事实。向媒体传达真实信息，才能保证有效沟通达到最初目的。
（9）实现所有承诺。组织要尽可能实现自己的诺言，增强企业的信誉。
（10）接受采访时要与记者保持适当距离。

9. 危机管理媒体沟通成效评价

（1）危机发生后媒体是否持续报道。
（2）负面报道出现的次数增加还是减少。
（3）记者是否通过打电话征询意见或是通过其他的信息来源进行报道。
（4）与新闻媒体之间是真诚交流还是互不信任。
（5）报道中是否提及关键信息。

7.5.3 危机中的发言人

适当的媒体发言能够协助组织化解危机，否则会使危机恶化。组织内处理危机，其新闻发布者要抓住媒体记者关注的事项，把握发布新闻的适当时机，明确新闻该准备的相关事项以及受访时该做的事，避免犯下错误。

1. 危机爆发后组织的反应时程

（1）事件发生 1 小时内，组织要有声明。

（2）事件发生 1.5 小时内，当地要有声明。

（3）事件发生 3 小时内，组织要有新闻简报。

（4）随着危机事件发展，组织应随时为媒体提供相关信息。

2. 危机发言人的选择

危机发生时，发言人是传播信息以及组织对外沟通的关键，危机期间一定要有一位发言人清楚地知道如何面对传播媒体，并全程负责组织与大众媒体的沟通。拖延是处理危机的一大忌讳，发言在于表明组织立场，不能有迟疑。此外，还需要组织最高领导人亲自出面。通常发言人的选择视组织危机的严重程度而定，以下是危机发言人的可能人选：

（1）董事长。

（2）总经理。

（3）副总裁。

（4）运营主管。

（5）厂长或产品经理。

（6）工程师、化学师或物理师。

（7）公关人员。

（8）法律顾问。

3. 决定发言人的考虑因素

（1）具有亲和力、说服力及耐心，具备强大抗压能力，面对镜头及记者时从容不迫。

（2）掌握全方位状况并拥有专业知识。发言人要具备专业水平、组织能力和职业素养，给媒体留下良好印象，并通过媒体给公众传递有价值的信息。

（3）接受批评，具备倾听及表达能力。

（4）具有可靠度和可信度。

（5）有充足的精力进行长时间工作并随时待命。

4. 受访前发言人应有的演练

（1）仔细检视组织的关键信息并在受访前多加演练。精确传达组织立场和要发布的信息。

（2）针对一般或困难的问题，组织应预先拟定答案并加以演练。主动为媒体准备好新闻稿与资料，保证所说的每一句话都是事实，对于敏感问题可以保持沉默，但不可说谎或隐瞒事实。

（3）练习将不喜欢的问题转移到所要传达的核心信息上。且发言内容必须清楚简洁。

（4）教导发言人避免被激怒。客观接受媒体非善意的批评并保持开放与合作的态度。

（5）练习不方便提供答案的问题的回答方式。回答每个问题都要注意所回答的答案可能造成的影响和后果。

（6）改进肢体语言。切勿做出挥手等举动，以免被误会是打人情形。

（7）练习解决记者引君入瓮的方法。对媒体的错误数据做出迅速反应，并修正错误报道。

5. 接见记者前的准备

新闻记者自诩是公众利益的守护者，组织发生危机后他们的思考方向多为：是谁犯了错，谁应该被谴责，组织是否迅速采取措施以降低损害。因此，一定要事先考虑清楚并做好回答以下几个问题的准备。

（1）对群众可能产生的影响。明确危机的种类及其影响。以中毒事件为例，媒体询问焦点将集中在是什么毒，怎么产生的，对人体影响如何，会致死吗，受害层面有多大，这样的情况存在多久了，为什么之前没发现。因此，面对记者前组织一定要先想清楚这些问题的答案。

（2）组织采取了哪些措施。董事长亲自致歉并说明已经采取或即将采取的补救措施，如立刻下架产品或新产品更换包装等。危机期间需要组织快速掌控全局，并告知公众组织正在进行的完整处理计划。

（3）确认危机发生的原因。当公众明确组织出错的原因后，他们会倾向于接受组织，应尽快提出补救措施，确保该类问题不再发生。

（4）体现高度负责的态度。组织应表现出负责的态度，展现负责任的证据与行动，向媒体与公众提供具有数字及事实佐证的资料，赢得社会大众的尊重。若能有专业支持，特别是公正的第三者或非营利性的社会团体也能增加大众的信赖与安全感。

6. 记者可能会使用哪些技巧设置陷阱

（1）引用错误声明或数据。

（2）假设状况。

（3）提问两难的选择性问题。

（4）以"我听说"作为提问方式。

（5）评论竞争对手。

（6）针对发言内容得出错误结论。

即使没有言语表达也要传达给外界组织危机控制的情况，若组织对外说无可奉告，会显得组织在逃避事实且缺乏对外界说明原委的诚意。

7. 发言人的说话技巧

（1）不回答不予置评、无可奉告或无意见。组织要做好万全准备并正确传达信息。

（2）不回答不清楚或不知情。应使用正在了解、正在评估等话语，避免令人认为组织隐瞒真相、缺乏应变能力或漠不关心。

（3）多用正面与肯定语气，善用实例或隐喻的方式回答敏感问题。

（4）多用条例式而非叙述回答：逐条回答，简明扼要；强调行动、结果与影响，而非过程与细节。

（5）多用短句，以分句形式将语意表达清楚。

（6）只回答组织已经考虑的，但针对目前尚未解决的问题，应表明组织集中精力处理当前问题。

（7）冷静且仔细听取每一个问题，经思考后再做回答。

（8）避免和记者争辩，以诚恳的态度说明组织立场。

(9) 不要只回答问题，要善于利用问题传递组织的关键信息。

8. 受访时该做事项

(1) 问清记者姓名。
(2) 使用自己全名。
(3) 选择地点。
(4) 选择时间。
(5) 保持冷静。
(6) 说实话。
(7) 合作态度。
(8) 显示专业。
(9) 保持耐心。
(10) 从容不迫。
(11) 突出重点。

9. 受访时不该做事项

(1) 发表己见。
(2) 编造或抹杀记录。
(3) 说谎。
(4) 吹嘘。
(5) 推三阻四。
(6) 一直重复主要问题。
(7) 使用冷僻术语。
(8) 态度防卫。
(9) 表现出害怕。
(10) 对质。
(11) 在受访的同时下令。
(12) 戴墨镜。
(13) 抽烟。
(14) 承诺结果或推测。
(15) 回应谣言。

7.5.4 危机发言模式选择

危机发生时，组织沉默不语是绝对不可取的，但正确发言也是极不容易的事，需要采取一些方法协助组织发言。以下介绍了3种发言检核工具，通过标题顺序，由上而下对每一层面都进行考虑，当全部都能通过要求时，就能满足正确发言的要求（黄丙喜、冯志能，2012）。

1. 4R4P 模式（附表19）

（1）反应（Responsive）。危机期间，公众的首要期待是组织对危机的反应，组织必须当机立断去面对危机并采取符合专业标准的行动。不要责难与抱怨，思考解决问题对策才是重点。

（2）负责（Responsible）。产品造成伤害时，所有民众都会同情受害者而不会轻易原谅厂商。所以社会组织必须以负责的态度应对，没有说服力的抗辩只会产生相反的效果。若要恢复公众的信心，就必须采取负责的做法。

（3）结果（Results）。危机发言的内容和结构应以结果为导向，即先讲结果再说理由。危机发生时，公众都非常关心结果会如何演变，事件结果会产生什么影响，媒体从业人员也被培养出先看结果再谈原因的习惯。

（4）理由（Reasons）。任何危机处理行动都必须有充分的理由做后盾，但后盾毕竟是背景说明，并不符合公众的价值取向。即便有再充分的理由也无法解除危机，反而会引起更多的责怪及不满。

（5）优先（Priority）。什么事必须优先处理，危机就像火灾一样，最紧迫的是赶紧采取灭火行动，在火势尚未扩大前予以控制。因此，组织发言的立场或目标要尽可能从真正价值着手，组织的优先考虑应符合社会绝大多数人的道德观及主流价值。

（6）公众（Public）。对于负责任的组织来说，公众利益永远是最先考虑的，危机也是扭转乾坤的契机。组织与媒体及社会的沟通要符合社会正义及公共期待价值，组织采取的行动必须符合主流价值、公众的期待及职业道德的要求。

（7）精确（Precise）。发言必须十分精准、切题，避免使用法律、财务、会计等专业术语，发言人要多使用公众容易理解的语言，向目标对象简要说明重点，接着再逐项说明内容，切勿因过于冗长而使关键信息失焦。

（8）自身（Private）。自身是提醒发言人发言时不要因公忘私，尽管组织利益不能大于公共利益，但当组织遇到不公平待遇时，发言人要维护组织及股东的合法权益。

2. PASS 模式

（1）优先（Priority）。组织要向公众明确表示会把处理问题列为第一要务。

（2）行动（Action）。说明组织行动的时间表，使公众知道组织将采取的措施。同时，引导其采取自我防范的应对措施。

（3）同情（Sympathy）。对受害者的生命财产损失表示同情和关心，并在法律及道德上负起责任并协助受害者进行恢复工作。

（4）安全（Safety）。保证受害者及其家属的生命财产安全，承诺立即进行调查，预防危机再次发生并于公布调查结果。

3. 4C 模式

（1）信心（Confidence）。采取措施获取民众的信任，且组织也要相信民众有明辨是非的能力。

（2）沟通（Converse）。对受害者的损伤表示重视，对恶意攻击者或对其有失立场的言行表示无法认同。

（3）确认（Confirm）。危机发生时大家都想知道真相，此时运用数据与事实是赢回人心与信任的关键。发言要以事实为基础，没有事实根据的发言在事后会变成众人攻击的对象。

（4）终止（Cease）。公布组织事故调查的初步结果并告知公众组织将采取的措施，指引公众一起打击不法及抹黑等事件。

7.5.5 危机沟通常见问题与错误

面临危机时所有组织都是脆弱的，因此，组织在处理危机沟通时，必须考虑到外界媒体所关注的事项，学习别人的经验和教训，通过危机沟通转危为安。当组织面临危机时，与外界媒体的互动容易犯以下几点错误。

1. 回避问题

危机信息将很快被黑白颠倒，"无可奉告"的答复更容易产生此类问题并引起公众的怀疑与猜忌。当危机爆发引发组织产生不安情绪时，平日缺乏相关准备与训练的组织将无法迅速回应外界。因此，很多组织在不知所措的情况下会采取鸵鸟心态，选择回避问题，最终导致危机持续恶化。

2. 行为傲慢

许多声誉高且运营良好的组织机构在面临突发状况时，经常无法有效处理并控制事态，自认为组织"不可能"出现如此失误，对于突如其来的状况刻意回避，甚至将其归咎于外界。许多危机事件之所以发展到不可收拾的地步，通常都源于组织自以为本身形象良好，而不重视危机处理，直到事情发展到不可控制时才察觉到事态的严重性。

3. 与媒体为敌

许多组织在获知媒体的负面报道后，第一反应是通过各种方式告诫媒体记者，并以恶劣的态度否定记者的各项报道，进而关闭与媒体沟通的渠道。针对媒体的错误报道，组织未能理性要求对方修正，而是采取激烈的手段驳斥媒体，造成与媒体沟通的另一项危机，这是一种不智之举。

4. 被动响应模式

在面对外界的质疑和负面报道时，组织未能主动予以回应，而是等到外界压力承受不住时才采取相关措施予以应对，未掌握"主动出击"策略会让组织在应对危机时处于被动"挨打"的局面。

阅读材料

壳牌公司布伦特储油平台事件

英国壳牌石油公司布伦特储油平台全高约167米，重达1.45万吨，可比拟一台大型跨海渡轮。

壳牌公司北海油气储量日益枯竭，也打算关闭一些收益不大的储油平台。因此，当时工程人员在设计钻井平台时也就未将平台拆卸工作纳入考虑范围。大型平台拆卸极度复杂、费时，所以在封堵油管和拆除部分设备之后，大部分结构多选择就地遗弃以节省成本。故壳牌在结束这个平台任务后，也获得了英国政府许可，打算将其炸沉入北大西洋。

然而，该平台内含超过50吨铅以及其他对生态有重大伤害的重金属，一旦沉海势必会对原本脆弱的海洋生态造成进一步毁坏。该事件引来绿色和平等环保组织的关注和质疑。然而，壳牌公司自恃有英国政府同意，将绿色和平等组织的抗议视为少数偏激分子的行动，对外界沟通采取保守策略，并未将外界不满的呼声和大众舆论加以关联。

壳牌显然低估了绿色和平组织的行动力。眼见沟通无效后，绿色和平组织立刻采取抗争手段，他们组成船队直接赴抵将被弃置的钻井平台，4位抗争人士横卧于即将葬身海底的平台上。此举一出，反对声音立刻席卷英国、德国、法国等地，各国民众纷纷支持绿色和平组织并对壳牌等石油公司进行抵制，拒绝使用壳牌公司的石油产品。该事件造成当时壳牌公司（包含加油站在内）的业绩短时间内下降一半，严重影响了公司的运营，此时壳牌才察觉到事情的严重性。

迫于舆论压力和现实考虑，壳牌公司放弃了就地销毁石油井架的计划。绿色和平组织的行动赢得了公众舆论和5个欧洲国家政府的支持，并对后续的《奥斯陆－巴黎公约》等环保法案出台起到了关键推动作用。自此，北海油田也因为油源枯竭、风电盛行等多重因素逐步关停。

壳牌公司自此也立下多方参与原则，即在决策过程中参考公司外部团体的意见。事件中，尽管外部团体对于壳牌的最后决定没有直接贡献，但其对公众舆论发挥了重要影响。当然，有时候企业在牺牲巨大利益的情形下仍无法明确解决背后的问题，这就需要企业适时阐明己方观点并与外界积极沟通，以免后续事件引发更强烈的反感情绪而造成多方更大的损失。

【本章重点】

1. 形象与声誉对组织的生存与发展是十分重要的，良好的声誉是任何组织想要取得长久成功的关键，而组织的声誉维护也必须经由与内、外的良好沟通来保证。

2. 某种意义上员工是最值得信赖的伙伴，但若欠缺沟通就可能是最具破坏性的角色，因此在面对危机时员工应被列为第一优先的沟通对象。

3. 当今时代媒体可以随时随地做直播，大部分记者具备新闻专业知识而并不具备行业领域知识，在总编压力、截稿压力及同业竞争压力下根本没有时间深入了解问题症结所在。因此，媒体也可能成为危机事件发生的催化剂，并对危机的发生起到推波助澜的作用。

4. 危机爆发后组织反应有效时程如下：
（1）事件发生1小时内，组织要有声明。
（2）事件发生1.5小时内，当地要有声明。
（3）事件发生3小时内，要有新闻简报。
（4）随着危机事件发展，随时向媒体提供与危机相关的信息。

5. 危机发言检核4R4P模式：
（1）反应。组织对危机的反应。
（2）负责。负责的态度。

（3）结果。先讲结论再说明原因。
（4）理由。处理行动的理由。
（5）优先。什么事必须优先处理。
（6）公众。公众利益置于第一位。
（7）精确。精准、切题，避免偏僻术语。
（8）自身。不要忘了自身合法权益。

6. 危机发言检核 PASS 模式：
（1）优先。把处理该问题列为第一要务。
（2）行动。让公众知道组织将采取的行动措施。
（3）同情。对受害者生命财产损失表示同情和深度关切。
（4）安全。保证受害者及家属的生命财产安全，并预防危机再次发生。

7. 危机发言检核 4C 模式：
（1）信心。向公众宣示，使其相信组织的应急行动。
（2）沟通。对受害者的损伤表示重视，并对恶意攻击者或有失立场的言行表示及时。
（3）确认。发言要以事实为基础，没有依据的发言会在事后成为众人攻击的对象。
（4）终止。公布初步了解及紧急调查结果，促使事件尽快终止。

【本章习题】

1. 维护组织形象可从哪些方面着手？
2. 为什么面对危机时员工应被列为第一优先的沟通对象？
3. 危机期间与员工沟通的效果有哪些？
4. 请列出至少 8 种与员工的沟通方式。
5. 危机期间组织应该传递用户哪些与危机相关的信息？
6. 危机期间剥离负面影响的基本方向有哪些？
7. 危机沟通的三步法则是什么？
8. 组织对新闻媒体应有哪些认知？
9. 媒体对危机报道有什么影响？
10. 运用媒体的原则是什么？
11. 危机期间面对媒体的最佳方式是什么？
12. 是否接触媒体的有哪些考虑因素？
13. 发布新闻时应注意哪些事项？
14. 如何得知危机期间与媒体的沟通成败？
15. 决定发言人选需要考虑哪些因素？
16. 危机期间发言人接见记者前应针对哪些问题做好准备？
17. 危机发言审核的 4R4P 模式是什么？
18. 危机发言审核的 PASS 模式是什么？
19. 危机发言审核的 4C 模式是什么？
20. 危机沟通中常见错误有哪些？

8 危机决策

决定的策略或办法即为决策，那么危机决策特殊之处是什么呢？简单来说就是时间紧迫。事实上，组织在遇到紧急状况时不允许在单一事项上思考太长时间，不能暂时停止状况，无法详细确认问题原因，更不允许犹豫不决。危机决策属于"运筹帷幄、决胜千里"的学问，实践中，面对危机并非只有一次决策而是多次或产生决策群组。同时，一个决策可能高度影响着下一个决策，这些决策相互关联且表现出显著的因果关系。

针对危机的不同阶段，组织应当具备减灾、准备、应对和恢复四大类对策，其中减灾主要为化解可能导致危机发生的潜在因素，准备主要为减轻危机带来的损害或对可能后果开展必要准备，危机事件发生时着重于应对，危机事件缓和后则侧重于恢复。人们不可能预知每个方向的未来，但改善决策模式则能够有效降低危机扩大升级的风险。

本章主要介绍决策类型、特征、适用性、优缺点以及危机决策模式匹配等。个人决策与集体决策存在显著差异，如个人决策在速度或解决危机的能力上更优，而集体决策则表现为所提供信息较完整、可行方案较多、决策接受度较高、合法性较强以及责任承担较小等。危机决策一般包括固有风险、动态风险、资源情况以及决策时限等4个过程因素。

8.1 危机决策概述

决策是指在事件转折点时所做的决定处置。危机是经常发生，并可能危及组织财务、人事或业务运转。当组织因危机处置不当而引起信誉丧失、形象恶化等问题，若此时危机无法被及时控制，还可能会严重影响一个组织的生存。

例如在1995年，英特尔公司的CPU PENTIUM的浮点计算设计出现重大瑕疵，若不是总裁葛洛夫毅然决然地将价值达1.4亿美元的瑕疵品回收，以此来挽回消费者信任，否则到现在INTEL这家企业是否存在还是一个未知数。又如"9·11"事件后，美国加强对所有机场的安全检查，旅客必须提前3小时到达机场，虽然这一决策使得机场安检时间的大幅延长，但却挽回了大众对政府处理恐怖袭击危机的信任，将航空运输业从破产的边缘拉回。

在危机决策每个转角中，不同的选择就是不同的发展方向，当然也会带来不同的结

8 危机决策

果。我们不可能预知每个方向的未来,但也不必完全听天由命,至少在抉择时改善决策模式会有效降低危机发生的概率。图8-1所示,对于组织而言,若无法将严重事件加以界定和辨识,并适当、及时、有效地做危机处置,那么原本一件普通事故就有可能升级为危机事件,甚至引发更大的灾难。但是,如果能够将危机事件的损害控制在组织接受限度内,则意味着危机处理的决策发挥了效能,危机得以化解且未上升到危害的地步。在事后恢复工作作用下,能使组织运营立即恢复正常。

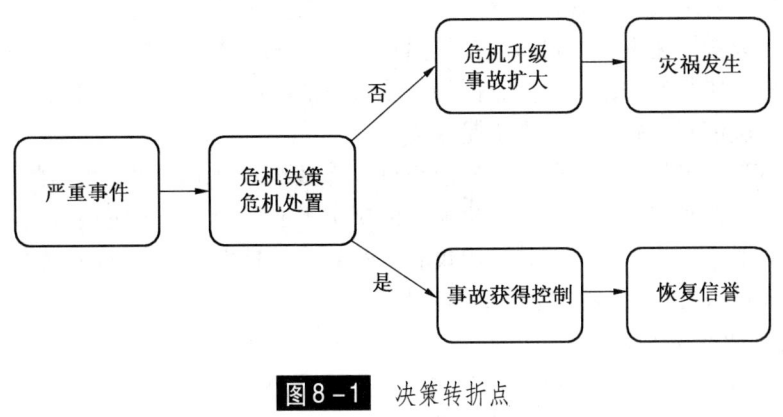

图8-1 决策转折点

8.1.1 危机决策的重要性

危机决策属于"运筹帷幄、决胜千里"的学问。就狭义而言,决策是指选择各种可行替代方案的行为,也就是指决定(Decision)。就广义而言,决策是指针对问题、分析危机的严重性、复杂性及产生结果的危害,并从各种具有不同优缺点的方案中选择最为可行的解决方案过程,其中包括决策过程和决定。

为确保判断和决策的正确性,信息之间必须消除冲突且能够做出完整的解释。但有时信息处理过程会有瑕疵,特别是在同一时间面对多项信息又必须做出正确判断的情况下更容易出现问题,这种瑕疵将会影响到我们进一步行动。如果我们能对这些可能错误的信息有更多认识,将有助于降低人为疏失的发生概率。

有效决策的重要条件包括经验、良好判断、创造力以及风险概念。说到决策,首先联想到的可能是正确决策与错误决策。不幸的是,许多决策往往是不正确的。它可能涵盖错误行为或疏忽,即做错或完全不做或在错误的时机反应过度或不足。大部分错误的决策都由于连锁错误判断,即一个以上的错误所导致的一连串决策错误。

危机决策特殊之处是什么,简单来说就是时间紧迫,遭遇紧急状况时不允许在单一事物上思考太长时间、犹豫不决无法暂时停止危机状况、无法详细确认问题的原因。

有关危机决策的许多文献都强调专家在群体决策中的重要性,如Brnich等(1997)强调决策中专家必须经过长期培训;Hilmer FG和Donaldson L(1996)认为一个有效率的决策群体通常依赖于组织中专业程度最高的人;Yetton PW和Bottger PC(1982)探讨当宇宙飞船在月球上迫降且仅剩15项可用于循线返回的装备,如何做出有效的危机决策。研究结果发现,在NASA的决策群体中,只有依赖对月球具有专业知识的人员才能提出最佳解决方法。与太空飞行类似，在决策过程中如何发挥专业知识的作用、如何正确利用经验是最关键的因素。组织不仅要加强重视也应投入大量时间加以培养训练。

8.1.2 危机决策依据

一般的成功决策模式通常有快、好、准的特性。成功决策模式的重点如下：

1. 要有决策时间概念——当机立断

当有事件需要决策时，首先应该想到这件事要在多少时间以内做出决定。一般人在做决策时，往往只看问题本身，对时间性浑然不觉。这是个错误观念，机会之窗不会永远敞开，必须在窗口还开着时做出决定，因为过了合适的时间点之后，人们就算做出了决策也无关紧要了，决策好不好、准不准更是毫无意义。

危机决策第一步是决定时限，明确组织可以有多长的考虑时间，再据此决定收集数据的速度与投入人力研究的程度。需要迅速做的决定不能慢做，需要慢慢做的决定也不必快做，只要在时限之内完成即可。好的决策者对时间很有警觉，当机立断坏的决策者却总拖拖拉拉，导致组织失去很多处理危机的好时机。

2. 考虑多种决策方案

每个决策都可以涉及很多层次的考虑，很多人在决策时考虑不足，方式单一。但是，好的决策者首先就会想到危机有多种变量，可以产生多种决策方案，他们不会局限在既有框架里，而是会对所有的可能方案考虑周全，并从中找出最有利的方案。

3. 收集资料

收集资料是成功决策的前提和依据。若在决策时使用错误数据或虚假资料，这样可能会导致决策的错误。那么，如何才能做出正确决策呢？

每个决策都应该有正反两方面意见：好处有多少，坏处有多少。但在详列正反意见前必须先收集相关资料，收集到相关资料之后，决策者还需要判断这些资料是真是假，有没有漏洞，好的决策者在处理数据时，应注重以下3个事项：

（1）品质。利用每个数据前都应先审视其质量，判断这些数据究竟是严谨的研究结果还是道听途说、自行揣测。如果数据不准确，那么得出的数据分析结果以及根据结果做出的决策都会在质量上大打折扣。

（2）可信。确认资料是否有可信度，有没有可靠依据，有没有认知矛盾或与事实冲突之处。如果资料可信度不强，在使用时需谨慎。

（3）查证。当数据质量与可信度都存在问题时，接下来最重要的就是查证，即查验数据的真实性。

4. 减少决策的人为错误

一般情况下，人最常犯的错误是主观意识，当主观上已经倾向赞同时，往往只会去收集正面数据而忽视反面数据。为避免这样的错误，可以在决策后与几位没有利害关系的管理阶层进行讨论，让管理阶层把忽视的问题指出来，明确他们在主观判断下，原本不想看到的部分，这样才能消除危机管理者的偏见。这种团体咨询其实很有效果：各个部门的管理阶层也许是这方面的专家，也许对此并没有深入了解，但他们提出的质疑都能对决策者产生一定的启发，促使其对决策做出调整。一个人的决策错误可能会比较多，但在群体决策时，群体中的其他人可以有效防止决策中的人为错误，使决策错误较多的情况不易发生。因此，好的决策者通常需要一些不同观点的建议，这些人不一定是要帮决策者做决定，但所提出的不同观点可能会在最后关头挽救一个错误决策。只要掌握上述决策原则来建立正确的决策模式，就能有效做出合理抉择并减少人为错误。

8.1.3 危机阶段性与应对策略

针对危机发展的不同阶段，组织应具有减灾、准备、应对和恢复等4个概念及对策。事先预防包括减灾与准备：减灾是指去消除导致危机发生的潜在因素；准备是针对可能发生的后果做准备，以减少危机带来的损害。危机爆发时重在应对，而事件缓和后则着重于恢复，具体如下：

（1）减灾对策。针对危机潜在的因素，事先提出预防、消除的方法。减灾的根本目的是保护人民的生命财产安全及资源环境，保证人民正常生活和各项产业活动的正常进行，促进社会稳定与经济可持续发展。

（2）准备对策。准备工作是应对突发事件的基础性工作，重点是当危机事件发生时，如何事先做好准备以减少危机可能造成的人员伤亡和财产损失。

（3）应对对策。危机爆发时迅速有效地整合各项资源来进行应对，以最大限度地减少损害，防止事态扩大和次生、衍生事件的发生。

（4）恢复对策。危机受到控制后，应进行重建恢复的一系列活动。在危机控制后，应争取尽快恢复生产、生活秩序，制订恢复重建计划用以修复公共设施；同时，还要进行整体的、系统的评估，避免将来类似事件的发生或者是减少其带来的损失。

8.2 危机应对策略

在面临危机时，组织所采取的策略是关键。正确的危机处理策略不仅能使组织摆脱所面临的问题，还能化危机为转机，让组织从危机事件中浴火重生，然而错误的策略可能会将组织引入败亡，以致其无法重新运作。组织危机处理策略的形成是系统的、有步骤的，即通过组织内部危机管理机制，评估各种可能实施的方案，并随时掌握执行成效。

8.2.1 危机策略的形态

危机处理是指在危机爆发后组织做出的紧急处理，这是危机对组织知识、能力和勇气的考验。组织危机的发生常与缺乏危机意识、未完善的危机管理计划有关，这种渐进性危机在爆发时常常存在已知信息不足、压力极大、破坏力极强、可反应时间极短等不利因素，而让组织措手不及。但只要能妥善应对并采取正确的处理策略，最后会转危为安。组织危机处理策略是危机处理的核心，以时间为基准，危机处理策略大致可分为静态和动态两种（图8-2）。

静态策略往往都是在一个特定时间点做决策，

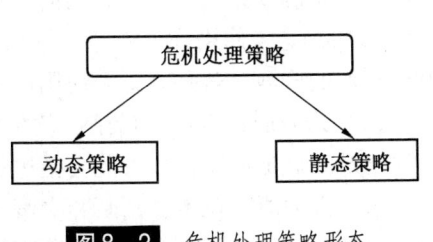

图8-2　危机处理策略形态

其一切后果都会在特定的时间点上显现出来。而动态策略是指组织在紧迫的时间内，毫无预警及准备仅以直觉与经验来判断并处理危机。

危机处理策略可分为许多层面，其中包括不同程度的利益相关者。从危机（损害）控制观点出发，组织所需要考虑的对象有内部人员（含家属）、媒体、小区、大众及政府单位等。因此组织在危机处理时，应能确保上面所列利益相关者不被危机事件所侵害，以此来减少危机对组织的负面影响。对内要加强内部人员沟通与安抚工作，对外要与媒体保持持续互动。在必要时，协同政府机关来寻求外援，充分利用政府对丰富资源的权威性分配权。

8.2.2 危机判断的有效步骤

《韦氏词典》将判断解释为"通过辩证或比较而形成的概念或评估过程"。基本上，判断可分为两种（何立己，1997）。第一种是知觉式判断（Perception Judgment），判断及决策常借助于知觉感受，如距离远近，这些知觉式判断对工作执行是非常重要的；第二种是认知判断（Cognitive Judgment），其特征如下：

（1）可用信息较不明确。
（2）需要较长时间考虑。
（3）通常会有两种以上的选择。
（4）任何一种选择的危险性均不易评估。

如何将认知判断转换为迅速而有效的知觉判断是组织需要通过长时间学习而获得的。大家普遍认为判断只适用于决策，但其实判断与组织对因素的了解和警觉性有密切关系，良好的判断不仅对个人非常重要，对组织而言也是如此。发生危机时环境的复杂性不是简单的决策模式所能比拟的，有时第六感能使人在困境中引发某种潜意识的行为来加强信心，但对于理性的判断并无帮助。因此，判断与决策基本上是一种后天的技能，是可以通过对知识和能力加以系统化训练出来的。

专家与新手之间的最大差别在于"对状况精确评估的能力"（Kern T，1997）。专家可以把对特定状况和对整体状况的认知联系起来进行决策，也就是决策过程涉及对整体状况的完整评估。

为确保做出完整评估，危机管理者可以先计算出各个行动成功或失败的概率，然后执行最保险的行动。从人为疏忽相关的意外事故分析中发现，所有不良判断中，主要有3个方面因素更容易导致事故发生：

（1）行动选择错误。决策成本高，执行成本就低。因此，当在决策判断时，行动选择若不是正确的方向，那么必然会出现不良判断的情况。

（2）刻意未使用许可程序。按照许可程序要求的步骤，可使判断过程井然有序，有利于工作的开展。若是刻意未使用许可程序，则可能会出现不良判断。

（3）未及时采取必要措施。危机发生后需要在最短的时间内做出决策，若在危机判断时未及时做出反应，很可能会错过最佳危机管理时间，造成更严重的后果。

这三方面原因在不良判断和决策失误中占了大多数（Kern T，1997）。判断是一种比较和行动评估的过程。在判断中所需技巧包含准备、沟通、知识和技能，这些技巧需要在现实中进行长时间的培养，以便能在需要时做出合理决策。

在大多数案例中，安全是良好判断与决策过程中最重要的考虑因素。良好判断有两个重要步骤，包括评估状况与产生备选方案。

1. 评估状况

在决策过程中对状况精准评估是首要任务且最重要的步骤。发生危机时所出现的问题通常都没有准确又快速的解决方案，都要依照状况评估来加以解决。组织在遇到问题时，应通过下面3个步骤来确定是否做好危机状况评估：

（1）问题本质是什么。针对具体的危机状况，由危机管理人员来界定问题的本质，并根据危机根源寻找确切证据。所有后续步骤都必须依赖问题本质的精准界定，因此这一初始步骤显得十分重要。

（2）需要多少时间来解决问题。组织解决问题时间的长短受到许多因素的影响，包括天气、人员疲惫度、剩余白昼时间以及问题本质。在危机计划中，这决定了分配给各程序的时间限制，这是非常重要的步骤。

（3）这个问题所带来的危险有哪些。这个步骤是依据组织所能承受的危险程度来确定所有的可能负面结果。应反思："这种问题会危及生命吗？"此步骤也应运用假设状况法（What If Tool，WIT）思考"万一……怎么办"的问题。这些简单问题可协助组织确定行动的先后顺序，成为危机处理方法中的一部分。它们也可被整合在特定检查表和操作程序中，以便引导下一步的危机决策过程。

2. 产生备选方案

在现实工作中，组织常被迫要做许多不同类型的决策，都是在备选方案之间去做选择，当现方案中的假设条件发生变化而无法执行时，应有替代的方案可供选择，促使工作得以顺利进行。

3. 依循规定的决策

依循规定的决策就是程序上的决策。这种决策类型仅需运用已知命令、标准作业程序等。但是，仍有许多意外事件是因未依循既定决策而造成的。

成功依循规定的决策是：先要对遵循的规定充分了解与认识。这是根据共同的规定准则进行决策的前提，决策者可以通过明确的规定，按照相关程序进行决策。然后引用预先决策的程序，也就是依照SOP程序去做。通过一定的作业程序进行决策，不仅使决策更加程序化和标准化，还有利于降低决策的失误率。

4. 依循知识的决策分类

（1）解决明显问题的决策。一般来说，这种决策类型是在选项中做出一个选择，因为这类问题通常属于结构性问题，有明确的解决方案。

（2）解决不明问题的决策。不明问题在处理时会很难说明，它是指由于线索模糊而无法具体指出（初期）有哪些问题需要处理。在实际情况中，有些意外状况需要立即采取行动加以解决，然而缺乏对问题本质的了解会使人们无法解决，特别是危及生命的问题。在有些案例中，对问题置之不理会导致其迅速恶化，所以在时间允许的情况下，必须尽快采取合理行动。

8.2.3 危机策略的关键影响因素

组织在危机策略执行上不但有时间上的压力，还会受到决策难度的影响，这些都考验着决策者的智慧与解决危机的能力。危机策略的困难原因主要以下几点：

1. 组织内利益团体的牵制

发生危机时，组织通常会倾尽全力将组织资源用于解决危机。这将导致资源重新分配，极易引发既得利益者的强烈反对。在此情况下，组织除考虑处理外在的危机外，还要考虑组织内部不同利益团体的利益冲突。否则就可能扭曲危机处理的目标与执行战略，加速组织解体。出现这种情况的原因在于，当能够解决危机的决策与组织内部利益团体的利益相抵触时，该危机决策往往会被放弃。

2. 部分信息难以获得

危机爆发后，信息不足会使组织及执行人员无法迅速处理危机。危机处理首先要注意合理把握时间，但组织往往无法在一定时间内获得全部信息。这时就有可能做出错误决策，进而加剧危机对组织的危害，甚至使危机达到无法控制的地步。

3. 风险与不确定性

在危机情境下，每个决策都包含潜在不确定性及导致预期结果失败的可能性。高风险的决策会伴随着更大的不确定性，可能会承担更高的失败率。因此，即使决策属于理性决策的范畴，管理者也应尽可能地避开高风险的决策。

4. 长期影响较难评估

通常，短期决策必须以长期目标为依据。例如决定组织目标后才能制订计划，然后再根据这些计划进行准备。但是危机爆发后，由于时间的紧迫性，很难完全遵循计划。换言之，危机决策很可能会为了短期目标而违反组织长期战略目标。

5. 跨领域合作的问题

危机可能牵涉财务、安全、法律等许多方面且会消耗较长时间，这是危机决策的客观因素，在危机期间大部分决策需要跨领域合作。通过跨领域合作，可以在一定时间内获取更多有关信息，可以提高危机决策的效率。

6. 价值判断的问题

危机时期的处理策略可能与组织内部所已有的共同价值观发生冲突。这将会制约决策阶层处理危机策略的行动，也有可能不利于危机事件的有效掌控。

8.3 危机决策过程

8.3.1 个人决策与集体决策

危机决策可能是临时决定，也可能是经缜密的计划与思考后通过系统化的评估所做的决定。实际上，一般突发事件的危机决策大都属于动态、非正式化的决策（No-programmed Decision），也就是说，当组织在毫无危机征兆和任何准备的情况下面对突发危机时，往往会根据经验与直觉判断来处理。就常会存在误判与错误解释的情况。事实上，经验只能提供数据和不同程度的参考，只有了解数据背后的隐含内容才能将它转化为解决危机的方法。因此，在危机爆发后应如何做决策、采用何种适当的策略，这一直都是所有组织希望获得的答案。基本上危机决策有两种模式，一种是个人决策，另一种是集体决策，如图8-3所示。这两种危机决策各有其优缺点与特征，相关内容分述如下。

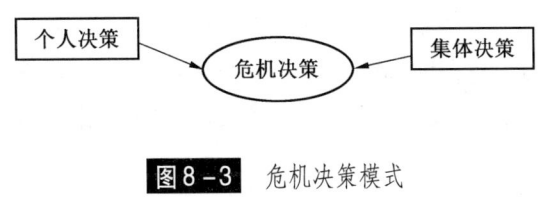

图8-3　危机决策模式

1. 个人决策

个人决策是指在许多决策情境下，可能只有一位决策参与者来决定最终的决策结果。这种现象常出现在像军队这种等级制度分明的组织中，这主要是由于组织上级领导人必须承担处理危机事务成败的责任，体制内反对决策的力量微乎其微。因此，其中大部分危机决策是属于个人式的决策。个人式决策的刻板印象是专断独裁，并没有经过不断论证就直接决定处理原则与方向。不同性格的上级领导人在面对同样的危机时会有不同的危机处理方式与决策。

事实上，将个人决策等同于专断独裁式的决策是过度简化个人决策的观点。虽然个人决策多属权威性的决策，但并不代表没有接纳下属对危机处理的意见，也并不表示决策者不了解各种对立的解决方案，甚至也不是没有经过组织人员集体献策的阶段。只是在听取各种不同意见后，在确定究竟要采用哪一种方案时，不是由集体而是由组织最高领导者来决定。这样的决策方式能避免集体决策时因危机方案的选择不同而产生不必要的权力冲突问题。

一般来说，个人决策模式责任明确、决策迅速，且能发挥人的主观能动性，但其也存在缺点，这类决策往往受领导者个人性格、学识、能力、经验、魄力等因素制约。在个人决策中，决策者会将以往成功的经验、失败的教训以及他人的建议不断加以总结来防止盲点。因此，在个人决策时，建议有智囊团或研究小组来协助组织里的最高领导人。

2. 集体决策

集体决策是根据众人意见寻求共同看法，充分发挥集体智慧的一种有力方式。虽然集体中最具智慧的个人决策在速度和能力上可能会优于集体决策，但集体决策所提供的信息较完整、可行方案较多、危机决策接受度较高、合法性较强、责任承担较小。因此，集体决策有独特优势，这是个人决策所不能替代的。

尽管如此，集体决策也会有一些严重弊端，如消耗时间、少数人统治、责任不清等。尤其是服从多数压力而形成集体思考时，不同意解决危机方案的人会被视同叛离团体，产生心理压力就有可能出现从众行为。从众行为若是出现，危机解决的方案既可能不具创意，也可能不尽周详，甚至模糊成员责任。

集体决策的效能受决策成员人数的影响，人数越多其异质性也越大。这就意味着集体需要较长时间的协调来让其成员对决策有所贡献。因此，集体决策中项目小组成员不能太多，5~15人即可。最佳危机决策的规模为5人或7人，奇数一般不会产生僵局。这种规模的集体允许成员角色转移或改变原先立场，并且会使不喜欢公开发表的成员有机会表达自己对危机处理的意见（朱延智，2003）。

8.3.2 危机决策模式匹配

图8-4中危机决策应对模式匹配（Coping Pattern）分为4个判断与决策过程，包括不改变的风险、改变的风险、是否有更多的资源以及决策时限等（附表20）。

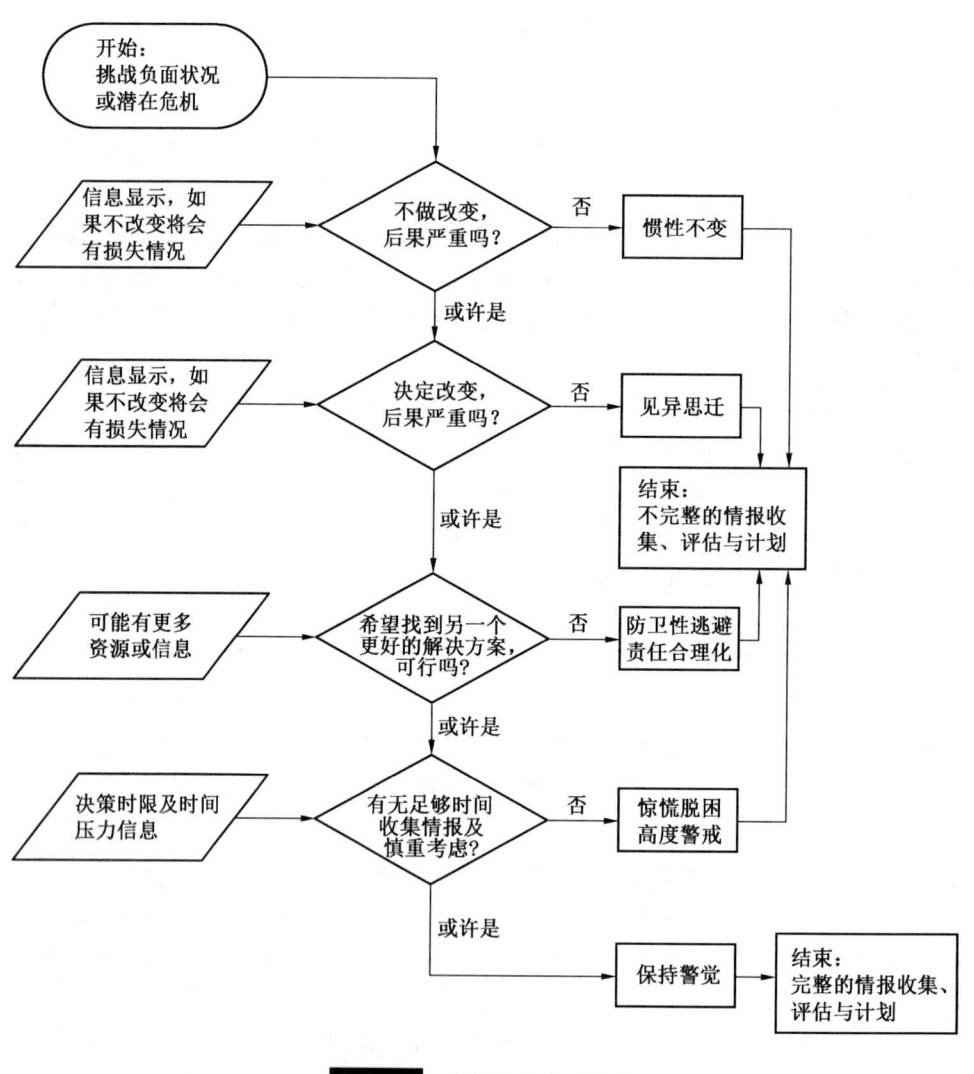

图8-4 危机决策应对模式

1. 不做改变，后果严重吗

当信息显示如果不改变的话将会有损失情况，此时要判断的问题是："不做改变，后果严重吗？"有时它能迅速产生危机影响，有时它只是一个潜在危机，虽然不会立即引发严重灾害，但这样的危机征兆可能已造成严重的风险问题，若不立即做出改变就会爆发危机。判断事件是否构成危机应从下列可能对组织产生的负面影响进行思考：

（1）信用或声誉的威胁。危机有可能从多个方面严重损害决策组织的声誉和形象，贬低决策组织公信力。危机爆发后，对危机的回应、化解和善后是对决策组织智慧能力和公信力的极大挑战。

（2）经济损失。危机会导致资源的巨大浪费，严重破坏经济的稳定和持续发展。经济损失的表现为对原经济活动秩序、经济运行本身的破坏和对治理危机所需投入资源的消耗。

（3）对客户、员工或小区居民健康的威胁。无论是何种性质的危机，都会给社会造成冲击和破坏，客户、员工、小区居民作为"社会人"，自然会受到危机的威胁。

（4）引起法律纠纷。若在危机处理时出现不合法行为，则可能会出现利益受损者通过法律诉讼维权的情况。

（5）怠工事件。当危机的发生影响了员工利益，或因危机决策不当使员工出现信任危机时，都会引起消极怠工的情况发生，这就需要决策者修正决策以降低事件的负面影响。

（6）意外事故与其他威胁。由于现代社会生活日趋复杂化，危机发展常常具有扩散性。因此，在危机发生后，可能会有其他意外事故的发生和其他威胁。

如果这个问题答案是"否"，也就是如果不改变也不会产生高风险，此时采取的对策应是"惯性不变"；但如果答案为"或许是"则进入下一个问题。

2. 决定改变，后果严重吗

当信息显示如果改变的话将会有损失情况，此时要判断的问题是："决定改变，后果严重吗？"如果这个问题答案是"否"，也就是如果改变反而不易造成更高的风险，此时采取的对策应是"见异思迁"；但如果答案为"或许是"，则进入下一个问题。

3. 希望找到另一个较佳的解决方案，可行吗

这个阶段的功能在于判断资源是否已准备充分或是否已备有经审核过的标准作业程序与应急响应手册。如果组织资源充足或有 SOP 则应立即执行该解决方案，危机应对小组应立即召集相关主管、成员开展危机应对工作。

此阶段的功能在于判断事件发生是否有解决方案。如果有解决方法，则应立即投入执行，如区域隔离、生产暂停、通路重建等。每种解决方法降低危机的损害程度或危机的恢复效果都有所不同，这需视组织资源及决策者智慧而定。组织总会找出方法来应对当前状况，以最大限度地减少危机损害。

然而，如果组织没有充足的资源、没有经审核过的 SOP、没有危机应对方法或是这些方法代价太高，组织就会陷入没有解决方法的状态，无法及时应对危机。这时可以用隔绝危机、防卫性逃避，甚至分配责任的方式来接受不完整的危机结束。所谓不完整的危机结束是指暂时性结束，就长期而言，组织仍要继续面对这个危机的威胁挑战。危机处理结果将反映在组织后续发展状况上，处理得当将会使组织获得转机从而迈向另一个高峰。

4. 有无足够的时间去收集情报及慎重考虑

这个阶段与决策时间限制有关,当没有足够时间去继续收集情报或慎重考虑时,应立即执行既定方案并保持高度警戒。如果这个问题的答案是"或许是",则应收集更多信息来寻求最佳解决办法,待时机成熟及考虑周全后再执行并持续保持警觉。

8.3.3 危机决策的步骤

危机决策并非只是简单地在一些选项中做出决定性选择,而是一个动态的过程。危机决策共有如下 8 个步骤:

(1) 识别问题。危机决策的第一步就是问题的识别。这可能是所有步骤中最基础、最具挑战性的一步,因为大部分问题在危机中并无明显的识别信号以供组织辨别,未能识别危机问题而试图解决危机的决策者与能够识别问题但不做任何处置的决策者并没有太大区别。利用以往的危机处理模式、经验成效以及所设定的决策目标,将当前情况与标准程序进行比较,可协助危机决策者识别危机问题所在。

(2) 过滤危机。在识别问题后,危机决策者便可制定适当的决策准则,以反映危机决策者对当前危机因素与日后决策的关联程度。

(3) 优先排序。并非所有准则都同等重要,危机决策者必须判断先前界定的危机因素在准则中的重要性并分配权重,以明确各危机因素的优先排序。

(4) 列出选项。危机决策者必须列出所有可能实行的危机处理替代选项。在此步骤中,危机决策者并不需要对所有选项加以评估,以免限制替代选项的多样性。

(5) 分析选项。危机决策者必须针对每一个选项进行分析,依照危机准则对每一个替代选项加以评估,这样各选项的优、劣点就可以十分清楚地呈现。

(6) 决定选项。依照上述权重分配进行评估后,危机决策者应从众多危机解决选项中选择权重总分最高者作为可执行选项。

(7) 执行方案。如果该选项不合适且无法执行,则仍有可能导致失败的结局。危机决策者必须先行识别并预估该决策执行时所涉及的成员,如果该组成员能达成共识及承诺,则会提高执行成功概率。

(8) 检讨。危机决策的最后步骤必须要能够响应:这一危机决策方案是否能够达到预期目标。若未能达到预期目标,应对其中的原因进行细致分析,反思并吸取教训,在今后的危机决策中加以改进。

8.3.4 基于危机阶段的决策

危机决策管理是一项组织内的文化,明确此项管理是为了控制及保护资产。组织的危机决策通常包括如下 3 个阶段:

1. 危机发生前

通常一个组织几乎不采用询问基层员工或聆听客户的方法来作为危机监测的方式。如果组织在平时对基层明显的危机信号、来自客户的反映或不满的投诉等未安排充足的人力、物力用于危机预防,那么事后往往会耗费更多时间、金钱及资源来恢复因危机带来的损失,如组织声誉及客户信心。

2. 危机发生时

危机发生时，应侧重于危机决策先期计划、危机反应及危机控制。危机决策前的先期计划包括对具有高危险因子的组织运营实施的经常性检查（Audits）、危险因子的界定及监测、应急响应计划、组织内部关系的运转、安全检验等。当危机发生时，组织能够用拟订的危机计划来减缓危机对组织所造成的冲击。危机决策的目的是将危机控制在组织可接受的范围内，将危机造成的人身危害、财产损失控制在最低程度，并要防范危机升级和持续危机效应。

3. 危机发生后

危机发生后的决策重点在于危机后的恢复与改进工作。恢复计划就是为恢复危机所造成的损失而制订发展短、长期的计划。改进措施是一个动态学习过程，其目的在于确认危机决策的有效性、精确性及评估后续改进效果，包括如下：

（1）对事故发生时各项检查项目以及应对措施实施的正确与否进行讨论并改进。由于危机应对具有紧迫性，在危机发生后可能会在较短时间内无法获取全部信息而做出错误决策，所以不断对措施进行讨论与改进十分必要。

（2）持续性地复审并研究危机计划中是否需要补充及更正。危机造成的影响是动态性的，持续复审危机计划可以应对不断变化着的危机影响。

（3）改进措施，包含广泛地评估此次危机计划的缺失。评估可以掌握危机计划的达成状况，筛选出危机计划的不足之处，以便制订出更加完善的危机计划。

（4）危机处理过程中使用方法的优劣。处理方法的优劣关系着危机影响的大小，处理方法得当，则会在最短时间内降低危机产生的负面影响，反之，可能会造成危机的升级。

（5）持续性的改善与维护行为。危机应对需要采取应急管理和常态管理相结合的方式，持续性的改善与维护行为可提高组织成员危机意识，发挥常态化管理的基础作用。

8.3.5 危机决策常见问题

危机突然发生时人的心理通常会失常，其行动决策会被信息透明度和可信度所左右。在做决策时，常会出现决策者讨论烦琐事项至时间耗尽等情况。由于危机处理与危机升级之间存在时间差，因此在高度的时间压力下，解决危机需要从各备选方案的优缺点出发进行思考。尽管决策可能会带来一些影响，但综合考虑后就应当机立断地完成决策。以下是危机决策通常面临的问题。

1. 优柔寡断

决策者不主动做决定而是顺应形势发展后才做决定，这并非是因为需要较长时间进行分析判断，而是相信事情到最后一定会有解决办法。因此宁愿拖到最后一刻也不愿预先做出决策，直到在紧急状况的逼迫下不得不做出决定。

2. 夸大倾向

人在压力下容易情绪化，反应会变得迟钝，也容易出现凭直觉和不理性的反应。同时在危机的恐惧下，人的决策能力也会明显下降并且会有夸大危机事件重要性的倾向。

3. 事实简化效应

人在困难且受威胁的情境中通常无法同时思考许多信息。人在本能上有要求认知一贯,当人变得不能忍受复杂性时,就更不能为未发生的事做防备,因而容易出现遗漏或忽视明显重点的情况,这种现象被称作事实简化效应。

4. 风险转移现象

风险转移现象是在集体决策时才会出现的问题。当碰到风险较高的决策时,成员附和彼此看法,结果就会出现本来是成员不太认同的决定,通过风险的转移作用,让大家一致地相信这是正确的解决方法。

5. 团体迷思(Groupthink)

这种现象是"因为团结而减弱了心智效能、现实检视及道德判断的能力"。在团体决策时,团体成员因顺从一致压力从而牺牲了独立思考和判断的能力,这种自我拘束使得应有的质疑未能被提出。当领导者发现组织正陷于团体迷思时,应当采取某些措施加以防范,以免团体迷思成为组织的决策盲点。避免这种缺点的方法如下:

(1)决策者应鼓励各成员互相质疑,甚至也可质疑决策者的意见。不应打压各成员表达不同意见,而是要营造一个各抒己见的决策氛围,使各成员敢于表达自己的想法。

(2)领导人应尽量保持客观角度,不强调自己的偏好与主张,甚至可以在适当时机离开讨论现场,让下属在没有压力的情况下畅所欲言,等讨论结束后再做最后决策。

(3)针对同一危机,决策团体可设定数个工作小组并鼓励他们从不同角度制订不同方案。通过相对强制的方法,可以得到不同的方案,为最优方案提供更多的选择空间。

6. 光环效应

在时间急迫的情况下,大部分人会倾向于抓住第一个可接受的解决方案而不会去仔细地思考和判断。如果提出解决方案的个人身份地位较高或是专家,那么这个现象就会更加明显(Kern T,1997)。这就是所谓的光环效应(Halo Effect),又称为月晕效应,如一个人的某种特质给人以非常好的印象,在这种印象的影响下,人们对这个人的其他情况也会给予较好的评价。这种强烈倾向就像月晕光环一样可以将实际月亮放大并不断向周围弥漫、扩散。

8.4 危机管理整合

8.4.1 危机管理整合的价值

危机管理必须完全整合于日常程序、计划以及作业之中,而并非只是提供决策作为危机应对的参考。在整合过程中,危机管理会占用一些时间或资源,应根据任务的重要性进行合理分配。此外还必须注意危机管理与组织程序是否兼容,以避免相互抵触的情况发生。危机管理整合的必要性如下。

1. 整合可使任务需求得以平衡

如要进行整合,就必须平衡危机管理与完成任务之间的关系。虽然达成任务很重要,但能够安全地达成任务更为重要。一定要合理地利用所有可用资源,以使每一份资源都能支持组织安全地完成任务。

2. 整合可以获取不同专业的知识与经验

在整合过程中,不能仅依靠安全部门统一规划,各部门都应积极参与,以此充分发挥各部门人员的工作潜能,实现人力资源的有效利用。同时可以使人员获得其他非专业领域的知识,促使他们更深入地了解任务。

3. 整合可以减少正确作业所需的必备参考资料

从事作业所需的数据应完全整合在 SOP 里,所有风险、作业步骤、准备事项等都应在同一份参考数据内。这份数据应能完整说明如何作业、如何避免危机、如何保护环境、如何兼顾法规等,而不是需要多份数据才能正确完成工作。

4. 整合可消除各功能间的隔阂或不必要的重复作业

各部门的功能会有相似之处,每次执行作业若都在类似功能中不断重复就是对资源的浪费。整合可以消除不必要的重叠,以使作业在高效状态下进行。

5. 整合可强化责任制度

谁应对结果负责呢?领导人当然有责任,但作业人员、检查人员、基层主管等也应分担责任。在整合的过程中,需要将作业明确分工,同时也应明确各自责任划分。

6. 整合可降低成本及工作负荷

通过一致目标、整合资源可以使作业效率得以提升。就长期而言,能够大幅降低人员工作负荷和资源成本,使整体作业更加流畅。

8.4.2 危机管理的极端情况

危机管理中最坏情景是以最少的计划、最糟的时间、最差的地点做最不充分的准备。就危机类型的变化而言,最坏情景包括危机发生时很少准备甚至忽略某种类型的危机及在危机发生之后又发生一连串预料之外的危机。换句话说,最坏情景是组织从根本上忽略危机的存在,不做任何准备,从而致使危机发生并迅速恶化。针对没有危机准备的组织,以下是可能发生的一些最坏情景(Mitroff II,Pearson CM,1993)。

1. 危机的阶段

最坏情景是组织在危机发生时没有发现早期征兆,这可能是信号在传递时有阻碍或是早期危机监测系统本身未发挥作用,也可能是准备失败而无法有效避免危机损害的发生,导致组织恢复以及经验学习的阶段都以失败告终。

2. 系统机制

最坏情景是未能察觉到或不能分析出人为疏失的存在。想象一个最差的情况:危机发生在偏远地区且发生时间又在星期五下班后,隔天不上班,无法联系到负责主管,重要的传播网络中断,这种突如其来的危机常常会直观地体现出组织结构和组织文化的不当之处。

3. 利益相关者

最差的情况是组织知道危机的存在但并没有立即采取保护利益相关者的措施。其可能涉及防御能力较弱的关系人,如婴幼儿、老年人、濒临绝种的野生动物等。

4. 组织内部

最差的情况是主管贿赂官员、上级包庇、掩饰运营真相等。面对媒体,主管不仅否认事实,而且还封锁消息、态度狂妄甚至自我防卫的意图十分明显。最坏情景下可能会产生危机的连锁反应，如员工跳槽、波及家庭、消费者信心丧失、周围没有任何支持者等。

最好的情况是组织会针对每个危机类型群中至少一种危机做好准备，制订计划并真正落实，一方面这就需要主要参与者对计划十分了解，且很有信心承担分工职责；另一方面员工也需被告知有关危机管理的职责，而且所需资源也应配置妥当。

对于危机，组织应有特定的监测系统，鼓励员工对坏消息进行上报，损害控制机制也需定期进行检查，包括备用设备与紧急情况负责人的指派等。组织应当确认恢复运营时对资源的需求，并确保其充足。先前类似危机的信息将与危机管理系统相结合。此外，组织的技术要持续改进，人为因素、机械因素、环境因素与管理因素应彼此兼容，组织文化也要鼓励成员之间资源与信息的共享。在最好的情况中将所有优势聚集在一起来强化组织的危机管理能力。

8.4.3 危机管理整合与优化

危机管理的困难之一就是系统地找出隐藏在危机背后的要素并且加以管理。以下这些理想的危机管理要素可协助组织完善应对准备和建立良好的危机管理文化（Mitroff II，Pearson CM，1993）。

1. 策略行动

（1）彻底改变组织文化。文化对人具有潜移默化和深远持久的影响，组织文化能从根本上改变组织人员的原有价值观念，建立起新的价值观念，使之适应组织外部环境的变化要求。

（2）整合危机管理于组织目标及策略之中。整合可使任务需求得以平衡，获取不同专业的知识与经验，减少正确作业所需的必备参考资料，消除各功能间的隔阂或不必要的重复作业，并强化责任制度，可降低成本及工作负荷，以完善组织目标和策略。

（3）整合组织外部人员进入危机小组之中。在整合组织外部人员的同时筛选出有用的人才，参与危机小组中发挥其工作潜能，提高小组的工作效率。

（4）危机管理训练。通过加强危机监测、危机预警、危机决策和危机处理的训练，避免或减少危机产生的损害，总结危机发生、发展的规律，建立科学化、系统化的新型危机管理体系。

（5）危机模拟演练。通过开展危机演练，模拟真实事件及应急处置过程，可以给参与者留下更加深刻的印象，首先，从直观上、感性上真正认识突发事件，提高对危机事件风险源的警惕性；其次，在演练过程中可以发现应急预案和决策中存在的问题，有利于进一步完善和修正。

2. 技术与结构行动

（1）成立危机小组。把专业人才聚集起来，人尽其才，以更好地进行危机管理，提高对危机事件的重视程度。

（2）制定危机管理预算。小组成员通过危机管理预算来确定可行的目标，促使小组管理者考虑各种可能出现的情形，同时有助于各项目标的实现。

（3）持续更新完善危机管理政策和危机管理手册。危机造成的影响是具有动态性的，危机管理政策和危机管理手册也应根据外界情况持续更新和完善。

(4) 建设危机管理信息化平台。用现代化手段把员工、产品和设备的相关信息详细登记，便于广泛、全面、迅速地收集、整理、加工、储存和使用信息，进行科学管理，从而达到提高效率的目的。

(5) 成立应急响应中心。应急响应中心的工作体现在事前的充分准备和事发后所采取的措施两个方面。事前的准备为事发后的响应工作提供了指导框架；事后的响应可以发现事前准备计划的不足，吸取经验教训，从而进一步完善危机事件预防计划，避免类似的危机事件再次发生。

(6) 减少危险性高的原料、产品、劳务及制程。该做法属于源头控制，即在危机可能产生的初始阶段进行控制，消除诱发危险性事件的因素，以降低危机事件发生的概率。

(7) 改善产品及制程的安全设计。健全产品质量标准体系，提升产品的质量安全，减少诱发危机事件的可能性，促进产品市场健康发展。

(8) 准备后援系统。后援系统作为一个标准的工作程序，可以在出现执行标准不统一、作业行为不规范等情况下发现潜在的危机，并对已发生的危机采取最迅速的补救措施，从而有效控制危机。

(9) 善用外界危机管理专家和服务。发挥专业人才和服务的优势，利用丰富的经验，先进的装备，科学的方法，减少危机决策和处置的盲目性、随意性，增加科学性和高效性。

3. 评估与诊断行动

(1) 对组织进行法律层面与财务层面的诊断。通过对法律层面和财务层面的诊断，更加全面地找出危机对组织的不同威胁，以制定更加完善的危机决策。

(2) 审视保险范围。审视危机造成的社会影响是否包含在保险范围内，若未在其范围内，应制定相应对策，使危机事件类型尽可能地包含在保险范围内，以此来减少危机带来的损失。

(3) 环境影响评估。为确保人员在良好环境条件下生存，组织应通过对规划和建设项目实施后可能造成的环境影响进行预测、分析和评估，进而提出预防或减轻不良环境影响的对策及进行跟踪监测的方法与制度。

(4) 依序列出可能影响组织正常运转的关键要素。在组织正常运转中，重视各要素产生的负面影响，制定相应措施以减少其不良影响。

(5) 早期监测、评估。危机发生前，一旦获得相关信息，应迅速地进行科学的分析处理，并做出正确的判断与预警。

(6) 针对潜在的重大危机进行分析与预防。警之于先，防患于未然，对于潜在的重大危机，调动一切积极因素，加强危机预警，缓解危机事件对社会安全的冲击。

(7) 对过去的危机进行追踪研究。找到过去诱发危机的原因，危机的处理过程进行细致的分析，从中吸取教训，对今后危机管理工作的改进具有重要的意义。

4. 沟通行动

(1) 危机管理的媒体沟通训练。媒体对危机事件管理的重要性不言而喻，通过加强与媒体的沟通训练，与其建立良好的伙伴关系，实现双赢的目的。

(2) 实施公共沟通计划。建立组织与公众之间良好的沟通关系，组织应及时、审慎地选择信息源和信息传播渠道,在第一时间发布权威的信息,让公众知晓事态进展。

(3) 加强与利益相关者的联系与合作。若未处理好与利益相关者的关系,则可能会激化矛盾,使其做出一些不理智的行为。因此,应及时与利益相关者进行沟通,传递有价值的信息。

(4) 运用新的科技传播渠道。网络科技平台不仅可以拓宽信息沟通渠道、加快信息的发布速度、扩大传播范围,也具有更强的互动性,有利于组织与公众之间的沟通交流。

5. 心理与文化行动

(1) 高层管理人员对危机管理的重视。高层管理人员应明确自身的责任和分工,强化危机意识,重视危机管理工作,营造良好的危机管理氛围。

(2) 接受并鼓励员工的危机通报行为。制定激励机制,提高员工的危机意识,鼓励员工在发现危机时及时上报,以降低危机事件的影响。

(3) 加强对犯罪知识的学习。通过学习犯罪知识,养成自觉守法的好习惯,能够有效地防止违法犯罪行为的出现,有利于组织依据法律和制度开展工作。

(4) 为员工提供心理建设。心理建设指的是从不能接受到坦然接受的过程。为员工提供心理建设,可以降低因危机事件带来的心理上的负面影响,促使他们克服内心的恐惧和不安。

(5) 保持状况警觉。保持最敏锐的观察和信息捕捉能力,对任何可能引起危机的各种因素和危机征兆进行严密监测,确保能够在第一时间发现危机可能发生的迹象。

(6) 对以往危机提供印象式的回溯加深记忆。每一次危机都会给组织人员带来很多深刻反思,通过印象式的回溯,加深组织成员对危机带来负面影响的感知,对改进今后危机管理工作具有重要的意义。

8.5 危机决策模式与示例

8.5.1 危机决策成功模式

20世纪80年代美国强生公司发生的泰乐诺(Tylenol)下毒事件。强生公司在泰乐诺止痛胶囊下毒事件中运用的处理模式几乎成为全球厂商的黄金准则或标准作业程序。1982年秋季,一名精神异常者在芝加哥买了几瓶泰乐诺止痛药,他在胶囊里加入氰化钾并把药瓶重新包装后再放回至少6家不同药店和商店的架子上。1982年9月29—30日,有7人因服用该胶囊中毒身亡。强生公司是在媒体追踪报道时才得知这个不幸的消息,最早是一位记者打电话给该公司,想要知道他们对这件事的反应和意见。在记者打电话之前,强生公司对此毫不知情。

事件发生前很多人并不清楚泰乐诺是强生公司的产品,因为瓶子上印的是子公司麦克尼制药(Mc Neil)。巧的是几个星期前,首席执行官詹姆斯·柏克(James Burke)还在会议中提到了泰乐诺出事的可能性。这就验证了墨菲定律。

所幸柏克与其他主管以诚实、直接、迅速的态度响应,成功避免了公司形象的严重受损。柏克立刻成立一个7人团队,其主要目标是保护产品用户,挽救泰乐诺品牌声誉。强生公司决定立刻召回市面上3000万瓶的泰乐诺，同时利用国际媒体发出紧急通知来警告大家暂时不要使用任何泰乐诺产品。面对记者的询问，强生公司每次都如实答复。此举赢得媒体的公开赞扬，并且有媒体认为强生公司是悲剧的牺牲者，因为强生公司以"保障大众健康安全与消费者权益第一"为原则，选择自身承担巨额损失而避免消费者受害的决策。以下是强生公司在1982年10—11月采取的应对措施：

（1）立即回收达3000万瓶的泰乐诺胶囊，其零售总值逾1亿美元。

（2）加装3层安全包装，盖印检查后再推出新品。

（3）在危机发生时建立免费客服专线电话，响应3万多通与泰乐诺安全问题有关的电话。

（4）调查所有厂房是否合乎安全以及员工有无涉案。

（5）在各大报章刊登全版广告来通知客户退换药的消息。通过广告，公司承诺以药片换回胶囊，并通过发给医生、医院、商家的50万份电报和在媒体上发表声明，希望大众知晓危机处理情况。

（6）发给现任及退休员工2封信与4卷媒体报道录像，以帮助员工了解事件经过并感谢他们的支持。

（7）公关部门人员拜访160多位国会议员并讨论多项议题，包括立法让产品篡改行为变成重罪等。

（8）主动发电报通知医院及批发商调查过程，并与医药界人士进行大量沟通。

（9）主动提供正确的实时信息给媒体，通过新闻媒体向大众说明事情经过与紧急处理方案以防止民众恐慌。

（10）插播60秒电视广告向观众介绍新的泰乐诺密封包装，并在播出的一周内让85%的电视观众平均每人观看1.5次。

（11）制作4分钟的新包装解说录像带供电视新闻节目使用。

（12）建立免费电话以供消费者获取泰乐诺折价券。

强生公司的处理模式也曾面临内、外部质疑与反对。政府单位认为没有必要全面回收，因为这可能会造成全国恐慌以及导致歹徒仿效。公司内部认为，如果全面召回必须承受1亿美元的损失，也可能让泰乐诺胶囊止痛剂永远消失。此外，强生公司高层也对应对媒体的策略持有不同意见。强生公司全力配合媒体采访来让紧张的消费者了解事情真相，但当时的公共关系副总裁曾反对接受新闻节目"六十分钟"的邀约访问，他认为如果节目反过头来指责他们，其损害必定大于收获。与公共关系副总裁意见不同的是，柏克却把"六十分钟"的广大观众视为泰乐诺潜在客户，因此他决定直接面对广大观众。

危机过后公司主管才意识到快速响应的重要性。客户一直信任公司的产品质量，但几瓶下毒药品就几乎毁掉整个公司品牌。强生公司清楚意识到对病人负责、重视质量的观念必须在各个部门贯彻执行。事件发生后该公司立即对外发布消息并召回产品以及向客户保证产品质量，以贯彻公司信念与宗旨。虽然这些行为风险很高，短期成本也很大，但强生公司意识到迅速响应危机是维护公司品牌和产品市场占有率的最佳方法。

这次事件一度使强生公司市场急剧萎缩，强生公司产品市场占有率由原来的35%连续3个月下滑到5%以下，然而由于强生公司采取了有效的应对措施，于1983年2月其市场占有率又迅速回升到35%。虽然只有少数的泰乐诺胶囊被动过手脚且后续没有再检测出有毒物质，但强生公司照样召回所有产品并对公众表示强生公司会负起责任，以免危及消费者的生命安全。最后，公众对强生公司的危机应对评价非常正面，危机过后民众对该公司的信心不减反增，该公司在危机时期投入的资金最后又都通过产品销售而盈利得回。

泰乐诺危机令人印象深刻，就像美国"9·11"事件一样，它夺走了人民的安全感。在这次事件应对中强生公司被视为该事件的受害者。民意调查显示87%的受访者认为下毒事件不应归咎于强生公司，且表示强生公司的危机沟通发挥了极大作用。强生公司召开多次新闻发布会并设立消费者热线来传递关于危机的最新消息以消除公众疑虑，这些做法凸显了媒体沟通的重要性，同时也对组织应该怎么面对媒体及如何运用媒体与公众沟通提供了示范。当组织在面对危机时一定要制订计划、立刻行动、进行沟通并经常向媒体和公众发布真实信息，不要为了利润和声誉而试图隐藏对公司的不利消息。

泰乐诺危机案引发了自1963年肯尼迪总统遇刺事件以来最广泛的媒体报道。媒体询问超过2500次，提供超过12.5万则新闻报道。在这次产品下毒事件中，强生公司应对方式不但迅速而且规划缜密。强生公司还发明了新的药品防伪包装，引领制定了新的安全制药标准。

强生公司的表现说明了企业有能力从巨大灾难中站起来，甚至可以获得更高的声誉评价。泰乐诺成功重新上市，是强生公司赢得民众高度肯定的体现。自从强生公司推出密封包装并加以大力宣传后，泰乐诺很快恢复产品的市场占有率。然而，泰乐诺的苦难并未就此结束：1986年，纽约一位妇人因再度服用含有混合氰化物的胶囊死亡。类似的危机处理模式同样让强生公司重拾大众的信任，公司也决定停产胶囊型止痛药，并着手研发药丸及糖衣药片。

8.5.2　危机决策失败模式

1989年3月24日午夜，美国9.5万吨级的艾克森石油公司（Exxon）瓦尔德兹号（Valdez）油轮在阿拉斯加州的威廉王子海湾触礁，致船体破裂，2.32万桶原油泄漏在海上。油膜覆盖了大约1600平方千米的海水，水上浮油蔓延达4600平方千米，使1万只海獭、10万只海鸟受害。该事故导致威廉王子海港的鱼和野生动物大量消亡，当地渔民赖以生存的捕鱼业也不复存在。

艾克森石油公司说他们已经清除漏油，并自称是个优秀企业。但环保人士说，那里的海水永远不可能恢复原样，该处的自然环境、野生动植物甚至是当地居民至今仍没有从灾难中恢复过来。由于总裁劳伦斯·罗尔（Lawence Rawl）对危机处理不当，使该公司遭到国际环保组织及舆论各界强烈的抨击。

瓦尔德兹号漏油事件发生后，罗尔说："你说我们的污染杀死了一些鸟，但是非常抱歉，我们正在尽力而为。"他又说："技术方面我不了解，如果我去了现场只会转移大家的注意力。在控制漏油方面我帮不上忙并且也没有办法把油轮弄出岩石暗礁。"他的发言使组织陷入舆论的旋涡之中甚至引发全球"反艾克森"的抵制行动。虽然艾克森后来与声誉良好的美孚合并成为艾克森美孚石油公司，但其至今仍因漏油事件而遭受各方指责。以下是艾克森在此次事件中所犯的错误以及改善方向（黄丙喜，冯志能，2012）：

（1）第一时间响应。艾克森总裁罗尔与高层主管既不去事故现场，也对媒体询问不以为然。他说："我有许多比飞到事故现场更重要的事要做。"

（2）明确的组织立场。危机处理时不能犹疑，艾克森公司在此事件中举棋不定，这不仅使他们失去危机处理的先机，还丧失了赢得大众好感及挽救大众信心的机会。

（3）高层亲自出面。一定要有适当层级出面以避免媒体到处打听消息，艾克森既没有高层主管出面，也没有明确的危机处理方案。总裁罗尔远离事件现场，无法在民众中建立信心。因此，高层主管在危机中不仅要参与，还要亲上火线。

（4）真诚的关怀与沟通。指定专人负责发言及沟通，表达亲切关怀并传达确切消息以及陈述组织立场，不要像罗尔接受采访时说："我没法给你任何清除原油计划的细节，它非常复杂而且厚厚一本，我至今还没时间去看。事实上一个组织的 CEO 也不会有时间去看每一个计划。"

（5）与媒体合作。媒体在采访危机事件时一定会四处求证，与媒体为敌只会增加彼此的紧张度和对立感，组织应对公众及媒体展现出负责任的态度。罗尔抱怨媒体小题大做，他说漏油只是死了几只鸟，而不像美国联合碳化物公司在印度博帕尔的毒气外泄事件死亡 2000 多人。

（6）针对危机应立刻采取行动。如果有错应立即道歉并马上集中精力去处理状况，而不是急于计算组织的责任比例。组织应给予大众信心、展现自身实力，证明企业已查明问题并采取适当措施。罗尔面对当时堪称史上最严重的海洋污染事件竟然都没时间去看计划，公司的可信度自然容易遭到质疑。

（7）建立第一线指挥中心。为掌握灾害现场救灾情形和强化应对机制，应在事故现场建立第一线指挥中心，以提升灾害现场的应急响应效率，确保人民生命财产安全。

（8）让危机在掌握之中。管理阶层经常在危机发生之初不重视危机，但在事中又反应过度。艾克森正是这种情形，失去掌控的危机终会让组织损失惨重。

（9）持续监控危机。持续监控直到危机结束，同时要查找危机关键原因，并据此建立预防系统以防止类似情况再次发生。

（10）善用第三者协助。许多拥有特殊能力和技术的工程专家、技术专家、法律顾问或第三方组织等都能提供支持来协助组织渡过难关。

（11）不要忽视员工。让员工了解事件发展情况，使他们相信组织还在维持正常运营。员工是组织的最佳伙伴，组织不应忽视他们。

阅读材料

泰坦尼克号沉船事故

泰坦尼克号邮轮是 20 世纪初在北爱尔兰最大城市贝尔法斯特建造的，船长 260 米、宽 28 米、重 4.6 万吨，船上有 899 名船员，可以运载 3300 名乘客。在当时，它是世界上最大的一艘豪华客轮，被称为"永不沉没的船"，更被认为是一个技术成就的作品，因为它有 16 个水密隔舱防止沉没。甚至有船员认为"就是上帝亲自来，他也弄不沉这艘船"。但却在 1912 年 4 月 15 日（首航第 5 天）因撞上北大西洋冰山而沉没。由于缺少足够的救生艇，致全船1514人葬身海底，造成了在和平时期最严重的一次航海事故，也是迄今为止最著名的一次航海事故。

  泰坦尼克号首航是1912年4月10日，从英国南安普顿港出发前往美国纽约港。4月13日19时遇到萨帕军那克号轮船，该船以旗语警告在前方约800海里处撞到小型冰山，船身被撞凹陷，提醒泰坦尼克号人员加强警惕。在沉没前约12小时期间，包括卡罗莱那号、波罗的海号、阿米瑞卡号、加利福尼亚州号、麦沙巴号等在内的其他船只6次对泰坦尼克号发出消息，电报称海面上出现浮冰及冰山。其中21时40分，麦沙巴号电报警告在北纬41度25分到42度、西经40度到50度30分之间有大量冰山，此时泰坦尼克号正驶入这个长方形区域内。

  尽管船长已经知道附近可能有冰山出没，但他认为泰坦尼克号不会受浮冰影响而减速。当时人们对于危险警告的观念还停留在建议事项，而非立即采取避险策略的阶段。由于有1907年德国威廉皇储号冲撞冰山后仍完成航程的前例，泰坦尼克号的船长便只关注船只是否能遵守时刻表按时抵达目的地，而没有采取进一步的回避或减速行动。

  4月14日23时40分，瞭望员发现正前方有一座大冰山，距离船只仅剩450米。泰坦尼克号尝试摆动绕行，即在障碍物周围先后摆动船首与船尾，让船身两端回避冰山。但船体内的涡轮机不允许该船短时间内变向，最终只避免了迎头对撞，仍然导致泰坦尼克号和冰山发生了擦撞。全长91米的破损让海水找到了入口，16个水密隔舱中5个已经进水。由于该船的设计仅能承受4个隔舱容量，发生碰撞几分钟后所有发动机都停了下来，船首朝北在海上漂流，于次日凌晨2时20分沉入海底，造成1514人死亡。

  这次事件从一开始就出现了危机征兆，甚至先前已有船只和冰山擦撞而对泰坦尼克号发出警告。然而，船长仅将浮冰带的威胁视为参考事项，并认为通过瞭望台观察即可排除危险，他甚至认为以当时建造船只的水平，即使泰坦尼克号碰到冰山也能幸存。船长以过往的经验误判了危险发生路径，在草率判断后仍坚持船只按照危险航线全速前进的计划，这样的决策最终带来了无可挽回的灾难。

【本章重点】

  1. 狭义上讲，决策指各种可行替代方案的选择行为，也就是指决定。就广义而言，是指针对问题，分析危机的严重性、复杂性及会产生的结果危害，在各种有不同优缺点的方案中选择一种最可行方案，其包括决定还有决策的过程。

  2. 危机决策不是只有一次决策，而是有多次决策。决策之间会产生高度影响，它们之间有着很强的因果关系。

  3. 危机决策特殊之处是什么，简单来说就是时间紧迫。遇到紧急状况时，组织没有太长时间在单一事物上思考，不允许犹豫不决，不能暂时停止状况，要仔细确认问题的原因。

4. 组织面对危机时不同的选择就是不同的发展方向，这也就会带来不同的结果。我们不可能预知每个方向的未来，但也不必完全听天由命，至少在抉择时改善决策模式可以有效降低危机发生的风险。

5. 针对危机发展的不同阶段，组织在应对危机时应按照以下4个对策：

（1）减灾对策。针对潜伏的危机因素事先提出预防、解决办法。

（2）准备对策。重点是假设危机发生，如何事先做好准备以减少危机可能造成的损失。

（3）应对对策。危机爆发时如何迅速且有效地整合各项资源来进行紧急应对。

（4）恢复对策。危机受到控制后如何进行重建恢复的一系列活动。

6. 个人式决策的刻板印象是专断独裁，且并没有经过周全的论辩就直接决定处理的原则与方向。因此不同特点的上级领导人在面对同样的危机时处理的方式就可能会有所不同。

7. 集体决策是依靠众人所提供的意见来寻求共同的见解，它是充分发挥集体智慧的一种有力方式。集体决策所提供的信息较完整、可行方案较多、危机决策的接受度较高、合法性较强、责任承担小。

8. 危机决策应对模式（Coping Pattern）将危机决策分为如下4个判断与决策过程：

（1）不改变的风险。

（2）改变的风险。

（3）是否有更多的资源。

（4）决策时限。

【本章习题】

1. 什么是危机处理的静态策略和动态策略？两者有什么不同？
2. 危机策略的困难因素有哪些？
3. 常成为事故的主要因素的不良判断类型有哪些？
4. 针对危机发展的不同阶段，组织应采取哪些对策？
5. 成功的危机决策模式重点包括哪些？
6. 判断事件是否构成危机，应从哪些可能对组织产生的负面影响进行思考？
7. 危机发生前的决策重心是什么？
8. 危机发生时的决策重心是什么？
9. 危机发生后的决策重心是什么？
10. 危机决策应对模式中将危机决策的应对分为哪些判断与决策过程？
11. 什么是事实简化效应？
12. 什么是风险转移现象？
13. 危机决策时有哪些方法可以避免团体迷思？
14. 什么是光环效应？
15. 危机决策的步骤是什么？
16. 在危机发生前应做好哪些准备，应急重要事项应包括哪些？

17. 组织可从哪些方向分析危机发生原因？
18. 理想的危机管理整合要素中，策略行动的重点是什么？
19. 理想的危机管理整合要素中，评估与诊断行动的重点是什么？
20. 理想的危机管理整合要素中，沟通行动的重点是什么？

9 危机团队与指挥系统

组织内部危机管理通常由某些特定人员全权负责，危机管理的核心工作包括指导与管制两部分。在具体操作中，一般可将组织内危机管理小组分为应急管理组（Emergency Management Group，EMG）与应急作业组（Emergency Operation Group，EOG）。各体系编制的复杂程度取决于组织规模的大小，较小规模的组织通常不需要复杂的小组编制，仅需保留小组的主要功能。

危机指挥中心是危机处理的组织中枢，也是组织处理危机事件的管理中心与紧急运行中心，突发事件指挥系统（Incident Command System，ICS）不仅是一种集指挥、控制及协调为一体的工具，还是一种控制事态、保护环境和保障生命财产安全的紧急状态群组（各单位）整合范式。ICS可促使不同组织在应急行动中，以共通的术语和应对步骤进行沟通与行动，并实时整合有限资源以发挥其最佳效用。该范式在事故灾害应对中具有稳定灾害现场、强化救灾效果等功能，其可用于各种规模的紧急状态，自单一的设备意外至动员数个组织的重大事故灾害皆是其运用范围。

9.1 危机团队

团队是彼此相互依赖、共同完成某项特定工作的一群人。若完成一项工作只需要一个人，并且不需要依靠其他成员的力量，此时就没有所谓的相互依赖问题。

简单来说，团队特性可概括为以下两点：

（1）一群相互依赖的人员组成的共同体，他们在工作中相互学习、磨合、调整、创新、协作、解决问题，从而达到共同目标。

（2）团队中所有人员相互依靠彼此的专业知识、技能和工作能力完成团队工作。应注意的是，团队性质决定着彼此间相互依赖的程度。

因此，团队合作是指一群人的共同行为，团队成员必须将团队效率和团结置于个人利益和意见之上。

9.1.1 危机团队的功能

危机管理团队与普通团队相比，唯一区别就是面对的危机问题不同。危机处理与普通问题处理的区别用一句话归纳是：危机处理在时间上具有紧迫性，稍有延迟危机就可能发展到难以控制的程度。所以，危机团队的职责是建立危机预警系统、制订危机预防计划、提高危机识别能力、强化危机处理能力及危机善后能力等。在此，应加以特别说明危机管理团队如何有效的执行危机管理计划。危机管理团队为长久性编制，其平时所负责的事项如下：

（1）负责处理将来可能发生的危机事件。危机管理团队要妥善准备以应对危机，这也是危机管理团队的职责和存在的价值。

（2）负责统筹危机管理的各项计划，并分设相关权责单位来实施。应急管理团队制订危机管理总计划和各项分计划，总计划统筹把握危机管理的大方向，各项分计划交由各相关权责单位实施，充分挖掘各单位人员的工作潜能。

（3）设计预警机制。正确、及时的预警工作需要科学稳定、高效运行的预警机制。预警机制包括预警监测系统、预警咨询系统、预警组织系统、预警法规系统。

（4）开展模拟演练。定期举行具有针对性的模拟演练，提高参与者对危机事件风险源的警惕性。然后，通过演练发现应急预案和决策中存在的问题，指出预案和决策需要完善和修正的地方。

（5）针对可能发生的危机情形做准备。预防与应急准备是应对危机事件的基础性工作，一方面可以有效避免危机事件的发生；另一方面也可以有效减少危机发生后所造成的人员伤亡和财产损失。

（6）在处理危机过程中，定时对所有信息、报道、评论并进行审查并适当修正，避免因误判情势而导致使危机扩大。危机事态发展具有动态性，因此要不断根据外界情况的变化及时更新和完善应对措施。

9.1.2 危机团队的典型特质

成功的危机团队具备与普通危机团队不同的典型特性。比较优秀的危机团队都会将及时检讨、管理冲突及事先制定措施等设为行动方向。

1. 状况认知

成功的团队擅长任务的合理分配。各小组负责人在分配任务时必须确保组员有充分的时间完成任务，并明确指出哪些工作脱离标准作业程序、哪些工作分配不均、哪些组员单独行事影响了团队的工作成效。因此，危机团队应重视组员之间的相互支持。在工作繁重时，组员之间可以相互协助进而有效地解决问题，能进一步强化团队关系。

2. 检讨

检讨是全部成员总结经验与吸取教训的过程。每个组员都可以提出自己的见解，其见解应该客观。在工作负荷许可下，成员在其某种行为出现后立即进行检讨是最为有效的。检讨是优秀团队特性的一部分，成员应以积极的态度加以接受。

3. 管理冲突

优秀组员都有面对冲突的经验，并能妥善处理冲突。在小组中，冲突是可以存在的，甚至还能受到鼓励（功能性冲突）。对于任何问题，当小组成员持不同意见时，组织应让他们公开发表各自的看法，集思广益解决问题，而不是想方设法避免冲突。避免冲突意味着走向团体迷思，团体迷思认为团体的和谐高于一切，不应该存在冲突。有建设性的冲突

（功能性冲突）与有破坏性的争吵（失能性冲突）只有一线之隔，团队领导人必须随时准备介入以避免冲突升级。

4. 最保守的行动法则

冲突有时无法圆满解决，需要人员一起讨论并制订一系列方案进行处理。最保守的行动法则是一种变通方法，即当组员之间无法达成协议时，应从所有讨论方案中选择既不会增加工作量又万无一失的方案。

9.2 危机与组织

危机发生后，组织及其成员将会产生极大压力与焦虑。在此情形下，组织及其成员将会以异于平常的方式处理危机事件，并把其注意的焦点放在危机来源上，忽略与其不相关的事件，以保证能够全心全意地处理当前的急迫问题。由此可见，危机发生会对组织管理产生重大影响。

9.2.1 危机对个体的影响

1. 信息处理能力的下降

适度压力会促进绩效增长，个人会因压力过大而产生认知错误并降低对信息的处理能力。在此情况下，组织成员由于认知限制，不仅不能以更广阔的视野审视周围各种可能解决危机的潜在备选方案，反而会以个人固有的思维模式或例行标准作业程序来处理危机。此种行为不仅无法解决危机，还可能会导致组织因个人决策错误而陷入困境。

2. 欠缺决策的准备

当决策者熟悉危机情境时，进行事前准备的可能性就会降低，可能依据以往经验而采取例行性解决方式。因此，未针对危机做事前准备的决策者，更容易制定无效决策。

3. 自我价值观的混乱

危机会使组织成员的基本价值观产生混乱，不论组织成员是直接、还是间接地受危机影响，事后都会在心理上付出惨痛代价，他们通常会做噩梦、失眠、比一般人易于紧张及焦虑，并且会对许多事情感到沮丧。

9.2.2 危机对组织的影响

1. 决策权威集中

组织发生危机时，决策者为能有效对危机情境加以控制，通常会将组织自下层人员的决策权收归于自己，或把权力集中在少数人手中。决策权威集中易导致团体迷思（Groupthink）现象的产生。所谓团体迷思，是指某团体具有高度凝聚力，强调团结一致的重要性，压制个人的独立思考及判断，不给组织成员提出不同意见的机会，最后导致团体产生错误的决策。

2. 信息流程紧缩

组织在应对危机的威胁时，为有效运用信息时，通常会设置一些机构对信息进行过滤，而有些人员为规避责任会删减信息、推迟响应等，造成信息扭曲或不实。在决策权集中的影响下将导致信息流程紧缩，使决策者在错误信息或信息不足的情形下做出不当决策，不但无法化解危机，反而会使其更加恶化。

3. 内部僵化反应

组织发生危机时，若已建立的标准作业程序不能适用于该危机情境，并且组织成员因其判断能力不足或涉及其承担责任，进而墨守成规或逐层、逐次向上请示，使组织高层在媒体揭露时才得知消息，这些因素都会导致错过危机处理的最佳时机。

4. 沟通渠道减少

危机处理时间的紧迫性与决策权威的集中性，使组织内部的正常沟通渠道减少。这种情况导致主管与部属间由于缺乏沟通而产生更多的焦虑，从而不利于危机处理。

5. 资源管理的压力

组织在发生危机时常会利用组织全部资源解决危机，但由于存在利益剥夺现象，资源重组通常会引发危机再次发生，甚至引发组织内部冲突。

危机带来的压力来源除有重大价值威胁、决策时间短促、惊异不安等因素外，还包括一系列累积性的情绪与生理疲劳因素。这些危机压力导致决策者认知与注意力受限、眼光短视狭隘或推卸责任等。尤其是当危机决策者面对危机做出重大决策时，需要权衡得失、推测后果、自身（名利）影响等，这使决策者更加难以取舍。在整个决策过程中，能够明显看出以下几点策略缺陷：

（1）未能仔细检讨和考虑危机处理的策略目标和所有方案。危机应对具有紧迫性，紧迫性是指危机发生后做出紧急响应的时间是有限的，这会给决策者和相关部门带来巨大压力。在重压之下，策略目标和方案可能会出现考虑不太周全的情况。

（2）情报信息收集力度不足。由于时间紧迫，组织往往在短时间内无法获得全部信息，就可能会做出错误决策，从而加剧危机对组织的损害甚至使危机发展到无法控制的地步。

（3）选择性处理信息。决策者可能会根据个人经验和直觉处理信息，这一行为是不理性的且带有主观色彩，会使决策者因为个人偏见做出错误决策。

（4）未能重新审视被排除方案的可行性。危机发展过程是动态的，外界环境的变化可能会改变某些需求条件，原先被排除的方案也可能变为最优方案。因此，应根据变化重新审视所有方案，包括已被排除的方案。

（5）未能仔细衡量采取方案的代价与风险。在危机情境下，每个决策都有潜在的不确定性和导致预期结果失败的可能性，所以应在充分衡量各方案代价与风险的前提下选出最佳方案。

（6）未能制订出危机管理决策的备选方案。备选方案十分重要，进行危机管理决策时要考虑备选方案。备选方案的缺失反映出决策制定得不到位。

9.2.3　危机管理组织体系

组织内部的危机管理机制应由特定人员全权负责，危机管理体系的核心工作依据概念可分为指导与管制（Direction and Control）两部分。一般来说，可将组织内危机管理小组分为应急管理组（Emergency Management Group，EMG）与应急作业组（Emergency Operation Group，EOG）。各体系编制的复杂程度取决于组织规模的大小，规模较小的组织则不需复杂编制，具有主要功能的小组则需要保留。例如规模较大且功能较健全的组织可能拥有自己所属的应急响应小组（医疗、救护、技术等），而规模较小的组织可使用支持协议的方式，利用外部资源解决组织内部资源不足的问题。

应急管理组（EMG）是掌握危机事件全部状况的小组，它由内部高层领导人员组成，主要负责管理危机事件，并担负着监督应急作业组（EOG）执行处理各项危机事件的责任。每个危机事件的应对都需要领导人，通常由组织首席执行官担任。首席执行官作为代表组织直面公众的重要人物，必须接受媒体训练。此外，还需要指派发言人，通常由资深的主管担任，也可以委任能言善道、形象良好的主管接受媒体访问。

应急作业组（EOG）是由事故现场指挥官（Incident Commander）负责指挥处理危机现场的各功能小组，而应急管理组（EMG）则负责满足指挥官的需求，并担负对外协调工作，如资源的分配、与公众和媒体的互动等。

应急管理组（EMG）中，领导人通常由组织内部的最高领导人担任，他们负责整体危机状况的指挥与管制；成员由组织内各部门资深经理人员担任。这些资深经理人员应具备4项主要能力：一是评估危机事件对组织造成的短期及长期影响；二是下传组织危机处理的重要命令；三是负责组织内部与外部之间的协调；四是发布新闻（发言人）。

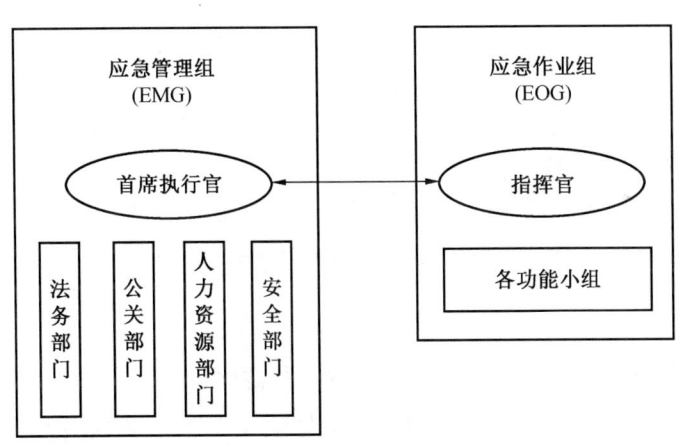

图9-1 应急管理组（EMG）与应急作业组（EOG）的关系

图9-1显示组织在危机管理中有决策与执行两种不同的小组，这些小组就是组织在危机管理中的专家/教授团体，小组成员对危机情况十分了解并能对特殊个案做出评估。危机发生前的预防及准备工作、危机爆发时的紧急处理以及危机解决后的重建与再学习都需要小组执行与主导。

9.2.4 危机管理指挥机构

危机指挥中心是危机处理的组织中枢，也是处理危机事件的管理中心与紧急运行中心。整体危机处理流程是由事故现场指挥官提供相关信息给应急管理组（EMG），由EMG

根据危机发展情况及当前可用资源，下传相关决策给指挥官，指挥官根据决策直接执行危机处理工作。因此，发生危机时组织应在合适地点成立危机指挥中心，中心地点应选在不受整体危机事件影响的地方。例如组织所属安全部门、会议室、主管办公室以及企业总部等。此外，规划成立备用危机指挥中心也是十分重要的，当主要指挥中心受危机影响而无法发挥其功能时，备用指挥中心可随时待命，执行处理危机事件的任务。危机指挥中心的设备要满足所有工作人员的需求，必须具备所有处理紧急状况需要的必备装备。下列是危机指挥中心应具备的相关资源。

1. 通联装备

通联装备包含对内、对外的通联设备，诸如电话（有线、无线）、传真、互联网等，当主要通联系统失效时可立即启动备用系统来应对。

2. 标准作业程序

标准作业程序不仅是危机指挥中心执行各项工作的准则，也是成员采取行动的依据，可促使其各司其职。组织应定期审视相关程序的适用性，并进行必要的修订使其更符合实际需求。

3. 地图与蓝图

危机指挥中心应备妥危机地区的地图及相关建筑物的蓝图，以便中心成员掌控危机整体状况与影响范围。

4. 成员名册

危机指挥中心内除具备标准作业程序外，还应备有中心成员名册，并且明确各成员的工作职责。此外，组织应随时更新成员名册，避免因人员调动造成小组成员不足的状况。

5. 专业信息与参考数据

危机指挥中心内部进行任务分配时，也需要专业信息作为参考数据。组织在平时就应注重加强内部信息管理，有系统地将专业信息做好分类，提高信息管理水平将有助于有效执行危机管理任务。

6. 内部资源管理系统

为有效解决资源配置问题，组织应建立危机资源管理系统。该系统中应明确资源种类、数量、配置地点等，并建立资源管理系统数据库供中心成员使用。

7. 紧急通信电话册

紧急通信电话册中应包括中心小组成员、组织中的重要人员、组织外部支持单位以及媒体的电话、电子邮件账号等联络方式。

8. 备用电力系统及照明设备

危机指挥中心若无法给成员提供执行任务的必要环境，组织的危机处理将会面临严重威胁。因此，持续供电系统、备用电力及紧急照明设备是不可或缺的。

9.3 突发事件指挥系统（ICS）

突发事件指挥系统（Incident Command System，ICS）是一套集指挥、控制及协调于一体的应对危机的工具，也是通过整合各单位的工作以达到稳定紧急状况、保护生命财产和环境安全的一种方法。这种方法在灾害或事故的救助现场具有稳定灾害现场及强化救灾效果的功能,可用于处理各种规模的紧急事故,从仅是单一设备的意外到动员多个组织的重大事故都是其运用范围。ICS可促使不同组织在应急响应行动中,以共通的术语和应对步骤进行沟通与行动,实时整合有限资源以发挥其最佳效用。

突发事件指挥系统主要是明确界定危机处理指挥工作,并协调和制定相关安全措施。事件处理指挥官的职责是在第一线执行危机应对工作,分析组织内外部各项资源是否满足危机处理的需要。事件处理指挥官可由组织内部的管理阶层来担任,此外组织还必须具备下列执行能力:

(1) 指挥。指挥能力是组织依靠权威、命令使组织内外部工作以达到预定目标的技能和本领。

(2) 评估局势。评估者通过对当前局势的评估,了解各项决策预期成效的达成情况,找出不足之处,制定更加完善的决策,以促进危机管理项目的改进。

(3) 制订并执行应急响应计划。应急响应计划通常是指组织为应对各种危机事件的发生所做的准备工作,以及在事件发生后所采取的措施。实施应急响应计划的目的是尽可能地减少危机事件造成的损失,并防止危机事件进一步恶化或再度发生。

(4) 决定应对策略。危机事件的发展具有不确定性,危机应对策略要根据危机事态发展而变化。因此,应对能力对于危机管理的有效性至关重要。

(5) 协调资源。危机管理工作的顺利进行,通常需要其他部门的协作与配合。这不仅需要组织向各个部门精准地传达需求,还需要组织成员加强各方面的协作。

第一个系统性突发事件指挥系统的建立是基于1970年美国南加州发生的森林大火的抢救过程。这场火灾延续了13天,大火从国家森林、州界线和地区公园,越过郡的边界进入洛杉矶市,影响范围约24亿平方米,烧毁885栋建筑物并导致16人死亡,经济损失高达约2.33亿美元。当时的状况涉及不同单位之间的联合抢救,由于救灾单位间缺乏共通的通信频道和代码,没有统一的指挥官和一致的管控幅度及方法,分工缺乏合理性,最终导致救灾现场异常混乱。除经济及人员损失外,这场大火也烧出了许多问题,这些问题包括以下几点:

(1) 参与救灾的部门混乱,如联邦、州、地方政府等。

(2) 无线电等通联系统混乱。

(3) 应急组织间没有共通的标准用语。

(4) 沟通合作力度不足。

(5) 应变能力缺乏弹性。

(6) 没有正确的行动计划。

(7) 资源分配不合理。

一连串的森林火灾瓦解了加州森林火灾防护系统。肆虐的大火给救援队带来了前所未有的救灾挑战,指挥救援十分困难,由此引起了大众对指挥系统的更高期待。因此,在美国联邦应急管理署(Federal Emergency Management Agency,FEMA)协助下,由市、郡、州、联邦等7个相关单位(加州森林及消防处、加州应急管理办公室、洛杉矶市消防局、洛杉矶郡消防局、圣塔芭芭拉郡消防局、凡图拉郡消防局、美国农业部林务局)共同提供南加州重大事故火灾抢救资源（Firefighting Resources of Southern California Organized for Potential Emergencies，FRSCOPE）。到 1972 年，FIRESCOPE 正式被美国国会授权负责灾害救援时的多部门间的协调系统，这就是 ICS 的雏形。

在美国森林管理局与消防救灾单位的协调、整合努力下，ICS 逐渐开发出既可应对不同灾害需求又可处理不同灾害规模的系统。这一系统开发后，不断进行修改，不久便受到许多单位的重视并得到运用，诸如在纽约地铁意外事故、俄克拉荷马联邦大楼爆炸案以及"9·11"纽约双子星世贸大楼恐怖攻击行动中，均能发挥其功能，这足以表现出该系统的受重视程度。在美国双子星大楼倒塌事件中，由于 2 天前刚刚进行了抢救大量伤员的 ICS 演习，纽约医院最终有效率地拯救了 1500 余名伤员。

目前，美国政府已经将 ICS 广泛应用于消防抢救、军队抢救及医院抢救。如美国联邦法规要求紧急事故处理应使用 ICS；美国公共工程协会、国际警察首长协会、美国国家防火协会先后将 ICS 列为建议处理要点；美国国家消防学院采用 ICS 作为紧急事故应变标准教材；许多州也将 ICS 作为各类型事故处理程序的标准。

9.3.1 ICS 的目标与原则

如今，ICS 已成为美国政府机构间事故处理系统（National Interagency Incident Management System，NIIMS）的核心部分。该系统目标如下：

（1）由单一指挥系统负责整个意外事件及其最终结果。
（2）开发一个彼此共通的专业术语系统。
（3）开发一个促使不同单位彼此协调合作的系统。
（4）开发一个具有共享的无线电频道及通信的语言系统。
（5）开发一个具有最佳资源分配的系统。

ICS 将危机管理的精神融合在其架构之中，并强调事前必须进行计划及教育训练；事发时及时反应并做出正确决策；事后迅速恢复并改进。因此，发展 ICS 原则必须包括如下几点：

（1）共通用语。对相关事物制定统一的名称，这有利于事故现场的救灾人员对全部参与人员、设备、器具、方法、手势、标识以及所有设施资源使用共通名称，并尽量以文字取代编号。

（2）模块化组织。指挥官应由上而下发展组织模块，并随着事故影响范围的扩大，根据情况逐步成立各部门模块（如计划组、作业组等）。

（3）整合通信。使用共同的通信计划、标准作业程序与频道、清楚的文字与用语，并根据事故状况的复杂度和设备的需求，建立不同的通信网络（如卫星电话、互联网等）。

（4）统一指挥。统一指挥是指在组织中每个人员仅向一位指定人员报到，保证政令统一、行动一致。如果两个领导人同时对同一个人或同一件事行使权力，就会导致指挥混乱。在任何情况下，组织都不应存在双重指挥。

（5）一致指挥架构。当事故涉及单一行政区域内涉及多个单位或多个行政区涉及多个单位时，应以完成共同目标为宗旨采取行动。在共同目标下运用一致的指挥架构规划作业,从而使资源发挥其最大价值。

(6) 一致事故行动计划。一致事故行动计划应明确指出行动目的及相关支持活动,尤其在运用多机构资源、涉及多行政区域或事故具有复杂性时(如人员、装备需换班作业)应由指挥官立即下令制定。

(7) 管控幅度适中。在 ICS 任何部门中,主管控制幅度在 3~7 个救灾资源之间且以 5 个为最佳,数目有增减时指挥官应重新考虑整个 ICS 架构确保每一位部门主管都能对人员或资源有效指挥掌控。

(8) 特定救灾所需设施。包括事故指挥所、救灾资源集结区,其他救灾资源指派设施(如临时医疗区、检伤分类区)。

(9) 综合式资源管理。救灾过程中使用的资源大致可分为人力和设备两大项。若按救灾资源的性能分类,通常以数字来评定等级:1 表示最高能力或容量;2 为其次,接着依序降序排等级。若按状态可分为 3 种:执勤资源、等待资源及暂时无法使用的资源。ICS 中制式化的窗体有利于有效管理上述资源。

9.3.2 ICS 主要架构与功能

图 9-2 中 ICS 基本组织共有五大部门:指挥、行动、计划、后勤、财务/行政。在小型事故中,所有部门可能仅由一个人(事故指挥官)完全负责,而在大型灾害事故中,每一个部门都需由专人负责并且也可再细分其功能。ICS 五大部门的各项管理功能及重点内容如下(附表 21):

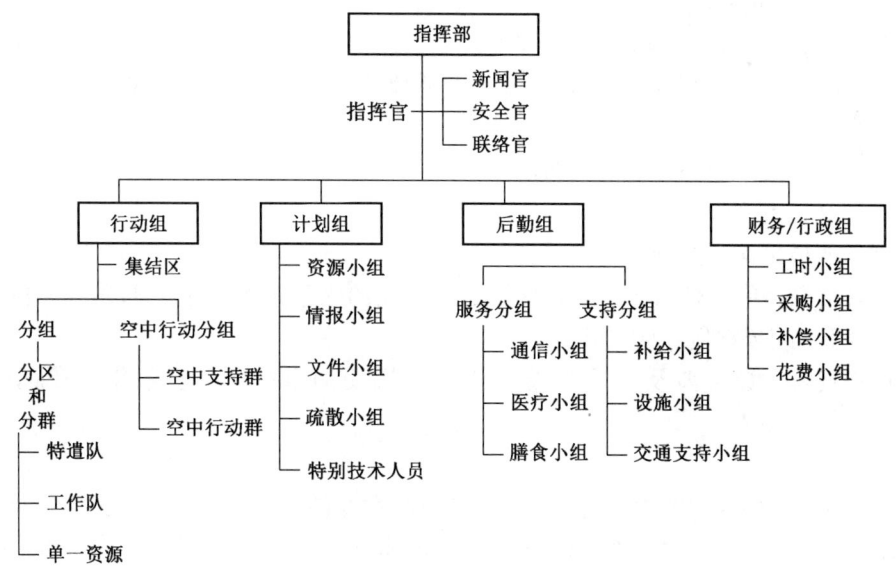

图 9-2 突发事件指挥系统分组图

1. 指挥

指挥部是由指挥官与其协助人员构成,一般根据危机状况的严重程度决定是否将其他管理部门省略，但是一定要有指挥部对危机处理的所有活动负责。指挥部的功能如下：

（1）执行指挥任务。

（2）保障队员生命及财产安全。

（3）管控所有人员与资源。

（4）确保公共安全与队员安全。

（5）与外界媒体及防灾单位保持互动。

由于指挥官责任重大，一般要求指挥官必须接受过意外事故处理的训练、必须充分了解ICS、熟悉灾难计划以及参与过灾难演练，充分了解自己的工作职责。指挥官基本权责如下：

（1）组织团队指挥救灾。根据事故的需求建立指挥所，并且建立合理的组织编制，对各部门的主要领导指派任务。

（2）设定工作优先级。根据事故的严重程度建立应急目标，并列出优先级，同时与各单位保持互动以传递重要信息。

（3）确定执行计划。帮助拟订并执行事故行动计划（IAP）。

（4）确定资源分配与发放。建立各项资源运用的优先级。

（5）审核组织向大众媒体发布的消息。向媒体传达正确信息。

（6）监督与其他机构的协调：确定各单位之间能有效沟通并与外界建立良好关系。

（7）决定灾难救援行动的终止。

（8）协助灾后调查与重建。

指挥部协助人员一般包括：新闻官（Public Information Officer，PIO）、安全官（Safety）及联络官（Liaison），其职责分述如下：

（1）新闻官。负责确保媒体能有效、正确地将救灾活动情况传递给大众，其职责如下：

① 设立新闻发布中心并定期发布消息。

② 避免让记者到处采访，确保媒体记者安全。

③ 帮助媒体采访到有利的正面消息。

（2）安全官。负责对影响到人员身体健康状况的因素进行评估，如噪声、粉尘、核污染有害物质、现场坍塌、武器威胁等。

（3）联络官。针对涉及多重管辖权或多个机关的事故，负责联络、登记等相关事宜。

2. 行动组

行动组是整个架构中的操作者或是第一线指挥命令的主要执行者，负责协调及主导作业部门各个小组运转，并执行事故行动计划（Incident Action Plan，IAP）中所拟定的应急行动。行动组的组织架构是可扩编的。例如伤员救治有紧急医疗系统（EMS）；坍塌现场有抢救小组；火场控制有消防部门；公共工程有电力公司、天然气公司、自来水公司；政府特殊执法部门有防爆小组、维护小组、调查局等。按照实际作业需求，部门可以不断扩编所需分组。

分组一旦启动任务，其主管必须在行动组长的指挥下工作并为分组内的区（Division）

与群（Group）分配任务，执行专用事故行动计划。行动组的功能与职责包括完成指挥官交付的任务、执行各种技术操作、参与制订计划、必要时修改并执行计划、提供专业意见给指挥部或计划组、维护纪律。

3. 计划组

计划组负责收集并评估各项信息，监控各项资源以及准备事故行动计划与其他相关文件。其主要功能如下：

（1）掌握现行状况。明确事态发展状况是有针对性地制订计划的前提条件。

（2）预测事故的发展趋势。根据已掌握的现行状况对可能引起危机的各种因素进行分析，预测事件发展趋势。

（3）判断事故控制方向并拟订替代方案。通过之前两个步骤，对事件现况和发展趋势有所把握，拟订事故行动计划及替代方案。

计划组负责主导及协调所有计划运转，对事故发展状况和可用资源进行评估及应用，并确保相关重要信息的发送与保存。其中，拟订事故行动计划目的是明确作业期间的应急行动和救灾资源分配工作。其主要职责包括如下几点：

（1）维持正常的资源状态。

（2）分析情势。

（3）提供现况信息。

（4）预测未来可能发生的变化并规划救灾过程。

（5）制订事故行动计划。

（6）准备替代方案。

（7）主持召开沟通协调会议。

（8）公布经指挥官同意后选用的执行计划。

（9）针对状况的重大变化提出建议。

（10）准备与解除预备人力。

4. 后勤组

后勤组的主要职责是为事故应急人员提供各项服务与支持，统计所有人员为达成任务所需设备与服务，主要包括各项设施、勤务、工具及器材等。其任务大致分为两部分：

（1）服务功能。主要维持各组织正常运转，如人员衣、食、住、行及水电供应等。

（2）支持功能。任务执行时所需的设备、能源与物资的筹备与使用等。

简而言之，后勤组通常包含支持与服务两部分，每一部分又可细化为许多小组。服务部分中一般包含通信、医疗及膳食等方面的小组。支持部分则包含对各种设施、装备的订购、接收与分配以及营地管理与交通运输等小组。后勤组组长也需参与事故行动计划的发展及执行，并监督后勤组内的各分支小组高效履责。事故指挥官获得上级命令后，应立即规划后勤组组织并给组员分派初步的工作任务与工作地点，通知启动资源小组以支持任务的进行。后勤组的职责如下：

（1）参加事故行动计划的准备。

（2）对计划及预期作业进行服务与支持需求识别。

（3）确认已备妥通信计划、医疗计划与交通计划。

(4) 准备服务与支持所需要素。
(5) 协调与排查额外的资源需求。
(6) 对现行服务与支持能力提出专业建议。
(7) 预估后续作业对各部门的需求。

5. 财务/行政组

财务组的主要任务是监控事故处理中各项工作的支出，对各项花费和补偿做追踪并进行详细记录，管理各项经费以及采购合约。同时，该组还负责应急响应时现场的财务处理及审计流程。虽然它经常容易被忽略，但却是非常重要的一环。财务组的主要功能包括下列4项：

(1) 灾害恢复记录。以便日后申请补助。
(2) 签订合约。有些物品购置成本太高或需随时更新，这就必须与厂商签订合约以确保组织可获得供应。
(3) 与其他组织签订互助协议。事先签订互助支持协议，必要时可共享器材或资源。
(4) 损毁记录。以做事后补偿或维修的凭证。

财务组通常根据需求，分别设置计时、采购、补偿与花费小组。计时小组主要负责对人员、装备的工作时间进行记录；采购小组负责对所需物资进行采购；补偿小组负责针对补偿或索赔设置专员来处理、花费小组对最终花费数据进行收集、分析。财务/行政组职责如下：

(1) 参加计划会议并收集信息。
(2) 识别与订购所需补给的资源。
(3) 就灾害事故状况制订财务作业计划。
(4) 满足物资供应需求。
(5) 必要时和协同部门开展会议。
(6) 在所有计划活动期间就财务对事物进行数据分析。
(7) 与机构行政总部就财务事项保持日常联系。
(8) 确保职员的时间记录按照政策要求传至机构本部。
(9) 参与所有解散计划。
(10) 确保事故中产生的所有文件、照片、证物等都已备份完成。
(11) 对主管机构行政人员进行简报。

9.3.3 ICS的建立要素

重大事故发生时，抵达事故现场的救灾单位众多，为避免出现因指挥系统紊乱而无法有效处理事故的情况，组织必须建立起明确的突发事件指挥系统，并要求所有救灾单位的成员接受训练，使其熟悉ICS意义及内容。ICS具备的要素如下。

1. 具备完整的组织体系

组织体系应依据事故处理的实际需要，将指挥体系分成指挥、行动、计划、后勤及财务/行政5部分（FEMA，1992）。对于大规模事故，指挥部必须有安全官、联络官、新闻官人员以确保复杂事故中抢救人员的安全、有效传达媒体的报道等。在小规模事故中，由第一批抵达现场的应急队或资深抢救人员来担任初期指挥官，如果事故涉及范围较广则由灾区主管担任指挥官。第一阶段的现场指挥官转移指挥权后，仍需负责该事故区的抢救及安全管制任务。因此，总指挥官主要负责有效管理各应急小组的组长，而各组成员则由组长指挥，这样符合有效指挥幅度原则。在小规模事故中指挥官通常直接指挥 3~5 人，在大规模事故中直接指挥 5~7 人。

2. 统一指挥权责的要求

统一指挥是避免事故现场混乱无序的要点。然而，统一指挥并不意味着指挥官必须从事故发生到终止都是同一个人，这可依据事故规模的变化而改变。当事故扩大到需要由多个单位共同负责处理时，各单位应联合指挥并完成各自的抢救任务，这并不违反统一指挥的概念，尤其是涉及多重辖区或由多个单位共同指派人员时更应建立这一机制。

3. 完整的资源管理

人员、装备、器材及信息等突发资源的需求必须有完整的 ICS 小组支持，以确保前述各项资源能持续供应，否则在抢救过程中可能出现救援资源供应不足的问题。当突发事件发生、应对资源有限、时间紧迫时，人员生命安全是指挥官做决策时首先考虑的因素，其次是稳定现场状况（FEMA，1998）。不同抢救政策所需的应急资源也不相同，在指挥体系中无论事故大小，每一个事故的处理都要有指挥官，指挥官不仅要对事故处理负责，还要找出在应急指挥时容易出现漏洞的地方。组织需要注意的是，小规模事故可能衍生危机事故，因此组织必须要有相对较强的应急小组和更完备的救灾资源。

9.3.4 ICS 的应用与特色

无论是小的意外事故、紧急事故或大型灾害等都需要不同单位共同应对。参与单位应彼此协调整合，以确保各单位优劣互补，各展所长，同时能运用整合的资源完成救灾任务。以下为突发事件指挥系统的应用范围：

(1) 危险性事故。
(2) 计划性事件（庆典、游行、音乐会、大型活动）。
(3) 自然灾害（龙卷风、飓风、地震）。
(4) 设施中断。
(5) 重大医疗事故。
(6) 单一或多单位的执法事件。
(7) 火灾。
(8) 爆炸、恐怖攻击。
(9) 多人伤亡事件。
(10) 涉及多区域多单位的事件。
(11) 空中、铁路、水上或陆上交通事故。
(12) 广大区域的搜救行动。
(13) 救援行动。
(14) 灭害虫计划。
(15) 紧急事故处理。

ICS 使用合乎逻辑的应对结构，以明确成员责任归属，并通过通信科技与共通用语建立明确的工作体系，将相关工作内容预先做好规划，保证在紧急状况下各部门都能做出迅速有效的应对。以下为 ICS 的特色：

（1）明确管理架构与指挥链。
（2）明确角色职责分工。
（3）弹性作业小组，适应各类危机事件。
（4）各个参与单位与部门间有共通的语言。
（5）针对应对事项列出优先级清单。

阅读材料

智利圣何塞铜矿坍塌事故

2010 年 8 月 5 日，在智利首都圣地亚哥以北 800 千米处，科皮亚波市附近的圣荷西矿山的矿井上层发生塌陷，多达 33 名矿工受困于地表下 700 米处。矿坑负责人在事故发生数小时后通知了矿务局，智利的矿业部长和总统等人在知晓矿难发生后，于 8 月 6 日对救灾行动进行指挥并联合海内外力量开展紧急救援行动。

起初救援人员于 8 月 6 日试图通过一个通风井向避难处前进，但最终因矿坑再度坍塌而被迫放弃这个救援途径。8 日，救援人员开始用钻孔机钻挖矿坑并在找出受难者位置后利用逃生吊舱进行运送。救援人员夜以继日地开凿探井，但由于矿井施工图错误和岩层的不稳定，连续 7 次钻探均以掌握受难者存在迹象及进度缓慢而屡遇波折。8 月 22 日凌晨钻孔机钻达地下 688 米时，救援人员听到敲击钻孔机的声音并发现矿工在钻孔机上系的纸条，由此获知 33 人全都安全地待在避难处。数小时后救援人员首度拍到矿工的影像，情况显示他们比预期的状况要好。钻孔救援行动负责高层预估，由于矿坑不稳定钻井救援需要三到四个月的时间，真正的挑战才刚开始。

在规划具体营救方案期间，幸而有总统在内的高层持续指挥与关注，才让这起本可能以国内灾难定调的灾难事件得到各国的有效援助，美国也在总统的斡旋下，从顾问转为实际的救难者，一组专家更是亲抵矿灾现场并参与到救援行动中，他们协助物资调配和作息规划，以维持地下受难者的身体和心理健康。

不只是地表上各方的努力，在受困的 69 天中，深困于矿坑黑暗之中的工头鄂苏亚是全体受困人员的领袖和精神支柱，他不仅谨慎地分配工作与资源还扮演着咨询者的角色，排解全员受困时受到的巨大苦难和心理折磨，所有受难者也因此才能在黑暗和绝望中一直支撑到救援吊舱的到来。

9 月 25 日，由智利海军专门打造的救援胶囊"凤凰号"被运至矿坑现场，这成为救援行动的另一个转折点。在经过救援通道拓宽、金属管加固等工程后，于智利时间 10 月 13 日 0 时 11 分成功救出第 1 名矿工，最后在同日 21 时 56 分，救出第 33 名矿工。这场轰动全球的救援行动，在多方的努力下刷新了人类求生与救援规模的历史纪录。

> 本次事故中矿工全员安全地重返地面得益于从政府到矿工全员各层面的紧密联系与配合。政府方面是因为总统认为本案牵涉人数众多、兹事体大而决定全力处理本次事故;全员各层面的紧密配合体现在事故现场工头带领大家组成了一个紧密联系的团队,使其不以阶层命令直接面对生存难题而是选择以小团队的方式互相扶持直到获救的最后一刻。这不仅挽救了全体受困人员的生命,还为严酷的世界增添了一道人性的曙光。

【本章重点】

1. 危机团队的功能在于建立有效的危机预警系统、制订危机预防计划、提高危机识别能力、危机处理能力及危机善后能力等。

2. 危机管理体系中的核心工作依据概念应分为指导与管制两大部分。一般来说,可将组织内危机管理小组分为应急管理组(Emergency Management Group,EMG)与应急作业组(Emergency Operation Group,EOG)。

3. 应急管理组(EMG)是掌握危机事件整体状况的小组,它由组织内部高层领导人员组成,负责管制危机事件的相关发展与反应,并督导应急作业组(EOG)执行并处理各项危机事件。

4. 应急作业组(EOG)是由事故现场指挥官负责指挥处理危机现场的各功能小组,而应急管理组(EMG)负责满足事件处理指挥官的需求并担负起对外协调工作,如资源分配、与公众和媒体的互动等工作。

5. 突发事件指挥系统(Incident Command System,ICS)是一套集指挥、控制及协调于一体的应急组织工具,同时也是通过整合组织各部门或不同组织以达到稳定紧急状况、保护生命财产和环境安全的一种方法。这种方法在灾害或事故现场具有稳定灾害现场及强化救灾效果的功能,它可被运用于处理从单一设备的意外到动员数个组织的重大事故。

6. 指挥部是由指挥官与其协助人员构成,一般可视情况决定是否将其他管理部门省略,但一定要有指挥部门并且指挥官要对所有事故处理活动负责。指挥部功能如下:
(1) 执行指挥任务。
(2) 保障队员生命及财产安全。
(3) 管控所有人员与资源。
(4) 维护公共安全与队员安全。
(5) 与外界团体及防灾单位保持互动。

7. 行动组是整个架构中的操作者或是一线工作者,它是指挥命令的主要执行者,负责协调及主导作业部门各个小组的运转并执行事故行动计划中拟订的应急行动。

8. 计划组负责收集及评估各项信息,监控各项资源、准备事故行动计划及其他相关文件。其主要功能如下:
(1) 掌握现状。
(2) 预测事故可能的发展方向。

（3）制订事故控制方法及替代方案。

9. 后勤组主要负责为事故应急人员提供支持，包括各项设施、勤务、工具及器材等，为所有人员提供达成任务所需要的设备与服务、提供处理各种事件需要的支持资源。

10. 财务组的主要任务是监控事故应对中补给的获得及各项工作的支出，对事故的花费和补偿做追踪并进行详细记录，管理各项经费以及采购合约。同时，该部门还负责应急响应时现场的财务处理及审计流程，尽管它极易被忽略，但却是非常重要的一环。

【本章习题】

1. 危机管理团队所负责的事项有哪些？
2. 在团队中，冲突是否也有益处？为什么？
3. 什么是最保守行动法则？
4. 危机对于组织成员的影响有哪些？
5. 危机对于组织的影响有哪些？
6. 什么是应急管理组？
7. 什么是应急作业组？
8. 危机指挥中心应具备哪些相关资源？
9. 突发事件指挥系统（ICS）的目标是什么？
10. 突发事件指挥系统（ICS）的原则是什么？
11. 列出最少10个事故应变指挥系统（ICS）应用。
12. 突发事件指挥系统（ICS）的特色是什么？
13. 以绘图的方式说明事故应急指挥系统（ICS）基本架构的5个部门。
14. ICS指挥部新闻官的职责有哪些？
15. ICS指挥部安全官的职责是什么？
16. ICS指挥部联络官的职责是什么？
17. ICS行动组的功能与职责是什么？
18. ICS计划组的职责是什么？
19. ICS后勤组的职责是什么？
20. ICS财务/行政组的职责是什么？

10 危机恢复

有些危机一旦发生便无可挽回，但大部分危机是可以恢复到初始状态的。要知道，灾害完全被控制并不等同于危机结束，而是危机管理已进入重建组织良好形象的运作阶段，当且仅当组织声誉重新建立时才真正地转危为安。因此，组织处于危机时期的工作重点在于让组织从危机损害中尽快恢复。

危机善后的关键工作在于评估各种损害并进行补救，总结经验进而寻求再发展的机会。危机发生后，组织对其内、外部遭受损害的利益相关者都应给予适当救助与补偿。对于组织外部利益相关者，组织除要勇于向社会公众说明危机成因与处理情形外，还应担负起道义上的责任而非一味地推卸责任。

吸取危机教训是一个重要的学习过程，危机管理精髓在于组织能够对危机经验进行持续不断的检视学习，据以往工作经验与成效评估未来管理计划并对其进行修正。同时，当组织从危机中渐渐恢复正常运作后，应立即开始下一个危机管理计划，即学习、修正与回馈。"预测下一个危机，避免下一个危机以及管理下一个危机"，这是每个组织都应树立危机管理理念。

后危机时期，组织重点在于力求情势恢复到危机发生前的状态，并减少危机损害的"后遗症"。此外，组织应对危机管理缺失情形进行检讨并就问题难点进行深入调查和研究，将经验教训纳入危机管理范畴以强化未来危机管理能力与机制。本章主要探讨后危机时期组织的善后工作、危机恢复计划及危机后学习等方面。

10.1 后危机时期

后危机时期，危机严重性大幅降低，媒体焦点也会逐渐转移。若管理者误认为此时组织已进入安全期并放松警惕与准备，危机后遗症就可能随之而来。危机的善后与恢复工作是组织在危机爆发后造成的冲击采取的相关补救措施，以帮助组织在经历危机后继续生存与运营。后危机时期，一方面，组织作业重点在于力求情势恢复到危机发生前的状态，并减少危机损害的后遗症；另一方面，组织应对危机管理的缺失加以检讨，并客观深入地调查与了解问题，且将此经验纳入危机管理范畴，以强化组织未来的危机管理机制与能力。

由于无法完全避免危机发生，组织除了应积极采取预防措施，还应致力于危机的动态管理以减少危机带来的损失。

10.1.1 危机过程回顾

1. 迅速反应

危机爆发后，往往伴随着政府部门和新闻媒体会迅速介入，此时，组织应在第一时间分析原因、查找危机根源并将实情公之于众，同时也要立即惩处失职人员以体现组织处理危机的决心。因此，组织应指定发言人在第一时间发表声明，承诺组织将迅速处理危机并及时向外界通报。组织必须意识到诚恳的态度是挽救组织的唯一途径，傲慢无礼或推卸责任只会引起外界强烈反感。

2. 坦诚示人

危机是每个组织都不愿面对的事情，危机发生后，如果组织刻意隐瞒或消极对待，一旦外界通过其他渠道了解到事实真相，将会对组织造成致命伤害。组织发生危机，特别是出现重大责任事故导致公众利益受损时，就必须承担相应责任并给予公众一定的精神和物质补偿。此外，组织必须做到坦诚，第一时间对受害者公开道歉以示诚意并给予适当赔偿。因此，当危机来临时，组织千万不要怨天尤人而应主动面对问题并找出合适的解决方案化危机为转机。

3. 客观调查

危机小组全面介入后，组织最好邀请公证机构或权威人士协助调查以获取公众信任，不可一味关起门来自己调查而忽略外部专业人士意见。当组织与公众观点不一致且难以调解时，就需要权威人士或单位介入，在很多情况下，权威单位意见在组织进行危机处理时往往能发挥决定性作用。因此，组织处理危机时需运用评估体系来进行调查工作，以确认危机真正原因及处理过程中的缺失。组织不仅要谦虚自责，勇于承担责任，还要把公众利益放在首位，并客观执行调查工作以取信于民。

4. 积极善后

积极且完备的善后工作是挽回组织声誉的良方，组织处理危机时应展现出最大诚意并投入所有可调动的资源进行善后工作。反之，组织将招致受害者及媒体的抱怨，进而导致组织面临另一项危机。

5. 加快恢复

有些危机一旦发生就无法挽回，但大部分危机可以恢复到未发生前的状态。因此，组织的工作重点在于加速让组织恢复常态。灾害完全被控制并不等于危机结束，此时组织要进入重建良好形象的运作阶段，只有当组织声誉重新建立时才真正转危为安。

6. 经验获得

组织危机处理时，应做好专业知识管理并将危机处理过程细加记录，事后召集相关部门进行通盘检讨，以了解处理的优缺点，总结危机处理的经验与教训。通过事后检讨及评估学习相关知识与经验，修订危机管理计划，并将所学知识运用于下一个危机准备。

10.1.2 危机评估与监控

评估及监控危机的目的在于评估危机对组织哪些方面会造成影响、危机对关键群众的行为和意见有什么影响以及组织的业绩和股价会受到多大程度影响。这有助于组织判断危机结束时间，通过运用监控过程中所获取的信息，调整策略并判断何时转移到其他议题才符合组织最大利益。

1. 得知危机仍然存在的方面

（1）现在是否仍有许多人对这个问题感到疑惑。

（2）员工士气是否受到影响。

（3）新闻媒体是否仍在关注。

（4）谣言是否平息。

（5）组织业绩或股价是否已回升。

（6）主管是否还对危机保持高度关注。

（7）判断危机在组织中是否依然是关注焦点。

2. 危机监控和评估方式

危机监控是指对可能引发危机的各种因素和危机征兆进行严格监视。危机监控是危机管理的基础性职能，是组织进行危机预控和制订危机处理计划的依据。危机爆发是组织实施危机监控和评估的起始点，并且组织要将评估结果迅速整合于危机管理之中。

（1）评估危机期间和危机后对组织的业绩、股价及其他层面的影响。

（2）预先准备相关数据、文件以回复新闻媒体和其他询问者的来电。

（3）调查内部员工对危机的意见和看法，为员工提供询问危机状况和提出危机处理方式的渠道。比如，设立员工和客户专用电话、定期或不定期召开重点小组会议以获取员工及其他重要群众的意见。

（4）调查外部群众对危机的意见和看法。例如，使用网络监控服务了解网络群组、聊天室、部落及网页等公众的意见和看法。

（5）使用新闻媒体监控服务并取得媒体报道的副本。

3. 报告整合

危机监控和评估过程中，管理阶层应根据以下内容决定后续行动是否需要调整：

（1）追踪业绩和股价数据，比较危机发生前后的情况并依据数据绘制成图表。

（2）整理媒体询问摘要。包括询问时间、媒体名称、记者姓名、电话以及询问内容等。

（3）将报纸、杂志、电视、广播等与此次危机相关的报道备份存档。

（4）分析媒体报道。包括判断重要信息传达的效果、媒体报道的正确性等。

（5）对专线中员工和客户的电话内容进行量化和质化分析。

（6）分析重点小组会议讨论的内容。

（7）分析员工调查结果。

（8）分析外部群众调查结果。

（9）更新网络上危机相关的信息。

4. 信息评估

（1）组织与公众能否有效沟通，哪些是最支持组织的公众，哪些是最不支持组织的公众，他们与组织维持友好关系的意愿有多高。

（2）关键信息传递效果如何，组织内、外部群众对于这些信息了解的程度如何。

（3）媒体报道主要是正面、负面还是中立的，组织做些什么可以强化正面报道。

（4）哪些问题经常被提出来以及如何处理。

（5）组织哪些事做得对，哪些做得不对，可从中获得什么经验；对于危机本身和处理危机的方式最主要的批评是什么，是否考虑做调整。

（6）组织处理危机的方式应该更为主动还是更为保守。

（7）危机是已解除还是在持续恶化。

（8）组织是否预先规划危机管理程序。

（9）其他危机在短时间内能否发生，如果能，组织做的预防或准备有哪些。

5. 部分调整

组织执行每一项工作可能都需要做一些必要调整，对整体目标、危机目标、策略、手段和评估工具做定期更新调整，促使整体过程更有效率，这些更新可以让组织更为客观并保持弹性。组织部分调整包含以下几方面内容：

（1）提高或降低组织与员工、客户、供货商、新闻媒体或其他群众沟通的程度。

（2）精简核心信息以及更换传达方式。

（3）因地制宜、因时制宜地选择发言人，而非全程都由组织负责人出面。

（4）改进危机监控及评估机制，开展新策略并优化做法。

6. 确认危机结束

（1）组织员工、客户和其他重要群众是否认为组织已恢复常态，是否持续询问问题并提及危机相关议题。

（2）组织业绩、股价和其他指标是否已明显回升。

（3）与危机相关的报道是否已停止。

（4）如果组织将焦点转移至其他事项，危机是否有可能复发。

10.2 危机善后

危机发生后，组织对其内、外部遭受损害的利益相关者都应给予适当救助与补偿。就组织外部的利益相关者而言，危机发生后组织除勇于向公众说明危机发生原因与处理情形外，还应担负起道义上的责任而不是一味地推卸责任。就组织内部而言，危机除了会造成相关冲击与外在损伤外还会造成组织成员心灵上的创伤或自我价值的错乱（Pauchant TC、Mitroff Ⅱ,1992）。此时，管理者应通过沟通的方式抚慰组织成员心灵上的创伤，或让组织成员了解危机对组织造成的严重影响，以获得成员的认同进而积极地参与组织恢复工作。

10.2.1 事后沟通

危机处置妥善后，组织内、外部利益相关者都期待获取事件全貌，组织负责人与危机小组成员应准备相关数据向以下对象报告并沟通：

(1) 政府有关单位。
(2) 董事会、员工。
(3) 往来厂商、客户与金融机构。
(4) 投资人。

组织内、外部利益相关者都希望了解危机是否已妥善处理以及危机对组织运营造成的影响等，因此组织与内、外部利益相关者进行事后沟通时应说明以下内容：
(1) 危机调查结果。
(2) 道歉或感谢声明并确认是否需要赔偿。
(3) 防止危机再次发生的对策与机制。
(4) 组织后续运营情况。

10.2.2　善后工作

危机管理内容包括了由危机发生到结束的各种情况，事实上，危机善后也是组织工作重点之一。危机善后的关键工作在于评估各种损害并进行补救，吸取经验并寻求再发展的机会。具体的善后工作应包括下列几方面（Siegel D，1991）：

1. 评估损害程度

损害评估是衡量和监测灾害损失数量关系的尺度，也是研究损失各要素现实状态和发展趋势的一种手段。评估范围包括损害对象、直接或间接损害、外显或潜在损害、短期或长期损害及客观或主观损害等多方面。

2. 人员与物资动员

危机后期，组织应及时动员内、外部所有可调度的资源进行善后工作。

3. 展开评估与调查工作

不可忽视危机发生后的管理活动。危机过后，组织应立即成立调查与评估小组对危机事件始末以及处理方式进行系统检讨与评估，作为改进后续工作的参考。危机绝非偶然事件，因此，组织要对危机发生的真正原因进行调查，对有操作疏失的基层人员进行追查，对组织系统结构进行反思，在此过程中要避免有人趁机发起人事斗争。

4. 整合相关经验与结果

"前事不忘，后事之师"。总结危机经验对日后预防或制订处理计划具有重要意义。对危机管理人员来说，知识和经验的累积是绝对必要的，组织管理阶层若能持续累积知识并对其进行系统性的规划分类和保存，将对日后同类事件的处理提供重要帮助。

10.3　危机恢复计划与执行

危机告一段落并不代表危机管理工作终止。想要从危机的断垣残壁中重建，组织应拟订恢复工作计划并妥善安排工作优先级，争取在最短时间内恢复正常。组织受损后很难迅速恢复常态，要通过沟通抚慰组织成员的心理创伤并取得成员认同，一同找出组织运营不当之处并迅速调整。此外，组织也要对造成的外部伤害负责并设法恢复组织形象。

所有组织（包含政府部门）都必须承认危机是无法避免的，因此除事前预防与监测工作外，危机发生后，组织还应具备完善的持续恢复机制以便执行危机管理工作，其主要目的是使组织在最短时间内恢复正常运作，以下为必要考虑因素：

1. 计划的考虑

组织应依据关键部门及其特性制订缜密计划，确保组织正常运转，将危机对组织的冲击和伤害程度降至最低。

2. 持续管理的考虑

危机发生时，组织的紧急管理与恢复机制应能持续发挥其管理功能，不能耽误该阶段的决策，以下是有效执行危机处理工作必须考虑的内容：

(1) 确保组织管理体系畅通。

(2) 确定关键指挥人员。

(3) 确定备用指挥中心。

3. 对于保险的考虑

大多数组织总是在遭受损失后才知道组织对保险问题考虑不足，对保险缺乏周密考虑的组织所隐藏的潜在损失是不可估量的，组织应随时与保险公司保持密切联系。对组织而言，保险机制有风险补偿的功能，因此，它也是风险管理策略选择中一个重要的方法。若组织内部因策略改变使风险发生变化，或保险内容发生变动，则有可能影响组织的危机管理计划，如果有所疏漏，在理赔时必定会产生争议。因此，组织必须慎重考虑保险并通过下列问题审视组织保险是否充足：

(1) 目前组织的保险考虑是否有应投保而未投保的地方。

(2) 当组织遭受损失后必须把哪些数据交给保险公司，这些数据能否在危机过后被妥善保存下来。

(3) 组织整体价值如何，保险公司能否给予合理理赔，相关理赔是否能实时提供。

(4) 保险公司能否提供新的保险产品。

(5) 过去发生的案例中是否为组织提供借鉴。

4. 员工的考虑

危机发生时，内部员工是组织最重要的资产。员工考虑首先是对其安全的考虑，其次是对员工权益是否有保障的考虑。这主要包括薪资给付、弹性工作时程、咨询提供、相关照顾及福利等。

5. 法规的考虑

组织内部的法务部门要随时关注组织的安全性及健全性是否符合法律法规要求，法务部门也应随时与组织内部各部门进行交流与协商，确保组织的运营与安全符合法规要求且能够落实。

10.3.1 危机恢复计划

组织在恢复阶段的重点，一方面是力求形势恢复到危机发生前，并减少危机造成的损害；另一方面是通过检视危机管理的缺失来强化未来危机管理的能力与机制。此外，组织内部各部门对于类似危机管理事件应有完整的而非仅属部门层级的检讨数据，组织应扩大危机管理范围并通过全面检讨修正与强化危机管理机制。

恢复含义大致包括物理和心理两个层面：物理层面是指被破坏或受到危机损害的有形建设在短时期内恢复，虽为实体恢复工作，但其象征性意义对鼓舞人心有积极作用；心理层面的恢复必须依赖文字宣传，此阶段的文字宣传应有综合性与计划性以起到抚慰人员心理创伤的作用。

10.3.2 危机恢复计划的重点与功能

危机恢复计划包含组织与外部单位达成相互支持的共识，并与其签订支持协议以获得外部资源。此外，组织在恢复计划确定前应考虑内部关键作业（Critical Operation），关键作业发生危机将会对组织造成严重影响。因此，组织需要针对关键作业拟订恢复计划的重点。相关计划重点包括以下几方面：

（1）识别组织关键作业并进行重要性排序，确认要保护的范围（制定出范围）。

（2）鉴别支持关键作业所需资源（包括软硬设备、人力等），若需要外部单位提供支持，应事先和相关单位进行协调并签订契约。

（3）详细描述恢复计划并定期演练。

危机恢复计划是组织的整体计划而非几位关键人员或是少数几个部门的计划。制订组织危机恢复计划的目的是激发每位员工的安全意识并能警惕周围可能潜在的危机，通过危机管理相关教育训练让每位员工了解自身的安全责任。危机管理范畴中，制订危机恢复计划对组织持续运转具有关键性意义。事实上，其优势与规划重点是一致的，具体可归纳为如下几方面：

（1）减少组织财产损失。完善的危机恢复计划能确保组织在恢复工作中遵循规定，减少资源重复使用与浪费。

（2）降低组织遭受的威胁。组织危机恢复计划可使组织在日常工作中做好危机预防措施，即使发生危机也可立即应对，进而降低危机对组织的威胁及损害。

（3）减少组织内部危机发生概率。危机恢复计划可使组织特别注意内部可能存在的潜在危机，提高人员的危机意识以及时消除内部漏洞。

（4）确保组织稳定性。良好的危机恢复计划能增强组织稳定性，即便遭受危机侵袭也能依照既定程序执行相关恢复工作。

（5）提供组织危机恢复的标准作业程序。任何计划都应为相关人员提供一个标准作业程序，使其可依照工作职责进行组织恢复工作。

（6）减少组织对少数关键成员的依赖。一般而言，组织的运作与重要决策掌握在少数管理人员手中，完善的危机恢复计划应是组织由上到下全体人员的参与。因此，组织可将危机恢复工作及责任细分给组织成员，以减少组织对少数管理人员的依赖。

（7）确保组织人员安全。只有在保障人员安全的前提下，危机恢复机制才能顺利启动。因此，组织危机恢复计划不仅要考虑因素除让组织迅速恢复正常运作，更要确保组织人员安全。

10.3.3 危机恢复计划的执行

组织执行危机恢复计划过程可分为发展前、中、后3个阶段，分述如下。

1. 恢复计划发展前阶段

计划发展前的整备阶段分为3个部分：

（1）计划的发起与管理。计划发起阶段就是组织要整合相关资源并获得内部支持，合理开展计划与预算规划。

（2）风险评估与控制。风险评估与控制要求评估组织内部作业体制与周围环境的特性是否将对组织正常运作产生潜在威胁，通过采取相关管控措施降低组织风险。此外，组织恢复计划投资也应进行成本效益评估并适当调整组织投资策略。

（3）冲突分析。冲突分析的主要特点是能最大限度地利用信息，对难以定量描述的现实问题进行逻辑分析，对冲突事态进行结果预测和过程分析（预测和评估、事前分析和事后分析），帮助决策者科学周密地思考问题。组织风险评估要评估不同危机状况对组织造成的不同影响，确定组织关键功能及恢复优先级。

2. 恢复计划发展中阶段

在恢复计划发展中阶段，组织可参考下列3个步骤：

（1）发展恢复策略。为确保组织关键功能持续发挥作用，组织应决定恢复策略及相关备用策略，考虑不同策略针对的危机及其执行时机。

（2）紧急反应与处置。组织要发展并建立紧急情况反应作业程序，当危机发生时执行相关标准作业程序以稳定组织运行。这包含组织遇到危机情况时，规划成立危机处理中心等机制。

（3）发展及推行恢复计划。发展恢复计划的重点是依照设计、发展及推行步骤，针对组织的不同特性，明确规划执行时间表。

3. 恢复计划发展后阶段

在恢复计划发展完成后，组织应注重持续的训练与协调工作，相关步骤归纳如下：

（1）组织警觉与训练计划。完成计划后，组织应建立状况警觉系统（Situational Awareness, SA）并强化相关功能，通过完善的训练计划增强人员对恢复计划的认知，使恢复计划切实可行。

（2）计划的持续与演练。计划持续工作是十分重要的，不但领导阶层要重视，而且各部门也应持续加强人员教育与训练并定期组织的全体演练，对演练中发现的缺点逐一改进。

（3）公关与协调。恢复计划完成后，需要外部支持单位展开应对计划中的协调工作并承诺强化彼此交流与相互支持。必要时，应签订具体支持协议以便危机处理过程中调度各项外部资源。

10.4 危机后的学习

吸取教训是危机学习的一个重要方面，危机管理的主要精神在于组织能够持续不断地进行检讨学习，根据以往工作经验和成效评估充分检讨以修正未来危机管理计划。

10.4.1 危机后的学习反思

刻意忘掉过去的危机是人之常情，然而说服组织进行危机管理的关键是让他们真正经历危机。大部分组织会吸取教训，有危机准备的组织会发现过去的危机可以为未来的危机提供经验。例如有些组织主管每逢危机周年纪念日时会戴上黑丝带，有些组织甚至将危机转化为正式的仪式和符号以加深组织成员印象（Mitroff I I、Pearson C M，1993）。组织在确认危机结束后还应继续以下行为：

（1）吸取教训与把握机会。经历危机后，组织成员可能会因难忘的冲击体验，改变先前的想法和行为，进而寻找改变方式或对当前做法产生怀疑。组织结构、人际关系、政治或文化等各方面都可能受到挑战。因此，组织需要审视在此次危机中得到的教训，为下一次可能出现的危机做准备并把握危机可能带来的机会。

（2）计划未来行动。经历危机冲击后仍能继续前进是组织生存的基本能力。后危机时期，组织修补危机损伤的最佳方法是化创伤为发展力量，积极计划未来行动以预防危机再次发生，或减轻未来危机带来的损害。计划内容包括改善预防措施、资料准备、发言人训练、资源和专业度的提高等。要重新开始危机管理程序并检视、修补弱点，努力防止危机征兆转化为危机并制定危机应对措施。

（3）与群众保持友好关系。当需要员工、客户、投资人、供货商、政治家、媒体等群众强烈支持时，组织在平时就需要与他们维持友好关系使之成为组织后盾。友好关系意味着组织享有良好的声誉，良好声誉是组织的保护伞，组织在危机中能够生存下来的最重要因素之一就是有储备和建立稳固的保护伞。因此，危机过后，组织仍然需要不定期地策划公关活动以强化与目标公众的友好关系。

10.4.2 危机管理计划的持续改进

组织从危机中渐渐恢复正常运作后，应立刻开始修订对下一个危机管理计划，这是一个学习、修正与回馈的过程。每个组织都应动态循环进行预测下一个危机、避免下一个危机以及管理下一个危机。

不同的危机状况蔓延的速度有所差异，有些可能在 12 小时内就可以解决，有些则需要几天到数周甚至更长。一般来说，危机发生初期组织危机处理具有紧迫性，组织除了要在短时间内评估危机对组织造成的冲击和伤害外，还必须立即控制危机防止其扩散。典型的危机管理是制订一份明确的时间表和完整的处置流程，明确规定各部门反馈损失状况的时限，并启动相关危机管理机制、开展危机处置工作等。基于不同观点会得到不同的危机管理重点，具体内容如下。

1. 组织结构观点

根据组织结构观点审视组织运营体制，考虑危机对组织内部运作、人员身心及组织声誉造成的具体危害，设立组织危机管理机制，实时掌握危机发展动向，采取适当策略控制危机。

2. 组织成员观点

用组织成员观点审视危机中人的因素，关注成员在危机中承受的压力，运用人际网络力量解决问题。

3. 政治观点

政治观点重视组织内部力量的组合与平衡，关注由危机引起的利益冲突和权力不平衡问题，一般认为，在危机预防及控制过程中应强调整体利益并调动各种力量协助组织管理危机。

4. 文化观点

文化观点是指组织中每个人逐步形成的对自然、社会和人的比较一致的观点与信念。组织文化观点强调组织价值与声誉，在危机管理中鼓励成员坚定信念，以避免出现组织信任危机或因主观意识衍生伤害。

5. 学习观点

学习观点表明，处理危机的过程是一个重要的学习过程，组织在历经危机事件后能吸取教训并把握机会以提高组织应对危机的能力。

10.4.3 危机管理文化

避免组织遭受危机重创的准备工作包括两个方面：其一是与群众保持高度友好关系；其二是在组织中建立危机管理文化。保持友好关系和建立危机管理文化相结合可为组织提供管理危机的最佳途径，缺少其一就可能导致组织声誉和信用在危机中遭受损伤。

危机管理是一种循环不断的活动，为避免组织重复过去的危机管理做法，组织应通过不断学习与自我批评的方式制订更有效的危机管理计划，包括以下几个方面：

（1）找出弱点并阻止这些弱点演变成危机。
（2）为必然发生的危机预先制订计划。
（3）危机发生时及时进行沟通工作。
（4）在危机管理过程中审慎评估管理成效，并进行调整以成功管理危机。

就危机意识而言，组织能否接受并鼓励员工进行危机通报牵涉到内部文化。有些组织希望员工报喜不报忧，但具有危机管理文化的组织不仅允许员工讨论负面消息，还鼓励员工时刻保持警觉状态，员工上报其察觉到的危机信息。以下是建立并维持组织危机管理文化时应注意几个方面：

（1）在组织内推行危机管理。
（2）定期进行危机监测及分析。
（3）定期评估组织声誉以及与群众的友好关系。
（4）提高警惕以防止危机征兆演变为危机。
（5）定期召开危机管理小组会议。
（6）在危机管理相关作业中列入适当预算。
（7）选定发言人，并对其进行适当训练并准备不同状况的新闻稿，以回应较困难问题。
（8）更新危机管理计划和应急管理手册，对危机执行人员进行适当训练。

阅读材料

史上最惨烈空难事件：特内里费空难

1977年3月27日，正在起飞滑行的荷兰航空（KLM）波音747与滑行中的美国泛美航空波音747在非洲西班牙属地特内里费岛（Tenerife）机场地面相撞失事，造成

583人死亡，这是目前世界上最严重的空难事件。

当时恰有小雨和大雾，能见度较低。地面上飞机非常拥挤，排队等待起飞的飞机已经排满滑行道。肇事的两架飞机需要在跑道上反向滑行至跑道终点然后做180度回转，此时泛美航空（Pan Am）波音747跟在荷航（KLM）波音747后面。而泛美也应该在C-3出口滑出并离开跑道，但泛美飞行员却错过了C-3出口（误以为C-4是正确出口）。

荷航波音747飞机滑行至跑道终点后做了180度回转，组员通过无线电已通知塔台准备起飞，塔台管制员给予他们航管许可以及有关导航设备的相关信息，其中包含了许可到PAPA定位台而并非许可起飞的信息。

与此同时，在荷航班机后方跑道上逆向滑行的泛美航空仍在继续滑行，驾驶舱内的泛美籍飞行员目睹了令他毕生难忘的一幕：一架波音747客机以起飞滚行速度由雾幕中迎面冲出。泛美飞行员立刻加足油门并试图左转离开跑道，但此时一切都已枉然，两架波音747客机在跑道上迎面相撞。

荷航波音747虽然已经离地，但它的主起落架撞到了泛美的3号引擎后坠落，火舌迅速包围了整个机身以致荷航班机上248人（包括14名组员）全部遇难。而泛美航空的N736，机身上半部以及垂直尾翼被扯掉并发生爆炸及大火，全机396人中335人罹难。

无线电通信在这个意外事件中也扮演了重要角色。此事件就在荷航飞行员报告塔台已准备起飞时，塔台给予的航管许可是让其等待，但此时还在跑道上逆向滑行的泛美副驾驶在无线电上表示他们还在跑道上滑行，由于泛美和塔台同时按下了发话键，导致他们没有听到彼此的话，听到的都只是一阵因干扰而发出的尖锐声音，最终导致事件发生。

荷航（KLM）4805号航班机长在荷航公司中是一名标杆飞行员，同时也是公司对外的形象代表。虽然失事责任与塔台及泛美航空也有关系，但荷兰航空公司认为座舱中存在高权力梯度，没有人敢直接反对机长的决定，这也阻碍了其他组员表达建议或意见。如果撞机前机长能听从其他组员的意见，立即收回油门放弃起飞，灾难将在发生的前一刻被避免。

事件后的学习对于危机管理非常重要，这是一个长期规划、不断学习及调适的动态过程。通过学习进行必要调整以防止类似错误再次发生。同年荷兰航空依据此次失事事件设计了一套组织飞行人员减少人为因素的训练课程，这是欧洲最早进行人为因素或相关组员资源管理的课程，是目前减少人为疏失及确保飞航安全的最佳方案。

【本章重点】

1. 危机处理过后其严重性已大幅降低，此时媒体焦点会逐渐转移，若管理者误以为此时已进入安全期而放松警觉与准备，危机后遗症就可能随之产生。

2. 危机的善后与恢复工作是组织在危机爆发后和后危机时期（Post Crisis Period）对

危机造成的冲击采取的相关补救措施，目的是帮助组织在经历危机后能继续生存与运转。

3. 后危机时期阶段的作业重点，一方面是力求形势恢复到危机发生前的状态，并减少危机带来的后遗症；另一方面是对危机管理缺失进行检讨，对问题的出现应有深入客观的调查与了解并将此经验纳入危机管理范畴以强化未来危机管理的能力与机制。

4. 评估及监控危机的目的在于评估危机对组织哪些方面造成影响，评估危机对于关键群众的行为和意见有何影响，评估业绩和股价受到多大程度的影响。运用监控获取的信息和观点判断危机结束时间，同时在策略上做及时地调整并判断何时转移到其他议题才符合组织最大利益。

5. 所有组织（包含政府部门）都必须承认危机几乎是无可避免的，因此除事发前的预防与监测工作外，危机发生后还应同时启动组织中与持续和恢复机制相关的管理工作，其主要目的是让组织在最短时间内恢复正常运作。

6. 恢复含义大致包括两个层面，一是物理层面的实体恢复工作，将被破坏或受到损失的有形建设在短时期内恢复；二是心理层面，在心理的恢复方面必须依赖文字宣传以振奋人心，因此该阶段应有一套整合与计划性的文字宣传方案。

7. 危机管理的主要精神在于组织能够对危机经验进行持续不断的检讨学习，根据以往工作经验和成效评估对未来的管理计划进行充分检讨修正。

8. 组织从危机中渐渐恢复正常运作后应立刻开始下一个危机管理计划的修订，这也就是学习、修正与回馈的过程。每个组织都应动态地进行下列循环：预测下一个危机、避免下一个危机以及管理下一个危机。

9. 避免遭受危机重创，组织的准备工作包括两个方面：其一是要与重要群众保持高度友好关系；其二是在组织中建立危机管理文化。维持友好关系与建立危机管理文化相结合为组织在管理危机时提供帮助，缺少其一就可能导致组织声誉和信用在危机中遭受损伤。

【本章习题】

1. 后危机时期的作业重点是什么？
2. 通过哪些现象可以确认危机已经结束？
3. 监控和评估危机的方式是什么？
4. 监控和评估危机的过程中应给管理阶层呈递哪些报告？
5. 危机得到处置后，组织应准备相关数据向哪些有关对象报告及沟通？
6. 危机发生后，组织对其内、外部遭受伤害的利益相关者应如何处理？
7. 危机善后的具体工作方向有哪些？
8. 危机恢复有哪些必要的考虑因素？
9. 危机恢复含义大致包括哪两个层面？
10. 通过哪些方面可以审视组织的保险是否完善？
11. 为何需要发展并建立组织紧急情况反应作业程序？
12. 恢复计划发展前阶段应涵盖哪些部分？
13. 恢复计划的发展中阶段可参考哪3个步骤？

14. 恢复计划发展完成后，组织应注重的工作及步骤可归纳为哪 3 项？
15. 危机恢复计划重点有哪些？
16. 发展恢复计划对组织持续运作具有关键性意义，其优势与功能是什么？
17. 组织在确认危机结束后应继续哪些学习行为？
18. 当组织从危机中恢复正常运作后应从哪些方面学习、修正与回馈并开始下一个危机管理计划？
19. 有哪些参考做法可建立危机管理并将其运用于组织文化之中？

附 表

附表1 坐标分类法工作表

组织名称：　　　　　　　　　作业名称：界定危机

分析人：　　　　　　　　　　日　期：

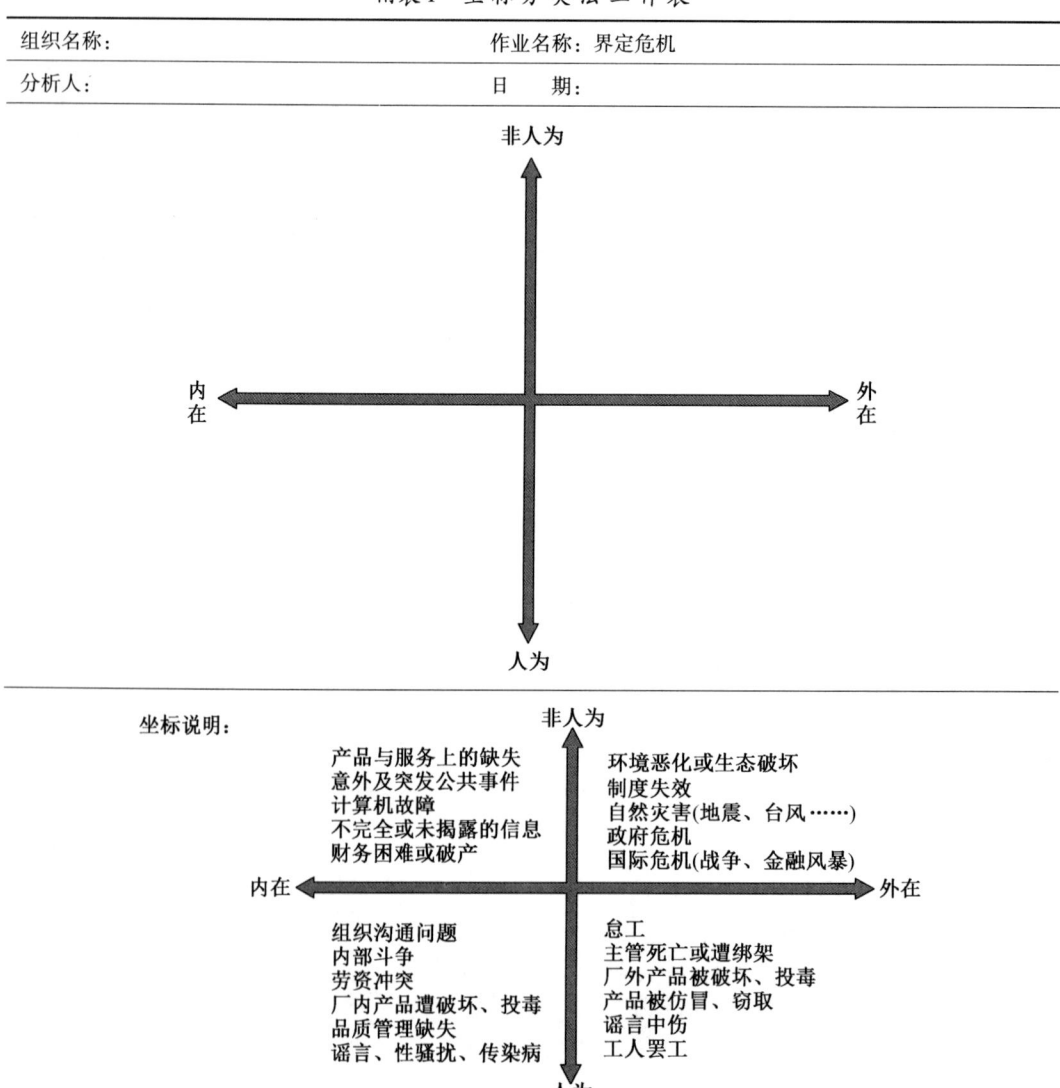

附表2　层面分析工作表

组织名称：　　　　　　　　　　　　　　　　　　　　日　期：

作业名称：界定危机　　　　　　　　　　　　　　　　分析人：

经济层面：

信息层面：

物质层面：

人力资源层面：

声誉层面：

非理性层面：

自然灾害层面：

层面说明：
(1) 经济层面：如股市暴跌、物价波动、市场崩溃及公司收入骤减等
(2) 信息层面：遗失专利及机密信息、错误信息、计算机数据遭受侵害等
(3) 物质层面：关键装备及厂房无法运作、丧失关键设施、原料断供等
(4) 人力资源层面：丧失关键人员；旷职人数、意外事故、职场伤害增加等
(5) 声誉层面：恶意诽谤、散播谣言、危害组织信誉及侵害组织商标等
(6) 非理性层面：商品损毁或职场伤害、绑架或人质危机、恐怖主义等
(7) 自然灾害层面：常见如地震、滑坡/泥石流、水灾、台风等

附表3 危机索引检核表

组织名称：		作业名称：界定危机、状况分析	
分析人：		日　期：	
危机索引（勾选）	说　明	危机索引（勾选）	说　明
（一）外部威胁 　□接管 　□禁止/解禁 　□抵制活动 　□剥夺 　□并购 　□政府干预 　□政府精简预算 　□代理权竞争 　□民众的示威活动 　□对手的接管 　□企业战争 　□企业干预 　□国际意外事件 　□国际竞争 　□特殊利益团体 　□人口变迁 　□社会运动 　□告密 　□政治问题		（五）法律 　□诉讼案件 　□盗用公款 　□污染 　□伪造 　□噪声 　□调查 　□起诉 　□听证	
（二）内部管理 　□裁员 　□劳动力问题 　□解雇 　□控制不当 　□罢工		（六）舆情 　□事件曝光 　□对艺术文化的破坏 　□形象受损 　□媒体负面报道 　□恶意函件 　□错误指控 　□社会恐慌 　□误传 　□形象扭曲 　□谣言 　□丑闻 　□舆论危机 　□价值观转变	
（三）财务 　□高昂税费 　□清算 　□恶性债务 　□破产 　□抵押品赎回取权丧失 　□预支经费			
（四）道德 　□歧视 　□信仰/宗教行为 　□轻视慢待 　□毒品及药物滥用 　□谎言骗局 　□化学药物滥用 　□化学品依赖		（七）营运 　□科技转变 　□公司规模缩小 　□迁址 　□重大活动事件	

附表3（续）

危机索引（勾选）	说　明	危机索引（勾选）	说　明
（八）产品问题 　□新产品缺失 　□产品召收 　□消费者使用不当 　□消费者抱怨 　□消费者受伤/死亡		（十）突发事件 　□意外事件 　□外泄事件 　□传染病 　□坠机事件/交通事故 　□员工受伤/死亡 　□重要主管死亡 　□设备缺陷 　□风灾/地震/水灾 　□毒气 　□放射线	
（九）安全保卫 　□恐怖活动 　□勒索 　□产品下毒 　□破坏行动 　□间谍行动 　□安保漏洞 　□渗透			

附表4　情景假设法工作表

组织名称：　　　　　　　　　作业名称：状况分析

危机类型：　　　　　　　分析人：　　　　　　日期：

(1) 万一　　　　　　　　　　　　　　　　　　　　　，怎么办？
(2) 万一　　　　　　　　　　　　　　　　　　　　　，怎么办？
(3) 万一　　　　　　　　　　　　　　　　　　　　　，怎么办？
(4) 万一　　　　　　　　　　　　　　　　　　　　　，怎么办？
(5) 万一　　　　　　　　　　　　　　　　　　　　　，怎么办？
(6) 万一　　　　　　　　　　　　　　　　　　　　　，怎么办？
(7) 万一　　　　　　　　　　　　　　　　　　　　　，怎么办？
(8) 万一　　　　　　　　　　　　　　　　　　　　　，怎么办？
(9) 万一　　　　　　　　　　　　　　　　　　　　　，怎么办？
(10) 万一　　　　　　　　　　　　　　　　　　　　，怎么办？
(11) 万一　　　　　　　　　　　　　　　　　　　　，怎么办？

归类如下：
　　类别1：　　　　　　　　　　　　　　　　　　　　　　　危机
　　类别2：　　　　　　　　　　　　　　　　　　　　　　　危机
　　类别3：　　　　　　　　　　　　　　　　　　　　　　　危机
　　类别4：　　　　　　　　　　　　　　　　　　　　　　　危机
　　类别5：　　　　　　　　　　　　　　　　　　　　　　　危机

工作表使用说明：
　　(1) 选取一个较高危险的危机类型
　　(2) 召集有经验的人员组成一个团体，并尽可能列出不寻常但又合理的假设状况
　　(3) 设定讨论发言时间，时间到立即终止发言
　　(4) 承认每一成员的贡献，确保不带有侮辱或批评
　　(5) 将具有相同属性构成的危险归类于同一字段

附表5 情境剧本法工作表

组织名称：　　　　　　　　　作业名称：状况分析

危机类型：　　　　　　分析人：　　　　　　日期：

危机名称：　　　　　　　　　情境描述：

危机名称：　　　　　　　　　情境描述：

危机名称：　　　　　　　　　情境描述：

工作表使用说明：
(1) 以某一个意外事件作为引导推演事件的流程，将可能遇到的问题记录下来
(2) 使用3~5句来描述情境，不拘泥于文法细节及系统要素
(3) 以既往事件为起点，构造要合乎逻辑
(4) 情境剧本构思到最可能为止结果，并拟定危机名称

附表6 逻辑图工作表

组织名称：　　　作业名称：状况分析　分析人：　　　日期：　　　□正　□负　□风险　逻辑图

工作表使用说明：
(1) 正逻辑图：需要什么要素才能达到目标？将目标列于最上层方格，逐步向下倒推出产生此结果所必需的要素
(2) 负逻辑图：哪些因素可能导致危机？将危机类型列于最上层方格，识别导致此危机的所有可能肇因状况
(3) 风险事件逻辑图：危机发生后有什么后果？将一个危机事件列于最上层方格，逐步向下列出该事件可能导致的所有后果

附表7 比较分析工作表

组织名称：　　　　　　　作业名称：状况分析　　　　　　　分析人：

变化项目：　　　　　　　日　　期：

因　素	初始情况	改变后情况	差　异	明显危机或重要意义
何物 □物件 □能量 □缺点 □防护设施				
何处 □在物件上 □在程序中 □作业地点				
何时 □时间上 □程序上				
何人 □作业者 □同事 □领导/监督者 □下属 □其他				
任务 □目标 □程序 □品质 □其他				
作业条件 □物理环境 □组织环境（气氛） □时间表 □超时 □延迟 □其他				
开端事件 □作业起始事件				
管理控制 □控制（指挥）链 □危险识别 □监督管理 □风险检视（指标）				

工作表使用说明：

　　从工作表顶端开始，使用者依列表的指引逐步向下确认，列出改变前后情况。而后，运用比较方式识别所有实际或潜在的差异。直观列出明显危机，但若无法直接列出危机时，则应列出重要意义（如工作压力增加）。最后，使用假设状况法、逻辑图法、情景剧本法及其他特殊或进阶工具更进一步开展状况分析

附表8 因果法工作表

组织名称：　　　　　　　作业名称：状况分析　　　　　分析人：　　　　　日期：

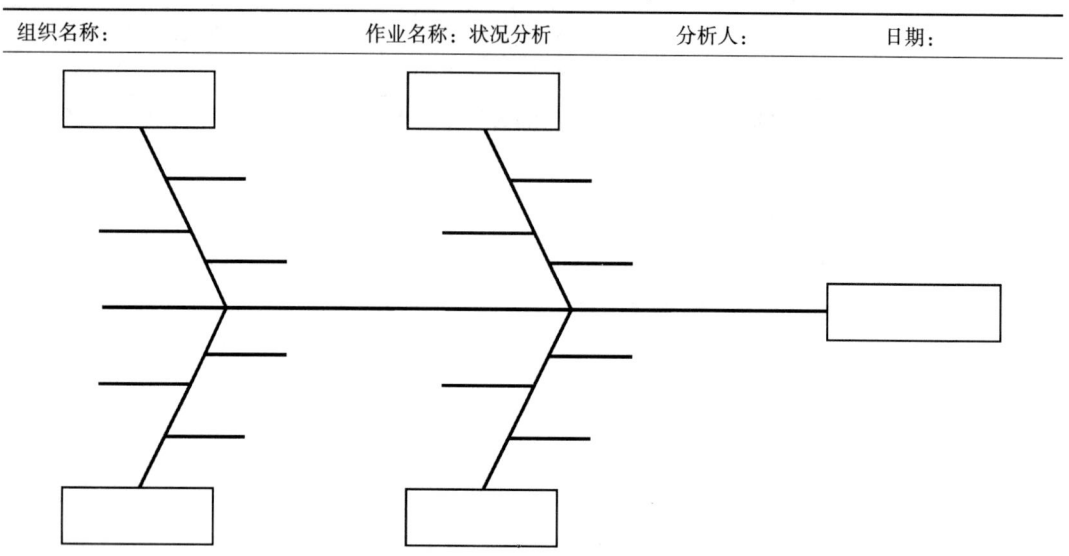

工作表使用说明：
（1）在工作表中填入事件相关4P（人员、程序、政策、场地）或4M（人力、方法、设备、环境）信息，并画出分支以增加危机状况分析的层次结构。此法可依需求采用正因果图或负因果图
（2）4P：人员（People）、程序（Procedures）、政策（Policies）、场地（Plant）
（3）4M：人力（Manpower）、方法（Methods）、设备（Machinery）、环境（Media）

附表9 脆弱性分析工作表

组织名称：　　　　　　　　　　　　　　　　　　　　　　日　期：
作业名称：弱点分析　　　　　　　　　　　　　　　　　　分析人：

危机种类	概　率　高5 ⇌ 1低	人员冲击	财产冲击	商务冲击	内部资源　　外部资源　弱5 ⇌ 1强		总　计

工作表使用说明：
（1）针对同性质的危机予以分类，并在工作表填入潜在的危机种类
（2）按1~5等评估每一种危机的概率、人员冲击、财产冲击、商务冲击及内、外部资源等
（3）将所有项评分数字加和，总分越高者表示该项脆弱性越高

附表10 预防主选单工作表

组织名称：　　　　　　　　危机种类：　　　　　　　　分析人：　　　　　　日期：

选项	做 法 说 明	选项	做 法 说 明
拒绝		补偿	
避免		增加	
延后		转移	
分散		降低	

附表11 危机预防矩阵工作表

单　　位：　　　　　　　　作业名称：

危险名称：　　　　　　　　　　　分析人：　　　　　　日期：

危机预防方法（勾选）	实　例　说　明	做法说明
工程改良（能量管理） □限制能量 □以较安全方式替代 □预防能量激增 □预防外泄 □推迟外泄 □在时间或空间上疏导与隔离 □针对控制方法的特别维修检查	较低的电压、少量的炸药、降低高度、降低速度 利用风力（气压）、危险性较低的化学品、更稳定的炸药/化学品 使用自动断电器、保险（丝）控制器、限制动量（增速趋势）、调速器 围堵、双重/三重围堵 使用泄压阀、能量吸收材料 自动切换程序、疏导、障碍物、距离 特别程序、特别检查、特别稽核	
增加防护措施 □危险源 □防护屏障 □人员或设施 □提高安全标准	灭火系统、能量吸收系统（防护墙等） 护堤、护墙、距离 个人防护装备、耐高温材料 适应各种环境变化、超标准设计、补强、物理控制调节	

附表 11（续）

危机预防方法（勾选）	实 例 说 明	做法说明
改良作业流程 　□作业流程 　□作业时间（任务中或任务之间） 　□人机接口（人因工程） 　□简化任务 　□降低工作负担 　　（生理上、精神上、情绪上） 　□作业中断或全停	疲劳之前优先安排困难的工作；不要同时安排数个困难工作 给予充分时间执行或练习；任务之间要留有适当时间 确保适合用户，装置基于有效的人因工程设计 提供辅助力量，减少步骤，提供工具 设定负重限制、避免过度压力、提供休息时间、休假、分散高风险作业 设定检查点；当监测到危险时关断所有系统，解除危险后重回先前作业	
限制曝险 　□人员、装备或设施数量 　□时间 　□重复次数	只许必要的人员与设施曝险 缩减曝险时间 减少执行次数	
人员甄选 　□心智标准 　□情绪标准 　□生理标准 　□经验标准	必备的智力、技术、专业与熟练度 必备的稳定性与成熟度 必备的体力、运动能力、耐力、体形 可见执行能力与丰富的实务经验	
教育与训练 　□核心工作（特别关键的工作） 　□领导者的工作 　□紧急/意外事件应对 　□安全工作 　□演练	界定关键的最低能力、训练、测试与评分 界定必要的领导能力、标准、训练、测试与评分 定义、分工、训练、验证应变能力 危险识别、风险控制、标准维持 确认程序有效性、技术有效性以及验证接口	
警示 　□符号/颜色标识 　□声光警示 　□紧急提示	警示标志、指示标志、交通标志 警铃、照明弹、闪光灯、警笛、哨音 重申警告、强调危害、重复程序训练	
激励 　□衡量标准 　□基本责任 　□正面/负面诱因 　□竞赛 　□强调后果	依任务界定最低可接受的风险控制 在必要的频率与细节水平下评量绩效 个人、团体奖励与惩罚 个人或团体的良性竞争 图解、生动且形象地展示不安全行为的后果	
降低影响 　□紧急装备 　□搜救能力 　□紧急救护 　□应急程序 　□后援能力	灭火器、紧急修补材料、防溢材料 搜救小组、搜救装备、救援直升机 受过训练的急救人员、急救药箱、医疗设施 预期意外的紧急应变、协调相关应变单位 主要方法已丧失时，转换其他方式以继续任务	

附表11（续）

危机预防方法（勾选）	实 例 说 明	做法说明
恢复 □人员 □设施/装备 □执行力	使人员重返工作岗位，重建信心 使重要装备恢复作业 集中焦点于重建任务	

附表12 危机管理计划工作表

组织名称： 　　　　　　　　　　　　　　　　　　日　期：

作业名称：危机管理计划大纲拟订　　　　　　　　　分析人：

列出潜在危机：

危机管理小组：

指挥中心：

媒体接待室：

附表12（续）

危机响应程序：

通讯录：

资源清单：

训练：

演练：

工作表使用说明：
(1) 危机管理小组：召集人、副召集人、现场指挥官、第一及第二发言人、成员（财务、环保、营销、行政等）、外部顾问（专家、律师、公关等）
(2) 通讯录：危机小组、内部应变单位、外部支持单位等
(3) 资源清单：必要装备、必要支持、外部支持、政府协助等
(4) 训练：应变训练、媒体训练等
(5) 演练：专题研讨会、技术操练、桌面推演、功能演练、全面演练等

附表13 危机响应手册工作表

组织名称： 日　期：

作业名称：危机响应手册大纲拟订 分析人：

危机门槛条件：

危机小组联络表：

指挥中心：

任务分工：

发言人：

利益相关者名单：

媒体列表及背景数据准备：

其他：事先预拟的发言稿、声明书

附表14 5W1H 分析工作表

组织名称：		作业名称：确认状况	
危机种类：		分析人：	日期：

What：是什么危机或灾变？

When：危机何时发生？

Why：危机为何发生？

Where：何处受到危机影响？

Who：谁受到危机的影响？

How：如何确保危机得到控制且不再发生？

工作表使用说明：
(1) What：发生了什么事；有多严重；有人员伤亡吗；财产损失有多大
(2) When：何时发生；何时知道有问题；当时采取了什么措施；为什么不采取任何行动
(3) Why：为何发生；是否风险管理缺陷才容许问题存在；是否故意破坏；是否设计不当
(4) Where：事故地点在哪；可能的影响范围；如果是程序错误，是哪个环节出错
(5) Who：谁导致危机的发生；谁受到危机的影响；谁应该参与危机处理；谁是利益相关者
(6) How：是否需要立即处理；应该如何处理

附表15 危机反应策略工作表

组织名称：　　　　　　　　　　危机种类：

分析人：　　　　　　　　　　　日　　期：

选项	做 法 说 明
移除	
隔离	
稀释	
转移	
迂回	
支援	
妥协	
补偿	
变革	

附表16 影响层面分析工作表

组织名称：_____ 危机种类：_____

分析人：_____ 日　　期：_____

危机处理策略：

层面	影　响　说　明
安全层面	
心理层面	
法律层面	
社会层面	

工作表使用说明：
　（1）安全层面：安全影响是危机处理的首要考虑，确保人员安全才能将危机对人员的心理影响减至最低
　（2）心理层面：组织内部及外部人员的心理反应
　（3）法律层面：相关决策是否与现行法律规范冲突，组织行为是否受相关法律规范保护，做与不做的法律后果如何
　（4）社会层面：危机事件对社会公众的影响

附表17 形象修复策略工作表

组织名称：	危机种类：
分析人：	日　　期：

选　　项	做　法　说　明
1. 直接否认	
2. 回避责任 （1）他人挑衅 （2）无能为力 （3）归为意外 （4）出自善意	
3. 降低冲击 （1）强调正面价值 （2）减少负面情绪 （3）剥离负面形象 （4）超越层次 （5）攻击指控者 （6）表达同情	
4. 修正行动	
5. 后悔道歉	

附表18　利益相关者分析工作表

组织名称：　　　　　　　　　　　　　　　日　期：

危机种类：　　　　　　　　　　　　　　　分析人：

列出组织的利益相关者：

利益相关者排序：

利益相关者可能包括：
(1) 一般公众；　　　　　(7) 供货商；　　　　　(13) 管理机构；
(2) 客户；　　　　　　　(8) 连锁经销商；　　　(14) 竞争对手；
(3) 员工；　　　　　　　(9) 被授权厂商；　　　(15) 新闻媒体；
(4) 退休/离职员工；　　(10) 重要股东；　　　　(16) 社会环保人士；
(5) 零售商；　　　　　　(11) 一般投资人；　　　(17) 社区成员。
(6) 经销商；　　　　　　(12) 财经分析师；

附表19 新闻（声明）稿工作表

组织名称： 日 期：

危机种类： 分析人：

事件经过：

响应：

负责：

结果：

理由：

优先事项：

公众：

精确：

自身：

工作表使用说明：
（1）事件经过：时间、地点、何人、何事、状况
（2）响应：第一时间如何处理，体现组织对危机的反应
（3）负责：必须是负责任的态度
（4）结果：当前状况，先讲结论再说明理由
（5）理由：处理行动必须有充分的理由
（6）优先事项：什么事必须优先处理
（7）公众：公众利益放在第一位
（8）精确：精准、切题，避免使用专业术语
（9）自身：兼顾组织合法权益，特别是组织遭受不公平待遇时更须如此

附表20 危机决策模式工作表

组织名称： 日 期：

危机状况： 分析人：

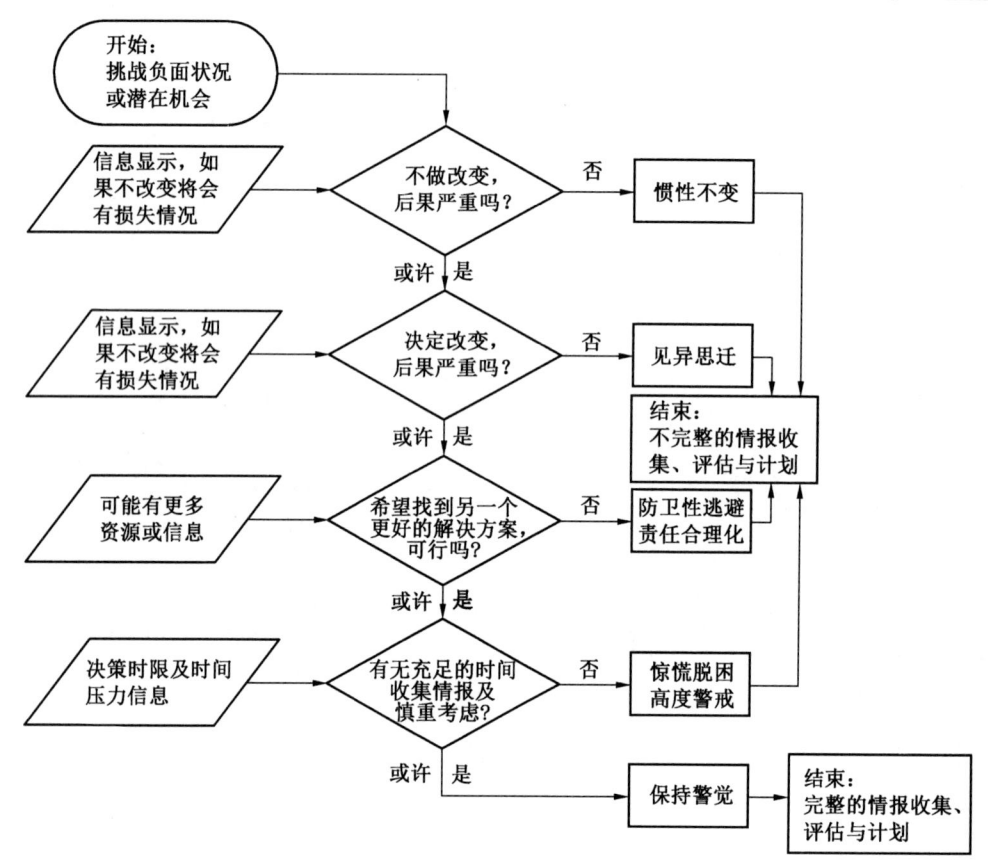

不做改变，后果严重吗？

决定改变，后果严重吗？

再找一个更好的解决方案，可行吗？

有无充足的时间来收集情报及慎重考虑？

附表21　突发事件指挥系统分组工作表

组织名称：　　　　　　　　　　　　　　日　期：

危机类型：　　　　　　　　　　　　　　分析人：

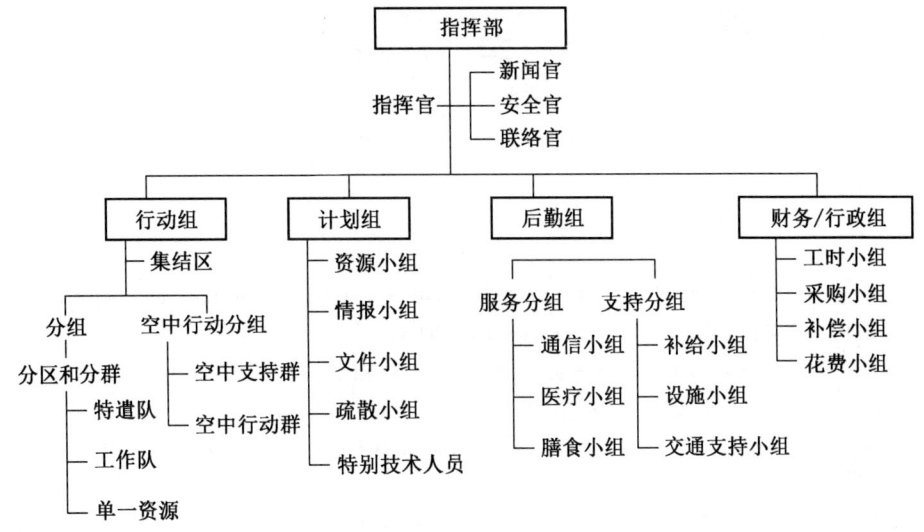

指挥部：

行动组：

计划组：

后勤组：

财务/行政组：

参考文献

[1] Alsop R J. The 18 Immutable Laws of Corporate Reputation: Creating, Protecting, and Repairing Your Most Valuable Asset [M]. Dow Jones and Company Inc, 2004.

[2] Barton L. Crisis in Organizations: Managing and Communicating in the Heat of Chaos [M]. Cincinnati, OH: College Divisions South – Western, 1993.

[3] Benoit W L. Accounts, Excuses and Apologies: A Theory of Image Repair Strategies [M]. Albany: State University of New York Press, 1995.

[4] Birsch D, Fielder J H. The Ford Pinto Case: A Study in Applied Ethics, Business, and Technology [M]. Albany: State University of New York Press, 1994.

[5] Brecher M. Studies in Crisis Behavior [M]. N. J.: Transaction Books. 1978.

[6] Brooks K W. Delphi Technique: Expand Applications [J]. North Central Association Quarterly, 1979 (3).

[7] Caponigro J R. The Crisis Counselor: A Step – by – Step Guide to Managing a Business Crisis [M]. Chicago: Contemporary Books, 2000.

[8] Chicken J C. Managing Risks and Decisions in Major Projects [M]. Chapman and Hall, 1994.

[9] Coombs W T. An Analytical Framework for Crisis Situations. Better Responses from Better Understanding of the Situation [J]. Journal of Public Relations Research, 1998 (3).

[10] Coombs W T. Ongoing Crisis Communication: Planning, Managing and Responding [M]. CA: Sage, Thousand Oaks, 1999.

[11] Delbecq A L, Van de Ven A H, Gustafson D H. Group Techniques for Program Planning: A Guide to Nominal Group and Delphi Processes [M]. Illinois: Scott, Foresman and Company, 1975.

[12] Fearn – Banks K. Crisis communications: A Casebook Approach [M]. NJ: Lawrence Erlbaum, 1996.

[13] Fearn – Banks K. Crisis Communication: A Review of Some Best Practices, in (ed.) Heath, R. and Vasquez, G. Handbook of Public Relations [M]. CA: SAGE Publications, 2001.

[14] FEMA. Exemplary Practices in Emergency Management: the California Firescope Program. Monograph Series No. 1 [S]. Emmitsburg, Federal Emergency Management Agency, National Emergency Training Center, Emergency Management Institute, U. S., 1987.

[15] FEMA. Overview of the Incident Command System. Student Manual SM 305. 7 [M]. Federal Emergency Management Agency, National Emergency Training Center, Emergency Management Institute, U. S., 1992.

[16] FEMA. Unit 1: Introduction to ICS. Basic Incident Command System (ICS). Independent Study Course.

IS-195 [M]. Federal Emergency Management Agency, Emergency Management Institute, U. S., 1998.
[17] Fink S. Crisis Management: Planning for Inevitable [M]. American Management Association, 1986.
[18] Fink S. Crisis Management: Planning for the Inevitable [M]. New York: Amacom, 1986b.
[19] Grunig J E. Communication, Public Relations, and Effective Organizations: An overview of the Book. in (ed.) Grunig, J. E. Excellence in Public Relations and Communication Management [M]. NJ: Lawrence Erlbaum, 1992.
[20] Guth D W. Organizational Crisis Experience and Public Relations Roles [J]. Public Relations Review, 1995 (2).
[21] Heinrich H W. Industrial Accident Prevention. A Scientific Approach. 1st ed [M]. New York and London: McGraw-Hill, 1931.
[22] Heinrich H W. Industrial Accident Prevention: A Scientific Approach. 2nd ed [M]. New York and London: McGraw-Hill, 1941.
[23] Heinrich H W. Industrial Accident Prevention. 4th ed [M]. New York and London: McGraw-Hill, 1959.
[24] Heinrich H W, Petersen D, Roos N. Industrial Accident Prevention: A Safety Management Approach. 5th ed [M]. New York: McGraw-Hill, 1980.
[25] Hermann C F. International Crisis as a Situational Variable, in (ed.) Rosenau James N. International Politics and Foreign Policy, Revised ed [M]. New York: Free Press, 1969.
[26] Hermann C F. Some Consequences of Crisis Which Limit the Viability of Organizations [J]. Administrative Science Quarterly, 1972 (2).
[27] Higbee A G. Shortening the Crisis Lifecycle: Seven Rules to live by [J]. Occupational Hazards, 1992 (1).
[28] Hilmer F G, Donaldson L. Management Redeemed – debunking the Fads that Undermine Corporate Performance [M]. New York: Simon and Schuster Inc, 1996.
[29] Holsti O R. Crisis, Stress and Decision-making [J]. International Social Science Journal, 1971 (1).
[30] Isaksen G S. A Review of Brainstorming Research: Six Critical Issues for Inquiry [M]. New York: Creative Problem Solving Group, 1998.
[31] Janis I. Victims of Groupthink: A Psychological Study of Foreign Police Decisions and Fiascos [M]. Boston: Houghton Mifflin, 1973.
[32] Johnson J. Issues Management: What Are the Issues? An Introduction to Issues Management [J]. U. S. A.: Business Quarterly, 1983 (3).
[33] Kern T. Redefining Airmanship [M]. New York: McGraw-Hill Inc, 1997.
[34] Lerbinger O. The Crisis Manager: Facing Risk and Responsibility [M]. N. J.: Lawrence Erlbaum Associates, 1997.
[35] McGuire W J. The Effectiveness of Supportive and Reputational Defenses in Immunizing Defenses [J]. Sociometry, 1961 (24).
[36] Middleberg D. Winning PR in the Wired World [M]. New York: McGraw-Hill Inc, 2001.
[37] Mitchell T H. Coping with a Corporate Crisis [J]. Canadian Business Review, 1986 (13).
[38] Mitroff I I. Crisis Management and Environmentalism: A Natural Fit [J]. California Management Review, 1994 (2).
[39] Mitroff I I, Macwhinney W. Crisis Creation by Design, in Fred Massarik (ed.) Advances in Organization Development [M]. N. J.: Ablex Press, 1990.

[40] Mitroff I I, Pearson C M. Crisis Management: A Diagnostic Guide for Improving Your Organization Crisis Preparedness [M]. San Francisco: Jossseybass Publishers, 1993.

[41] Osborn A F. Applied Imagination: Principles and Procedures of Creative Thinking [M]. New York: Charles Scribner's Sons, 1953.

[42] Osborn A F. Applied Imagination: Principles and Procedures of Creative Thinking, Revised ed [M]. New York: Charles Scribner's Sons, 1957.

[43] Osborn A F. Applied Imagination: Principles and procedures of creative problem solving, 3rd Revised ed [M]. New York: Charles Scribner's Sons, 1963.

[44] Pauchant T C, Mitroff I I. Transforming the Crisis-prone Organization [M]. CA: Jossey-Bass, 1992.

[45] Pearson C M, Clair J A. Reframing Crisis Management [J]. Academy of Management Review, 1998 (1).

[46] Penuel K B, Statler M, Hagen R. Encyclopedia of Crisis Management [M]. U. S.: SAGE Publications, 2013.

[47] Powell S K, Ignatavicius D. Core Curriculum for Case Management [M]. New York: Philadelphia Pub, 2001.

[48] Ray S J, Strategic Communication in Crisis Management: Lessons from the Airline Industry. Quorum Books [M]. Connecticut: Greenwood Publishing Group, 1999.

[49] Reason J. Human Error [M]. England: Cambridge University Press Limited, 1990.

[50] Regester M, Larkin J. Risk Issues and Crisis Management-A Casebook of Best Practice, 2nd Ed [M]. London: Kogan Page Limited, 2002.

[51] Senge P M. The fifth discipline: The Art and Practice of the Learning Organization [M]. New York: Doubleday/Currency, 1990.

[52] Shaughnessy J M. Research in Probability and Statistics, in (Ed.) Grouws, D. A. Handbook of Research on Mathematics Teaching and Learning [M]. New York: Macmillan Publishing Company, 1992.

[53] Siegel D. Crisis management: The Campus Responds [J]. Educational Record, 1991 (3).

[54] Taleb N N. The Black Swan: The Impact of the Highly Improbable [M]. New York: Random House, 2007.

[55] Tsuei H E, et al. An Overview of Crisis Management [J]. International Journal of Crisis Management, 2015 (1).

[56] Tsuei H. Crisis Communication: A Strategic Approach to Crisis Management in the Organisation [J]. International Journal of Crisis Management, 2020 (1).

[57] Wang C T, et al. A Study of Crisis Response Strategies for Crisis Handling [J]. International Journal of Crisis Management, 2018 (1).

[58] Wang C T, et al. Crisis Handling Strategy: A Theoretical and Practical Study for Military Crisis Management [J]. International Journal of Crisis Management, 2012 (2).

[59] Weick K E. Enacted Sense Making in Crisis Situations [J]. Journal of Management studies, 1988 (4).

[60] Woodcock C. How to face crises with confidence [J]. Marketing, 1994 (1).

[61] Yetton P W, Bottger P C. Individual Versus Group Problem Solving: An Empirical Test of A Best-member Strategy [J]. Organizational Behaviour and Human Performance, 1982 (3).

[62] 薛澜, 张强, 钟开斌. 危机管理——转型期中国面临的挑战 [M]. 北京: 清华大学出版社, 2003.

[63] 王宏伟. 公共危机管理 [M]. 北京: 中国人民大学出版社, 2013.

[64] 王宝玲, 陈书楷. 请问管理大师们 [M]. 台北: 创见文化, 2004.

[65] 朱延智. 企业危机管理 [M]. 台北: 五南图书出版公司, 2003.

[66] 何立己. 黑盒子的秘密 [M]. 台北：世界民航出版有限公司, 1997.

[67] 吴宜蓁. 议题管理 [M]. 台北：正中书局, 1997.

[68] 凌凤仪. 航空运输总论 [M]. 台北：文笙书局, 1998.

[69] 崔海恩. 维修资源管理 [M]. 台北：文笙书局, 2005.

[70] 崔海恩, 吴富尧, 王承宗. 作业风险管理 [M]. 高雄：凯林国际教育, 2009.

[71] 崔海恩, 吴富尧, 王承宗, 等. 作业风险管理指南 [M]. 高雄：凯林国际教育, 2011.

[72] 黄丙喜, 冯志能. 动态危机管理：一个360度的危机管理对策 [M]. 台北：商周出版社. 2012.

[73] 詹中原. 危机管理——理论架构 [M]. 台北：联经图书出版公司, 2004.

[74] 诺尔曼·奥古斯丁, 等. 危机管理, 哈佛商业评论精选 [M]. 吴佩玲, 译. 台北：天下文化, 2001.

[75] 华艳红. 危机预防, 不容忽视的危机管理 [J]. 杭州医学高等专科学校学报, 2004（3）.

[76] 王远军. 基于战略视角的突发性危机管理——我国企业组织危机管理架构 [J]. 技术经济, 2005（10）.

[77] 陈思, 张尚尚. 企业危机管理：基于顾客、媒体、政府信息沟通视角 [J]. 经济与管理, 2011.

[78] 王彩平. 危机沟通 [M]. 北京：中国人民大学出版社, 2021.

[79] 刘玉言. 公共危机管控力 [M]. 北京：国家行政学院出版社, 2013.

[80] 刘鹏. 城市公共危机预警研究 [M]. 北京：中央编译出版社, 2010.

图书在版编目（CIP）数据

危机管理／张小兵主编. ——北京：应急管理出版社，2021

普通高等学校应急管理系列教材

ISBN 978-7-5020-8562-9

Ⅰ.①危… Ⅱ.①张… Ⅲ.①危机管理—高等学校—教材 Ⅳ.①C934

中国版本图书馆 CIP 数据核字（2021）第 001413 号

危机管理（普通高等学校应急管理系列教材）

主　　编	张小兵
责任编辑	闫　非　罗秀全
编　　辑	孟　琪
责任校对	邢蕾严
封面设计	罗针盘
出版发行	应急管理出版社（北京市朝阳区芍药居 35 号　100029）
电　　话	010-84657898（总编室）　010-84657880（读者服务部）
网　　址	www.cciph.com.cn
印　　刷	北京玥实印刷有限公司
经　　销	全国新华书店
开　　本	787mm×1092mm$^1/_{16}$　印张　15　字数　342 千字
版　　次	2021 年 10 月第 1 版　2021 年 10 月第 1 次印刷
社内编号	20201829　　　　　定价　48.00 元

版权所有　违者必究

本书如有缺页、倒页、脱页等质量问题，本社负责调换，电话：010-84657880